实·战·A·股·系·列·

短线买入十五招

（第二版）

李凤雷 著

经济管理出版社
ECONOMY & MANAGEMENT PUBLISHING HOUSE

图书在版编目（CIP）数据

短线买入十五招/李凤雷著. —2 版. —北京：经济管理出版社，2014.9（2015.5 重印）
ISBN 978-7-5096-3198-0

Ⅰ.①短… Ⅱ.①李… Ⅲ.①股票交易—基本知识 Ⅳ.①F830.91

中国版本图书馆 CIP 数据核字（2014）第 143302 号

组稿编辑：王格格
责任编辑：勇　生　王格格
责任印制：黄章平
责任校对：赵天宇

出版发行：经济管理出版社
　　　　　（北京市海淀区北蜂窝 8 号中雅大厦 A 座 11 层　100038）
网　　址：www. E-mp. com. cn
电　　话：(010) 51915602
印　　刷：三河市延风印装厂
经　　销：新华书店
开　　本：710mm×1000mm/16
印　　张：14.5
字　　数：230 千字
版　　次：2014 年 9 月第 2 版　　2015 年 5 月第 2 次印刷
书　　号：ISBN 978-7-5096-3198-0
定　　价：38.00 元

第二版前言

实战当中，股票交易首先应学会买入股票，只有买入的价格合理，才能够获得收益。买股是股票交易的第一重要方面，是以后卖股和盈利的基础。只有选择较好的买入点位，以及在价格处于回升趋势时买入股票才谈得上今后的盈利。关键价位上买入股票以后，适当的操作便能够获得收益。本书从买股分时图、K线和技术指标三个方面，来全面剖析投资者买入股票的依据，帮助投资者盈利。

在买入股票的过程中，简单的方法就能够获得不错的投资效果。实战当中，简便易行的操作方法，是投资者实战盈利的关键。复杂的方法并非不可取，只是投资者较不容易掌握。更重要的是，从交易的效率来看，简单方法获得的投资回报并不少。这样看来，把握好价格波动的特征，投资者可以从简单的价格、K线形态以及技术指标等方面入手。

实战当中，投资者往往会被诸多的技术指标和买卖方法弄得眼花缭乱。诚然，不同的交易方式有它自身的优点，也能够帮助投资者赢得收益。但是，考虑到交易当中的风险，投资者还是应该尽可能地简单交易。方法更多并不是有效的盈利手段，反而将投资者的买卖策略搞得很乱。经典的交易方法和操作策略，总是能恰到好处地帮助投资者发现买入信号，并且开仓获利。

与买入股票相关的指标，有成交量、分时图价格走势以及技术指标等。这些都是本书关注的重点。买入股票的价格如果比较好，并且价格正处于回升趋势中，这理应为投资者提供不错的盈利方式。买入股票的关键，需要投资者把握价格的波动方向，并且缩小买入股票的价格范围。实战当中，对价格走势的判断方法中，分时图是不容忽视的。本书提供了分时图中把握买入机会的方法，是投资者首先需要掌握的内容。分时图中的价格走势，是微观层次上的买入点位，也是投资者关注的终点。分时图中体现的买入机会，是局部价格里的买点，能够帮助投资者很好地把握交易点位。

分时图、K线和技术指标，是三种不同的交易工具，也是投资者判断买点的关键。书中全部的15招买入股票的方法，都是围绕这三个指标展开的。

书中买入股票的不同招式中，都以非常直观易懂的描述呈现出来。比如第一招"深谷秋虹，曲径通幽——深跌后的勺形是买股时机"，将价格形态描述成勺子，投资者更容易理解价格形态特征，这对于交易成果非常关键。充分理解书中买入股票的方式方法，以及方法适用的不同场景，才能够更好买入股票获得收益。

前　言

　　股市是一个机会与风险并存的场所，要想很好地在这个市场中生存下去并最大限度地从股市中攫取利润，我们就一定要掌握短线操作之道。短线操作讲究的是技术与方法，它创造了时间与收益最完美的组合。虽然短线操作极为诱人，但很多投资者却不得其法，难以获利，这是什么原因呢？其实，短线操作无非是一买一卖这两个相反的操作，在相对的低位买入并在相对的高点卖出，即可短线获利，但这看似简单的一买一卖却蕴藏着无穷的奥秘，如果我们不得其法，就难以真正掌握短线买卖之道。

　　《短线买入十五招》与《短线卖出十五招》是一对最佳拍档，它们将短线买卖之道转化为具体可行、便于操作的实战招式，读者只要按部就班地套用这些招式即可取得不错的战果。在每一招式的讲解中，我们都力求阐明原理，使读者在学会招式的同时还能理解招式产生的根源。这些短线买卖的招式均是笔者在细致分析的基础上并结合实战经验总结而来的。理解了这些招式的产生根源、原理，我们就可以在此基础上继续发展出新的招式，从而可以更从容地应对这个变幻无常的市场。

　　"买的好，是实现短线获利的第一步，也是最为重要的一步。买的好，可以使我们处于主动地位。"本书的结构分为"上篇　短线买入——利器篇"与"下篇　短线买入——招式篇"。上篇讲解了短线买入操作中所涉及的相关知识、市场原理，这些内容是我们在进行短线买入时必备的知识。下篇讲解了具体可行的实战招式，每一招式都注重讲解这一招式的原理并结合大量的实例使读者可以融会贯通地弄懂这一招式并灵活地运用这一招式。相信在读过本书后，读者在参与个股的短线操作中，可以更好地把握个股的短线买点。

目　录

下篇　短线买入——招式篇

上 篇

短线买入——利器篇

利器 1 软鞭——理解分时线的波动韵律

在兵器谱中，"鞭"是一种极为重要的软兵器。鞭起源很早，在春秋战国时期就已极为盛行，在武侠世界中，相对于刀、剑、叉、戟等硬兵器来说，软鞭带给我们的是一种轻柔、优美的质感，梁羽生的小说《白发魔女传》中练霓裳用的就是软鞭，她手中的鞭子神出鬼没，让人防不胜防，既是克敌制胜的利器，也是主人公轻灵优美气质的体现。由于软兵器有它的弱点，比如杀伤力较差，要与敌人拉开距离等，所以使用软兵器之人，多数轻功身法极佳；但软兵器也有它的绝对优点，这就是其运行轨迹往往飘忽不定、敌方难以躲闪，当我们看到软鞭在空中画出那清晰的弧线轨迹时，它却可能在瞬间变幻成另外一种形式，只有功夫上乘的武林高手才能看清软鞭的运行轨迹并灵活地应付这种突然而来的变幻。同样，在个股的分时线波动过程中，我们一样可以看到这种变幻，一只个股很可能在早盘出现流畅的拉升形态，但它往往会在随后的短时间内出现快速的变幻，如果我们不能准确地把握分时线的运行规律及变幻方式，那往往就会受到股价的波动而出现情绪的变化，从而作出错误的判断。在短线操作中，我们往往以短期利差为目标，而是否能成功地获取短期利差就在于我们能否成功地把握分时线的波动规律。

第一鞭　扬鞭待发——如何在盘中系统性地研判分时线运行

分时线是盘口信息中最为重要的组成部分，它以分钟为单位，个股分时线反映了个股股价的实时变化情况，大盘分时线则反映了大盘指数的实时变化情况，分时线的升降直接决定了我们账面的盈亏幅度，是投资者在看盘时最为关注的对象。但是，如果仅把目光局限于分时线的涨跌形态，那我们很难全面地把握市场多空双方力量情况，也难以对个股的后期走势甚至是短期内的走势作出准确的预测。在短线操作中，分时线走势往往是短期内市场多空双方实力最为直观的体现，也是主力控盘意图的直接体现，能否准确地解读出分时线所蕴涵的市场含义将直接决定着我们短线操作能力的高低。那么，我们应该如何准确地解读分时线呢？根据笔者的经验，在解读分时线所蕴涵的市场含义时，我们应结合均价线、分时量、盘中指数运行情况、之前数个交易日的分时线等多种因素，以一种系统、综合的方式来进行分析，而不是孤立地去研究分时线的运行形态，只有这样，才能得出更为准确的结论，从而为我们预测股价并实施买卖操作服务。

一、关注分时线与均价线的运行关系

在常用的股票行情分析软件中，在盘口的分时图中，我们除了可以看到一条波动较为频繁的价格分时线外，还会看到另一条波动较为平缓的黄色曲线，这就是均价线。均价线既可以出现在大盘指标运行窗口中，也可以出现在个股股价运行窗口中，其所代表的含义是相同的。对于个股的均价线来说，它表示了从当日开盘到目前为止的市场平均持仓成本变化情况，即均价线数值＝开盘后到目前为止的总成交额÷开盘后到目前为止的总成股数，分时线代表了每一分钟内市场交易价格，其波动较为迅速；而均价线则代表了当日的市场平均持仓成本，其波动较为平缓。

通过均价线与分时线之间的运行关系，我们可以有效地识别当日价格走势的强弱情况，进而识别出买盘与卖盘的力量对比情况。当价格运行于均价线上方时，说明均价线对价格波动形成了有力的支撑，每当价格回落至均价线附近时，都会有买盘涌入并推动股价再次上涨，这表示当日的买盘力量较为充足，是价格走势较为强劲的表现形态；反之，当价格运行于均价线下方时，说明均价线对价格的波动形成了明显的阻挡，每当股价上探至均价线位置时，都有卖盘涌出并使得价格再次回落，这表示当日的卖盘力量较强，是价格走势较为软弱无力的表现形态。这就是均价线对于价格运动时的"支撑"与"阻挡"作用。而且，"支撑"与"阻挡"这两种形态往往也会在一定程度上影响投资者的心态，当股价运行于均价线上方时，价格走势会给人一种难以跌破均价线且走势有力的直观感觉，此时构成"支撑"作用的均价线就起到了促涨的作用；而当股价运行于均价线的下方时，价格走势会给人一种难以突破均价线且走势较弱的直观感觉，短线投机者很容易产生恐惧和不耐烦的情绪，此时构成"阻挡"作用的均价线就起到了杀跌的作用。

均价线除了会对股价的盘中运行起到"支撑"或"阻挡"的作用之外，还会对价格短时间内的过快上涨或下跌起到"修复"作用，这也可以称为均价线的引力作用。均价线是市场平均持仓成本的体现，它所处的位置也是当日参与交投的大部分投资者所认可的位置，当股价在短时间内由于快速涌出的卖盘或买盘而使得其明显脱离了均价线时，由于这种买盘、卖盘的大量涌出或涌入往往只是暂时性的、不具有连续性，而价格短时间内的大幅波动往往也得到大多数投资者的认可，随着卖盘或卖盘力度的减弱，价格也会再次向均价线靠拢，这便是均价线的引力作用，它提示我们不必在盘中价格出现快速上涨时盲目追涨，也不必在价格快速跳水时盲目杀跌，我们完全可以等到价格随后再次向均价线靠拢时，再择机作出买卖决策。

图1-1为三峡新材（600293）2010年1月27日分时图，如图标注所示，盘中波动较为迅速的为分时线，而波动相对平缓的则为均价线。当日此股强势上涨，从图1-1中我们可以看到均价线对股价的上涨起到了很好的支撑作用，这是买盘力量充足的表现，也是价格在短期内强势运行的明显特征。由此可见，在结合分时线与均价线运行关系的基础之上，我们可以更为准确地把握价格的盘中运行情况及买盘卖盘的力量强弱情况，从而为我们展开短线操作提供依据。

三峡新材 600293

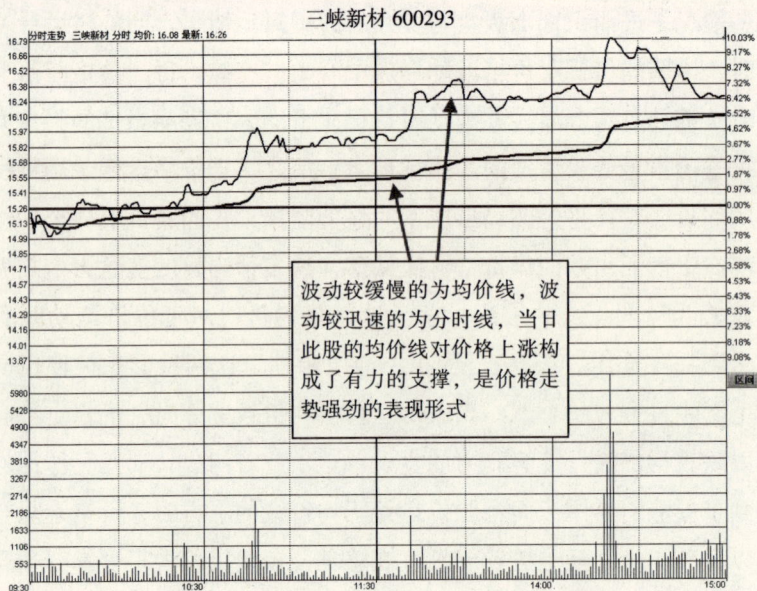

波动较缓慢的为均价线，波动较迅速的为分时线，当日此股的均价线对价格上涨构成了有力的支撑，是价格走势强劲的表现形式

图1-1　三峡新材2010年1月27日分时图

　　图1-2为龙元建设（600491）2009年12月17日分时图，此股在当日开盘后不久，分时线就开始运行于均价线下方，这是卖盘力量较强而买盘无力的预示，也说明当日个股的走势较弱。在当日随后的走势中，我们也可以看到均价线对价格的上涨构成了有力的阻挡，透过均价线与分时线的这种关

龙元建设 600491　　　　　　　　　　　　　　　2009-12-17,四

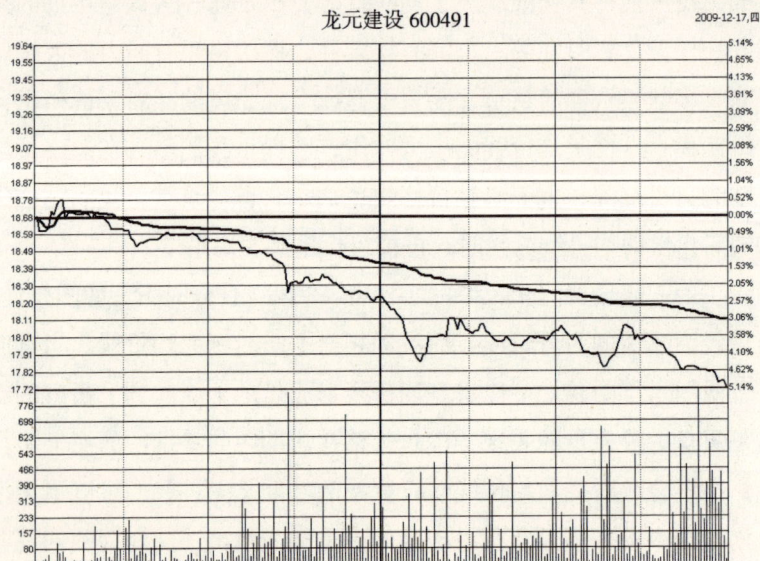

图1-2　龙元建设2009年12月17日分时图

系，我们可以较早地发现个股的当日走势强弱情况，从而为买卖决策提供依据。

图1-3为铁龙物流（600125）2009年8月5日分时图，此股在盘中的一波快速上涨使得其分时线明显脱离均价线，这种快速上涨是买盘在短期内大量涌入所导致的，但买盘的这种大力度介入情形不可能一直持续下去，随后在买盘介入速度放缓时，分时线往往会在获利卖盘的抛压下再次向均价线靠拢，因为均价线毕竟代表了当日绝大多数投资者所认可的一个股价位置，它对当日股价的走势会起到一定的牵制作用，这就是均价线对于分时线的"引力"作用。

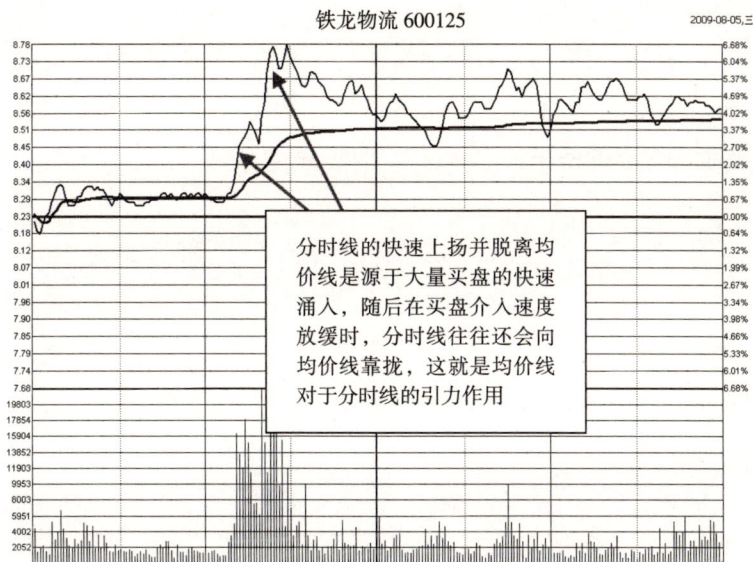

铁龙物流600125　　　　　　　2009-08-05,三

分时线的快速上扬并脱离均价线是源于大量买盘的快速涌入，随后在买盘介入速度放缓时，分时线往往还会向均价线靠拢，这就是均价线对于分时线的引力作用

图1-3　铁龙物流2009年8月5日分时图

二、 关注分时线与分时量的配合关系

分时量直观地体现了股价实时波动过程中的成交量变化情况，分时量以分钟为周期，与分时线处于同一个坐标系中，我们在分时线窗口的下方所看到的柱形图的长短就代表了每一分钟的分时量大小。对于分时线与分时量的配合关系，我们同样以量价理论为依据，所不同的是，我们在平常应用量价理论时多是将其应用于日K线走势与日成交量之间的配合之上，其实这种量价关系同样适用于分时线与分时量的配合关系。

在量价理论中我们知道，牢靠的涨势应以量能的持续放大为条件，同样，这种关系也可以用以研判当日个股盘中的涨势是否牢靠。图1-4为铁龙物流（600125）2009年11月10日分时图，此股当日在盘中出现了两波强有力的拉升，那么，我们应如何判断这种上涨走势是否牢靠呢？如图标注可以看出，第一波的拉升得到了分时量快速放大的配合，并在这一波拉升后的回调期间出现了明显的缩量，"价升量增，价跌量缩"是健康的上涨，它说明涨是由于大量买盘持续介入引发的，而回调则仅是因为少量获利盘抛出导致的。在随后的第二波更为强势的拉升中，我们可以看到量能再次出现了明显的放大，随着价格在盘中创出了新高，量能效果也出现创新高的形态，价格的持续上涨得到了量能持续放大的配合是涨势牢靠最为有力的表现形式。因此，可以说通过分时线与分时量之间的配合关系，我们可以很好地把握个股的分时线运行状态，识别出市场真实的买卖力量，从而为准确分析出价格的短期走势提供可靠的依据。

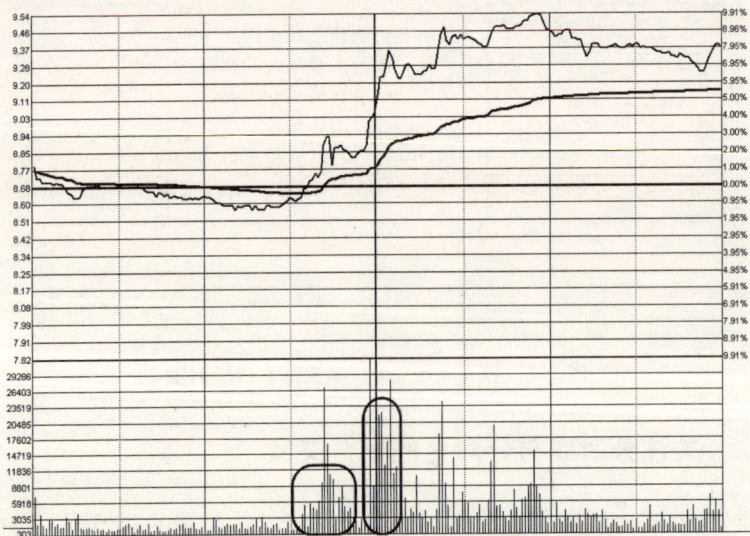

图1-4　铁龙物流2009年11月10日分时图

在应用量价理论研判个股盘中走势时千万不能墨守成规，证券市场没有条条框框规定什么样的股一定要涨，什么样的股一定要跌，量价理论并非金科玉律，量价理论只有结合具体情况才能得出准确的结论。比如，出现分时线与分时量的背离情况时，就认为趋势会出现反转；或是分时线的上扬形态不流畅且量能没有在价格上扬时出现密集的"小山堆"形就认为涨势不牢靠，这样的分析就是片面的。很多个股之所以出现这种量价不配合的形态是源于主力的介入。在结合分时量来分析价格的盘中走势时，我们应注意主力对于量能大小的影响，长线主力由于持仓力度大，其介入的个股也往往处于市场浮筹较少的状态下，因此，价格的盘中上扬形态往往不会呈现出那种流畅的"量价齐升"形态，这种个股的盘中走势曲线往往也不是很流畅，拉升时及拉升后分时量也往往呈现出大小不连续的状态；短线主力由于持仓力度较低，所介入的个股中的市场浮筹也较多，因而在拉升时，只有通过大力买入才能出现明显的拉升效果，此时分时图往往会出现明显的"小山堆"放量情况，其视觉效果非常明显；此外，在主力洗盘、试盘等控盘阶段，也会由于控盘的需要实施一定的手法，此时的分时线与分时量的异动形态就在所难免。对于我们普通投资者而言，分时量与分时线的配合关系仅是我们理解个股盘中运行状态的一种手段，要想全面理解个股的运行及短期内的价格走向，我们还要综合多种因素来一同分析。

三、结合大盘指数走势来看个股分时线

　　股市是一个有机的整体，个股的走势在很大程度上取决于大盘的走势，当大盘走势强劲时，即使那些无人问津的垃圾股、ST类股也能走出好的行情；而当大盘持续下跌时，即使是那些有业绩支撑且价值相对低估的个股也难以摆脱跌势。可以说，要想真正把握好短线的买卖操作，投资者一定要结合大盘的走势来分析个股，这其中最为重要的一个方面就是：我们在盘中关注个股的价格波动时，还要结合指数的实时波动形态。

　　图1-5为罗顿发展（600209）2010年1月5日分时图，此股当日高开高走并快速上封涨停板，而且这一股价位置正好处于突破前期密集成交区的位置，而当日的大盘走势却明显偏弱如图1-6所示。大盘当日开盘一路下探、弱势特征明显，通过对比，我们可以看出主力做多罗顿发展的意图是极为明确的。通过对比的方式来了解个股短期走势的方法也是极为有效的，它可以让我们在大盘回调之际也能够找出强势上涨的个股，从而获得极好的收益，对比图1-5、图1-6在2010年1月5日之后的走势就可以看出，大盘在2010年1月5日之后出现了较大幅度的回调，而罗顿发展则是一路强势上涨。

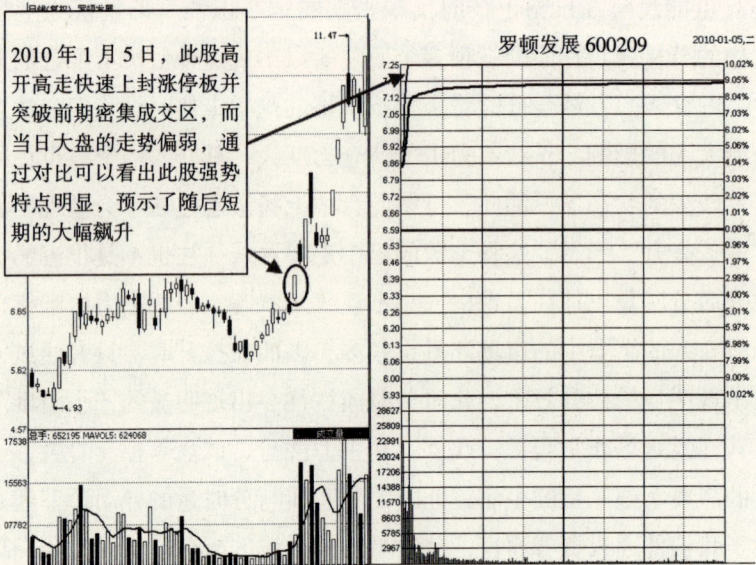

2010 年 1 月 5 日，此股高开高走快速上封涨停板并突破前期密集成交区，而当日大盘的走势偏弱，通过对比可以看出此股强势特点明显，预示了随后短期的大幅飙升

罗顿发展 600209　2010-01-05,二

图 1-5　罗顿发展 2010 年 1 月 5 日分时图

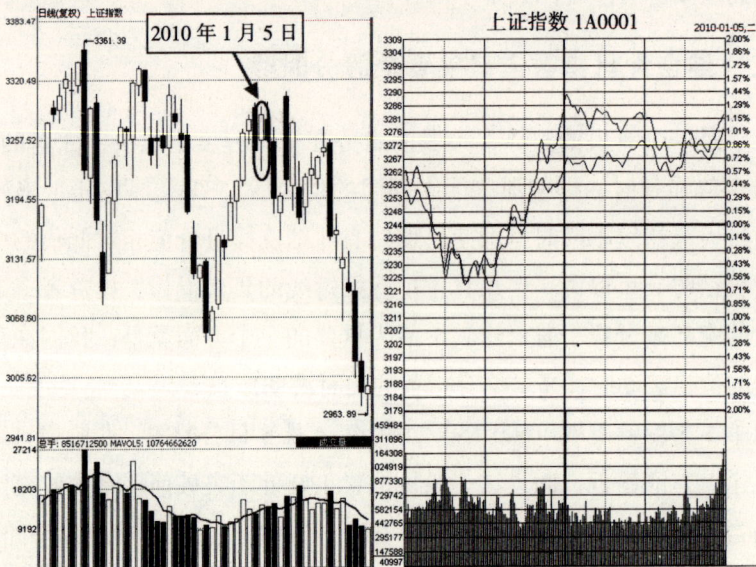

2010 年 1 月 5 日

上证指数 1A0001　2010-01-05,二

图 1-6　上证指数 2010 年 1 月 5 日分时图

　　用同样的方法，我们可以再来看看上海汽车（600104）的走势，图 1-7 为上海汽车 2010 年 1 月 5 日分时图，此股当日开盘后随大盘快速下跌，但跌幅明显超过大盘指标，走势较弱，大盘于 10：30 之后开始反转上行并且

在收盘时以上涨结束，而此股却仍然持续下跌、盘中不断创出当日新低，弱势特征明显如图 1-6 所示。对于这种走势明显弱于大盘的个股，短期是难有什么好行情的，从图 1-7 中可以看出，此股在 2010 年 1 月 5 日之后的跌幅也要显著地大于同期的大盘跌幅。

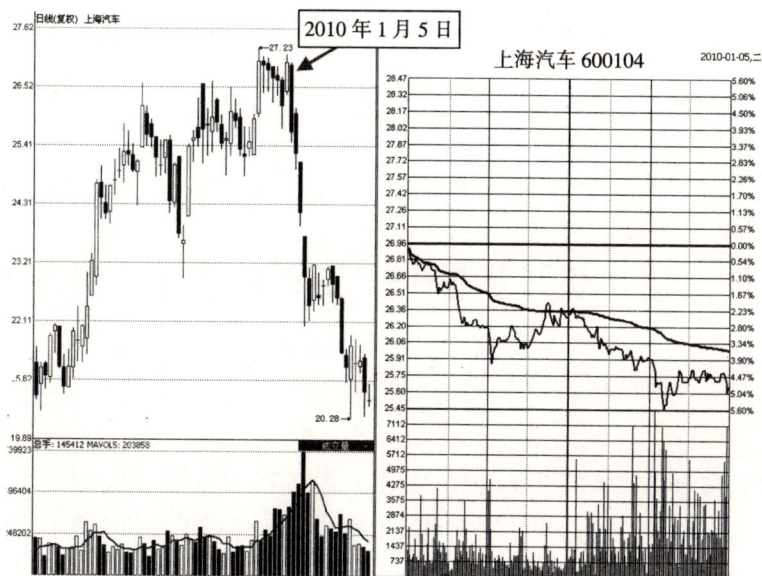

图 1-7　上海汽车 2010 年 1 月 5 日分时图

一般来说，如果个股的走势明显与大盘不和谐，比如大盘大幅上涨它不涨或大盘下跌它不跌，这时我们就可以将这种独立的走势看作是主力运作的结果，通过这种对比，我们可以更好地分析出主力的短期控盘行为；反之，若个股走势随波逐流，在短期内我们就可以对主力的行为进行忽略，而将目光更多地集中在对大盘走势的研判之上。通过以上的分析，我们可以发现，在结合分时线与大盘指数的运行关系而开展短线操作时，如果我们的目标是以短期买入为前提，则我们应尽量关注那些盘中走势明显强于大盘的个股，若此类个股此时并没有大幅飙升行情出现，我们就可以择机布局。

四、关注多日分时线运行的连续性

单日的分时线只表明了个股当日的盘中交投情况，它极容易受到一些偶然因素的影响，有的时候，我们仅从单日的分时线中难以看出个股的短期走势，此时我们就要以一种连续性的思维方式为依据，以多日的分时图为着手点，仔细分析个股的连续运行特性。只有这样，我们才可以准确地得出个股中多空双方力量对比情况，主力的短期控盘行为，才可以明确个股目前是处于主力的建仓、拉升阶段，还是处于主力的洗盘、出货阶段。在依据多日分时线得出个股短期可能走势时，如果这种推测结果与日 K 线图反映出来的价格运行趋势一致，则我们短线操作成功的可能性就非常大；如果推测结论不一致，则证明两者中有一个是错误的，为避免操作失误，此时最好放弃操作，再观察几日也不迟。

第二鞭　快马加鞭——如何看早盘、中盘、尾盘的分时线运行

我们可以将价格的当日盘中走势划分为三个时间段，即早盘、中盘、尾盘。早盘、中盘、尾盘所处的时间段不同，我们对其观察的侧重点也应有所不同。一般来说，早盘走势更能体现出个股当日的强弱势头；而中盘则是价格在持续运行时的力度体现，是我们发现价格走势是将要持续，还是正发生转势的窗口；尾盘的异动则有助于我们发现主力行踪、了解多空双方实力是否已发生突然转变等信息。

一、早盘

我们可以把开盘及开盘后的前 30 分钟称为早盘时间段，在早盘阶段，我们应重点关注个股的开盘情况及开盘后的走势。根据个股当日开盘价与上一交易日收盘价的高低关系，我们可以把开盘区分为高开、低开与平开，其中较大幅度的高开与低开（一般在 2%以上）是我们应重点关注的情况，因为这种开盘状态打破了股价连续变化的特点，很可能预示了价格走势正处于加速阶段或是处于突然转势阶段，此时我们应结合上一交易日的收盘情况来做具体分析。

图 1-8 为新农开发（600359）2009 年 8 月 5 日前后走势图，当日此股大

幅高开，且处于放量高开状态，开盘价就突破了前期的盘整平台，考虑到此股目前价格处于相对低位区，因此这种大幅高开是主力拉升个股的信号。

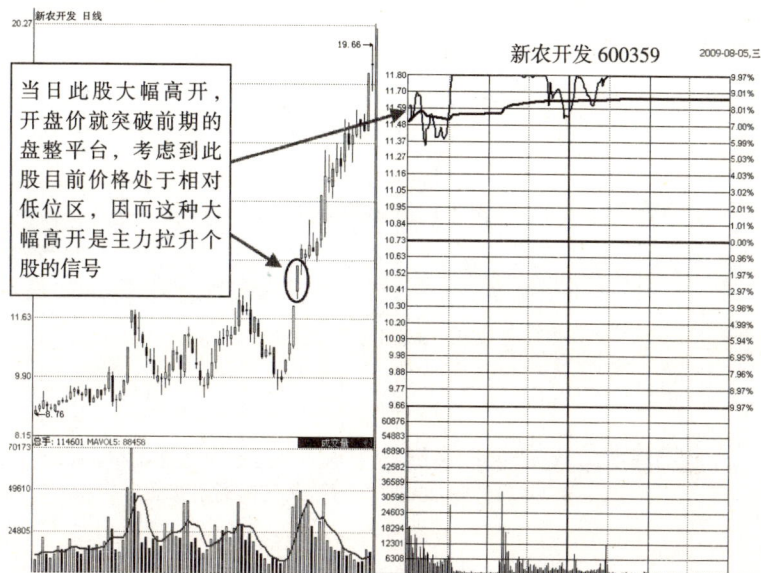

图1-8 新农开发 2009 年 8 月 5 日前后走势图

对于此股来说，当日的高开呈现出放量的情况，即集合竞价时的成交量较大。一般来说，这种放量高开的形态多是由于以下两方面因素导致的：一是主力控盘的需要，在没有消息的刺激下，大幅高开显然不可能来自散户的力量，此时我们应结合价格走势来判断主力的意图，当价格处于中低价位区时，高开很可能是主力做多意图的体现；反之，大幅上涨后的滞涨区的高开则很有可能是主力"诱多出货"操盘手法的体现。二是由于利好消息的刺激，重大的利好消息会让个股出现无量涨停的走势，因此对于这种高开放量的情况，我们应结合价格所处的位置，注意这一形态是主要反映了买盘大量涌入，还是卖盘大量涌出的信息，不同的股价位置区间的同一种放量高开形态往往反映了截然不同的市场含义。

图1-9 为华升股份（600156）2009 年 8 月 17 日前后走势图，此股在前期持续上涨后的高位区出现了一个大幅低开的开盘形态，这种出现在持续上涨后的高位区的低开形态与出现在相对低位区的高开形态正好相反，它多表明了个股短期内一波深幅下跌走势的开始，是我们短线卖出的信号。

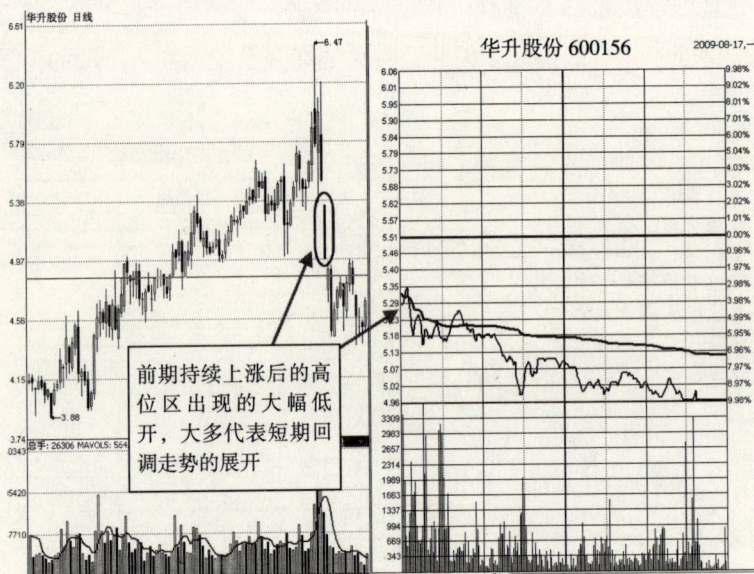

图 1-9　华升股份 2009 年 8 月 17 日前后走势图

开盘方式只是预示个股当日走势的一种信息而已，依笔者经验，早盘前 30 分钟的走势则无疑可以更好、更为准确地预示当日此股的走势，当个股多方力量显著强于空方力量，或是主力有推升股价的意图时，股价在早盘前 30 分钟往往会处于上涨形态、均价线会对股价回调形成有力的支撑，这是买盘强于卖盘、个股当日走势较强的预示；反之，当个股空方力量显著强于多方力量，或是主力有出货意图时，股价在早盘前 30 分钟往往会处于下跌状态、均价线会对股价上涨形成有力的阻挡，这是卖盘强于买盘、个股当日走势较弱的预示。下面我们就结合实例来说明。

图 1-10 为上海汽车（600104）2010 年 1 月 5 日前后走势图，此股当日早盘快速下跌，股价无力上冲均价线，这说明抛盘较多，结合此股前几日的放量阴线滞涨形态及股价所处位置，我们应警惕价格走势转向的可能。

图 1-11 为此股 2010 年 1 月 7 日前后走势图，当日此股早盘出现放量下跌的走势，股价在量能大幅放出的情况下出现大幅下跌多是主力资金集中出逃的表现形态，结合此股 2010 年 1 月 5 日的走势及股价所处的位置区间，我们可以判断出这是个股跌势开始的信号。

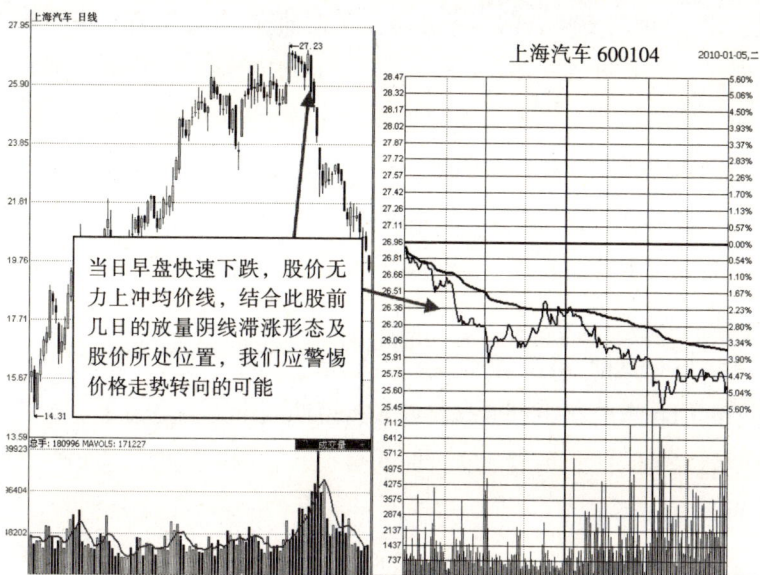

当日早盘快速下跌，股价无力上冲均价线，结合此股前几日的放量阴线滞涨形态及股价所处位置，我们应警惕价格走势转向的可能

图1-10 上海汽车2010年1月5日前后走势图

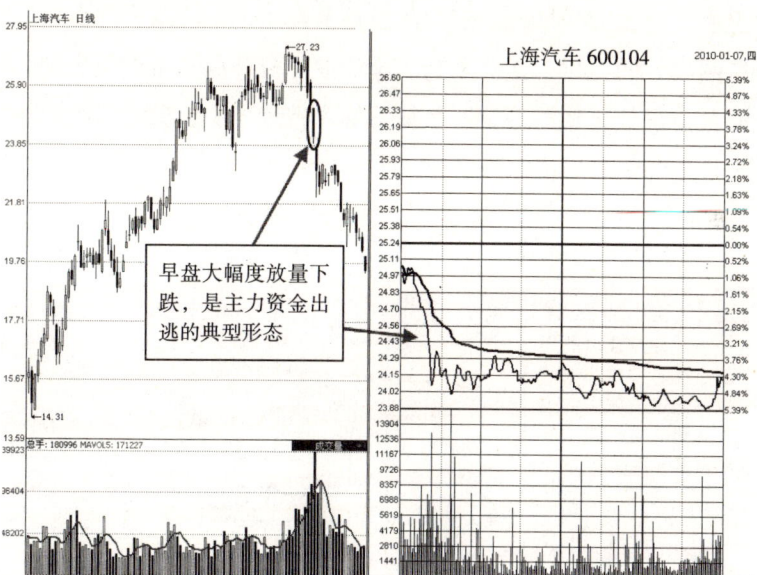

早盘大幅度放量下跌，是主力资金出逃的典型形态

图1-11 上海汽车2010年1月7日前后走势图

二、中盘

中盘是指10：00~11：30及13：00~14：30这三个小时的交易时间，通过对个股及指数的中盘走势分析，我们可以及时地发现其是否可以较好地延

续早盘前 30 分钟的走势，若多方力量在早盘前 30 分钟取得了主动并在中盘较好地保持了这一势头，往往代表了个股仍将强势运行；反之，则有可能出现"多转空"的情况。若空方力量在早盘前 30 分钟取得了主动，并且持续性极好，往往代表了个股仍将弱势运行；反之，则有可能出现"空转多"的情况。将早盘前 30 分钟的走势与中盘的走势相结合，我们就可以用一种连贯的方式去分析主力的控盘行为、多空力量的变化等信息，从而准确地推测个股的价格走势。

此外，当早盘前 30 分钟的多空双方力量强弱对比并不鲜明、多空双方力量处于焦灼状态时，中盘就是我们分析短期内市场多空力量情况及主力控盘意图的最好时间段，中盘的交投时间最长，它所反映出的市场多空信息往往也最为准确。

图 1-12 为金瑞科技（600390）2009 年 2 月 2 日前后走势图，此股当日的走势在早盘前 30 分钟处于焦灼状态，此时我们只有通过中盘走势才能更好地得出多空双方力量情况。随后此股在盘中出现大幅飙升形态，分时线在分时量持续放大的支撑下强势上扬，这是主力资金做多意图坚决的表现。考虑到此股目前正处于相对低位区盘整后的突破走势中，因而这种强势的中盘形态预示着个股随后仍将强势上涨。

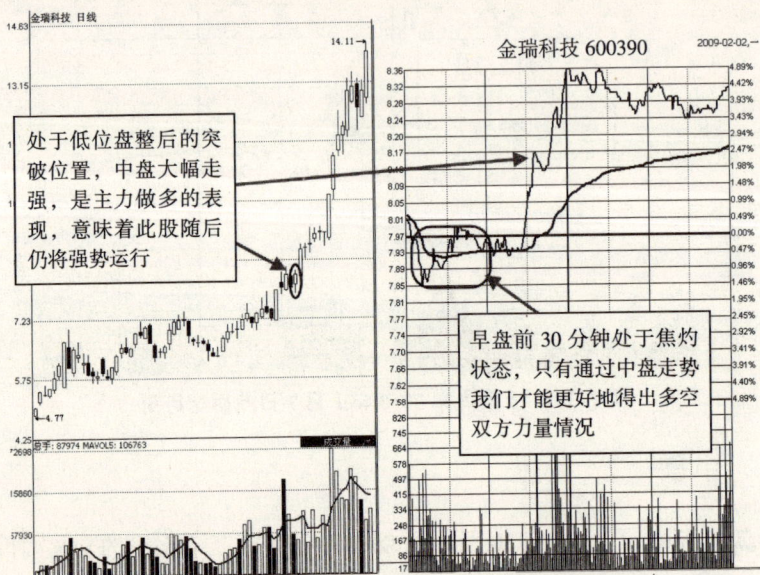

图 1-12　金瑞科技 2009 年 2 月 2 日前后走势图

图1-13为中孚实业（600595）2009年7月15日前走势图，虽然此股前期持续上涨且于当日创出近期新高，但当日中盘的分时线稳稳地站于均价线上方且呈现出极为流畅的上扬形态，这种强势形态表明多方力量仍旧极为充足，且此股股价从中长线的角度来看仍旧处于相对低位区，因而这种强势的

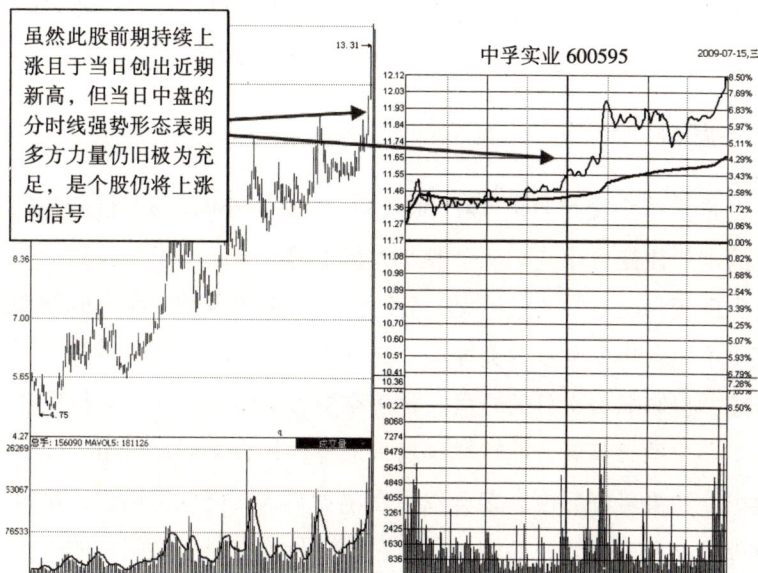

图1-13 中孚实业2009年7月15日前走势图

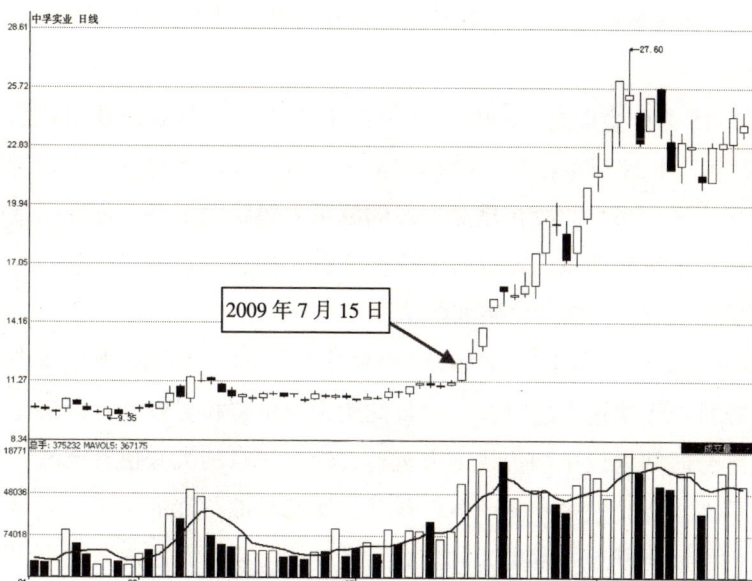

图1-14 中孚实业2009年7月15日后走势图

中盘分时线形态是个股仍将上涨的信号。

图1-14为此股2009年7月15日后走势图，如图标注所示，此股在2009年7月15日之后出现了短期内快速翻倍的强势上涨走势，这种短期内的大幅上涨走势源于主力的强力做多意图及多方力量的显著优势，而这两点信息正体现在此股的中盘交投过程中，透过此股2009年7月15日的中盘分时线形态，我们可以更好地理解此股的短期大涨走势。

三、尾盘

尾盘是指每个交易日的14：30~15：00这半小时，并且当日收盘前15分钟内的走势往往更重要。从个股及大盘走势的分时图中，我们可以发现尾盘多会出现较为明显的放量情况，分时线也多会出现较为明显的异动，这直观地说明了尾盘是多空双方交锋最为激烈的一段时间，尾盘既是一天交投情况的总结，也影响着次日的开盘，是多空双方必争的时间段。投资者在对盘面进行了一天的观察后，往往在尾盘采取操作，如果看淡后市，往往选择在尾盘抛出；如果看好后市，多会选择在尾盘买入，因此可以说，尾盘在价格运行过程中起着至关重要的作用。通过研读价格在尾盘时间段的走势，我们可以了解主力的控盘行为及控盘意图（很多个股的尾盘异动就体现了主力控盘行为）、市场多空双方的力量对比、价格走势是否出现了反转迹象等重要信息。

图1-15为国金证券（600109）2009年7月29日尾盘跳水示意图，此股在2009年7月29日前出现了持续的快速上涨走势，此时股价正处于持续上涨后的高位区，当日此股在尾盘出现的放量大幅跳水走势无疑说明做空动能充足，预示了价格即将出现反转下跌的走势，通过尾盘走势，我们可以更好地把握多空双方主力实力已转变的情况。

图1-16为中孚实业（600595）2009年7月24日尾盘拉升示意图，此股在之前数日处于快速上涨阶段，当日此股中盘走势相对较弱，价格缠绕均价线且大部分时间内位于均价线下方运行，但是尾盘的大幅拉升至涨停板则说明主力仍然控盘且做多意图明显，是我们继续持股待涨的信号。通过尾盘的异动我们可以更好地了解主力的控盘意图，也可以对此股内多空双方的力量情况有一个更好的了解。

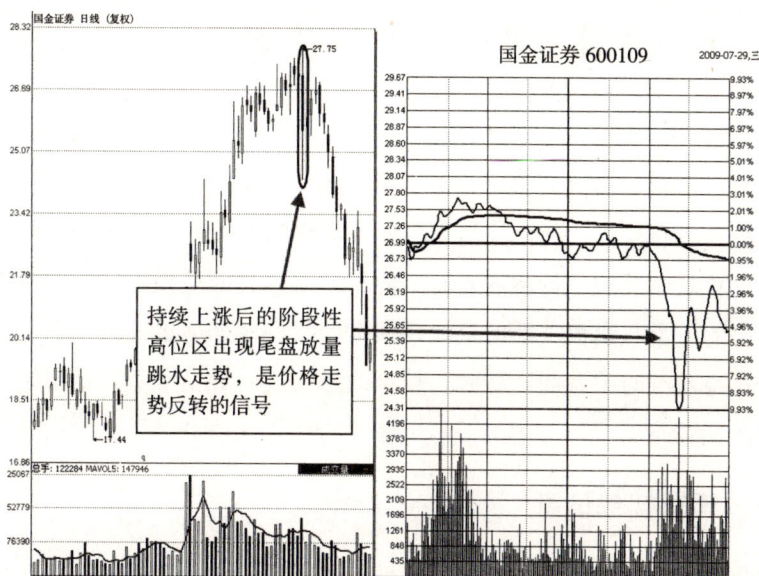

持续上涨后的阶段性高位区出现尾盘放量跳水走势，是价格走势反转的信号

图1-15　国金证券2009年7月29日尾盘跳水示意图

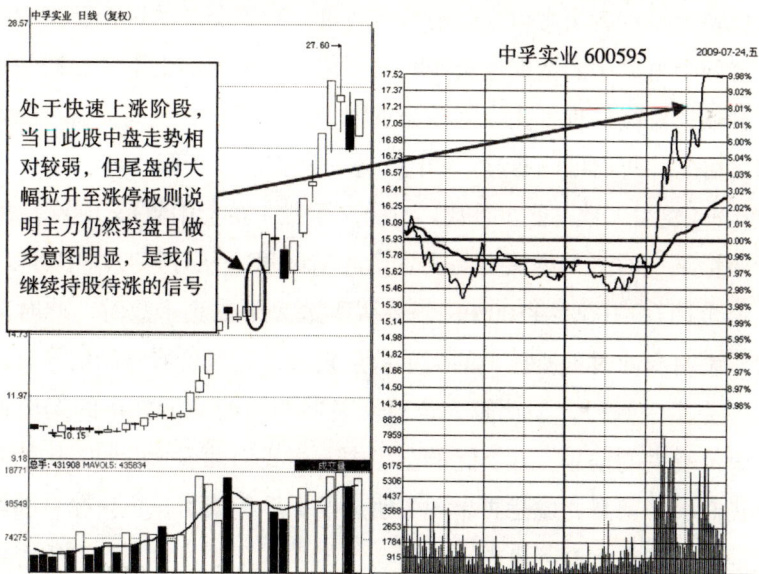

处于快速上涨阶段，当日此股中盘走势相对较弱，但尾盘的大幅拉升至涨停板则说明主力仍然控盘且做多意图明显，是我们继续持股待涨的信号

图1-16　中孚实业2009年7月24日尾盘拉升示意图

第三鞭　鞭辟入里——理解挂单信息与成交细节

鞭策、激励要深入到最里层才更为有效，理解、分析时则应探求透彻、深入精微，只有这样，我们才能更好地掌握事物的本质。对于分时线的波动来说，它直观地反映了价格的实时走势，但这种表面呈现出来的价格走势却是深层次的买盘与卖盘关系的反映，那么，我们应如何更好地理解个股在盘中的买盘与卖盘的关系呢？此时，挂单信息与实时成交细节就是最好的盘中观察目标。

一、理解挂单信息

在分时线图的右侧，我们可以看到委买盘与委卖盘窗口，委卖盘窗口包含五个档位的委卖盘信息，委买盘窗口则包含五个档位的委买盘信息。这两个窗口反映了投资者买卖申报的委托单数量，随着交易的进行及买卖申报的继续，这两个窗口中的数据也会实时地变化，这里面的上下各五档的买卖盘挂单信息往往直接体现了主力的控盘意图，对于某一时刻委买盘与委卖盘的大小对比情况，我们可以通过"委比"这一数据进行了解。

委比 = (委买手数 − 委卖手数) ÷ (委买手数 + 委卖手数) × 100%。委比可以用于衡量某一时刻的委买盘与委卖盘相对强度，从计算方法中可以看出，它的取值范围在−100%~+100%，当委买手数大于委卖手数时，此时的委比为正值，说明当前时刻所挂出的买单数量较大，是股价看涨的信号；当委买手数小于委卖手数时，委比则为负值，说明当前时刻所挂出的卖单数量较大，是股价看跌的信号。在实际的盘口中，当我们发现个股的委比绝对值较大时，我们就要留意此股是否出现了明显的上压板或下托板情况，因为这很有可能是主力挂出大单所造成的。

所谓下托板，是指买盘的数量要显著地高于委卖盘的数量，大量的委买单挂在下面，给人一种千斤托底、股价难跌的感觉；而上压板则是指卖盘的数量要显著地高于委买盘的数量，大量的委卖单挂在上面，给人一种乌云压顶、股价难涨的感觉。从盘口的直观感觉出发，下托板是股价上涨的信号，上压板则是股价看跌的信号，但在实际分析中，我们要结合股价的具体走势进行分析，因为上压板或下托板很有可能是主力为达到控盘目的而挂出的意不在成交的虚假单子，此时，我们会在委买盘或委卖盘中看到大挂单出现。

如果一只个股的委买盘或委卖盘中经常出现大挂单，则多说明主力驻留其中且有明显的控盘意图。对于大挂单所造成的上压板及下托板，下托板并不一定是看涨信号，上压板也不一定是看跌信号，此时，我们应结合股价总体走势、分时线波动情况等信息进行综合分析，有时我们要从正向的角度来理解，有时则要从反向的角度来理解，只有这样才能准确地预测价格走势。

当个股股价经过较长时间的下跌后，在某一区域出现了震荡止跌的走势，此时的下托板多是主力资金开始入场建仓的表现，而且盘中分时线多会运行于均价线上方、呈现强势形态，这说明买盘的力量较为充足，此时的下托板具有正向含义，是股价看涨的信号。

当个股股价经过较长时间的上涨后，在某一区域出现了震荡滞涨的走势，此时的上压板多是主力资金开始出货的表现，而且盘中分时线多会运行于均价线下方、呈现弱势形态，这说明卖盘的抛压较重，此时的上压板具有正向含义，是股价看跌的信号。

当个股经过深幅下跌后，价格位于低位平台区震荡运行，或是经过低位盘整后的上升初期，此时，股价从中长线角度来看是处于较低位置上的，这时出现的上压板往往是主力利用市场人心涣散、做多气氛仍不充足的情况来制造恐慌气氛、以此诱骗投资者交出手中筹码的一种手段，是主力压盘吸货的一种表现形式，这时的上压板具有反向含义。此时，我们往往可以看到这样一种情况，即个股出现了明显的上压板，但是分时线却不跌反涨、往往呈现出运行于均价线上方的强势形态，这也正说明了上压板是主力的虚假挂单，它并非是市场的真实抛压。

当个股经过长期上涨后，价格位于高位平台区震荡运行，或是高位震荡后下跌的初期，此时，股价从中长线角度来看是处于较高位置上的，这时出现的下托板往往是主力稳定市场人气，而自己却积极出货的一种手段，是主力假护盘、真出货的表现，主力通过在委买盘中挂出大买单，让投资者形成买盘充足、股价难跌的错觉，而主力自己却在积极地进行着小单派发，此时的下托板具有反向含义。而且我们往往可以看到这样一种情况，即个股出现了明显的下托板，但是分时线却不涨反跌、往往呈现出运行于均价线下方的弱势形态，这也正说明了下托板是主力的虚假挂单，它并非是市场的真实买盘。

如果一只个股中经常出现上压板或下托板现象，则多意味着主力驻留其中且有明显的控盘行为，此时我们应结合价格的总体走势、分时线的运行情况等多种因素进行分析，片面地依据上压板或下托板的正向含义往往会作出错误的判断，例如有时候主力在委买盘中挂出大买单以稳定持股者的信心，同时吸引场外投资者入场，但投资者一旦买入后却发现股价不涨反跌；有时候主力在委卖盘中挂出大卖单以动摇持股者的信心，但投资者一旦抛出筹码后却发现股价不跌反涨。

二、理解盘中成交细节情况

委托出来的单子不一定能成交，虽然挂单信息有助于我们了解买卖双方的力量对比情况，但是，如果主力在挂单中做了手脚，我们就很难以正向的角度得出买卖盘的对比信息，在关注大挂单的情况时，我们还应关注个股的成交细节，即真实成交的买盘与卖盘交易的情况。

成交细节反映了买盘与卖盘的交易情况，在分时图右下角的"实时成交"窗口中，我们可以看到个股在盘中实时发生的交易，其中最值得我们关注的当属大单买入与大单卖出。大单买入是单笔数量较大的主动性买入行为，大单卖出则是单笔数量较大的主动性卖出行为。偶然性的大单买入与大单卖出可能是源于大户的进出，但是经常性的大单买入与大单卖出则多是主力控盘行为的体现。大单买入与大单卖出是真实发生的交易，要交印花税及券商佣金，因此多是买方或卖方真实买卖意愿的表现。下面我们就来看看如何通过大买单与大卖单的信息来分析个股的走势情况（注：下面我们把"大单买入"与"大单卖出"简称为"大笔成交"）。

大笔成交是我们发现主力的窗口，也是我们捕捉牛股的着手点之一。我们知道，主力资金庞大，为达到控盘的目的，主力只有通过大笔成交来完成，这尤其体现在主力的建仓与拉升阶段。此时，小单进出无法满足主力的控盘要求，因此个股中连续出现的大笔成交多是主力控盘行为的体现，也是我们发现主力入驻其中的窗口，只有主力深度介入的个股才会走出独立的或是明显强于大盘的上涨行情，假如一只股票长期极少出现连续大笔成交，基本上可以认定为散户行情，易跌难涨。

低位区经常性的大单买入是主力建仓的信号：股价运行于低位区间时，由于前期的持续下跌，个股的交投往往较为清淡，此时的大单买入是主力真实建仓的表现，主力一旦发现上面的委卖盘挂单数量较大，就会毫不犹豫地用一笔大单子将其买入，并耐心地等待委卖盘中再次出现一定数量的卖单，若这种大单买入在底部震荡的很长一段时间内经常出现，则可以认为这是主力资金进场的表现。

高位区经常性的大单卖出是主力出货的信号：股价在运行于高位区间时，由于前期的持续上涨，往往会出现投资者恐高、追涨情绪不强的情况，此时的大卖单卖出是主力出货离场的表现，主力一旦发现下面的委买盘挂单数量较大，就会毫不犹豫地用一笔大单子将其砸掉，并耐心地等待委买盘中再次出现一定数量的买单，若这种大单卖出在高位震荡区的很长一段时间内经常出现，则可以认为这是主力资金离场的表现。

低位区出现的大单卖出多是主力打压吸筹的表现：我们知道，无论对于主力还是对于普通投资者来说，其获利的方式只能是低吸高抛，而在股价处于明显的低位区时，将大笔单子抛出的行为显然是难以理解的，因此此时我们就要以逆向思维的方式来理解它。由于股价在低位区时，大多数投资者处于被套状态，若非由于恐慌情绪是不会贸然抛售的，而主力又不想通过拉升股价的方式进行建仓，这时主力结合市场气氛低迷、投资者信心不足、大盘震荡等因素，利用大单卖出的方式往往可以起到很好的打压效果，通过这种大单砸盘的方式可以有效地制造恐慌情绪，个股的走势会让投资者形成股价走势"深不见底"的错觉，让短线投资者看不准行情、被套投资者持股信心不足，而主力则可以在随后借机建仓。

高位区的大单买入多是主力对倒出货的表现：当个股经过持续上涨之后，由于买盘的过度消耗及投资者的追涨意愿降低，此时主力如不设法制造交投旺盛的假象，是难以吸引场外投资者进场接盘的。主力通过在委卖盘中事先挂出单子，随后再用大单买入的方式将其打掉，给投资者一种买盘充足、股价仍强势上涨的错觉，其实这是主力对倒拉升的体现。这种方式是主力针对散户投资者固有的"放量要涨"的思维方式而采取的手段，当一部分投机者在看到个股在连续大单买入的支撑下出现了如此的强势上涨形态，很可能会不顾股价实际所处的位置而抱着侥幸的心态进行投机性的买入，一旦市场跟风气氛上来了，主力就会借机出货。这种在高位区出现的对倒拉升往往呈现出今天强势涨停、明天就大幅下跌的情况，强势上涨时连续的大单买入不断出现，而随后大幅下跌时却是大单卖出不断，大单买入是虚假的对倒手法，而大单卖出往往则是真实的出货行为。

此外，在股价的上升与下跌途中，也常常会出现大单买入及大单卖出的情况，此时我们可以对大笔成交数量进行统计，当个股处于上升走势中时，在某一时间段内，若大单买入数量明显高于大单卖出数量，则说明个股涨势强劲，是主力做多意图坚决的表现；反之，当个股在大幅上涨后，若出现大单卖出数量明显高于大单买入数量，则多说明个股涨势已到末期，是股价见顶的信号。当个股处于下跌走势中时，在某一时间段内，若大单卖出数量明显高于大单买入数量，则说明个股跌势明显，是主力抛售意愿坚决的表现；反之，当个股在大幅下跌后，若出现大单买入数量明显高于大单卖出数量，则多说明个股跌势已到末期，是股价见底的信号。

第四鞭 一鞭中的——从价格突变寻找买点

从分时图中可看出，价格在盘中的异动，是投资者判断操作机会的重要看点。事实也证明，价格在分时图中异动的过程，是主力资金快速进出的时候出现的，显然是投资者判断交易机会的重要时刻。如果股价从异动开始回升，投资者追涨可获得利润。异动的情况有多种，其中，快速拉升、脉冲拉升和尖底形态的探底回升值得关注。这三种价格变动中，是主力有意操作股价的时候出现的价格走势，必然是看涨的重要信号了。

一、快速拉升的买点

在分时图中，股价短时间内大幅度飙升的过程中，主力资金流入是价格回升的根本原因。这个时候，投资者可以紧跟着买涨获得利润。特别值得一提的是，个股分时图中持续杀跌的过程中，尾盘主力发动攻势，短时间内拉升股价到高位，是明显的异动表现。如果投资者不想错过这样的盈利时机，可大胆地买涨获得利润。股价上涨潜力很大，投资者买涨以后有望在接下来的交易日中盈利。

如图 1-17 所示，时间长的分时图中，该股盘中运行情况并不理想，但价格持续回落的过程中，直到收盘前的半小时内，主力发力拉升该股。短时间内反弹空间为 2%，显示该股走强的迹象明确。该股流通盘高达 10.9 亿股，盘子还是很大的。但主力做多意愿强烈，短时间内拉升该股反弹，表明接下来的交易日仍然看涨。尾盘参与该股的反弹，有望在接下来的交易日中获得利润。

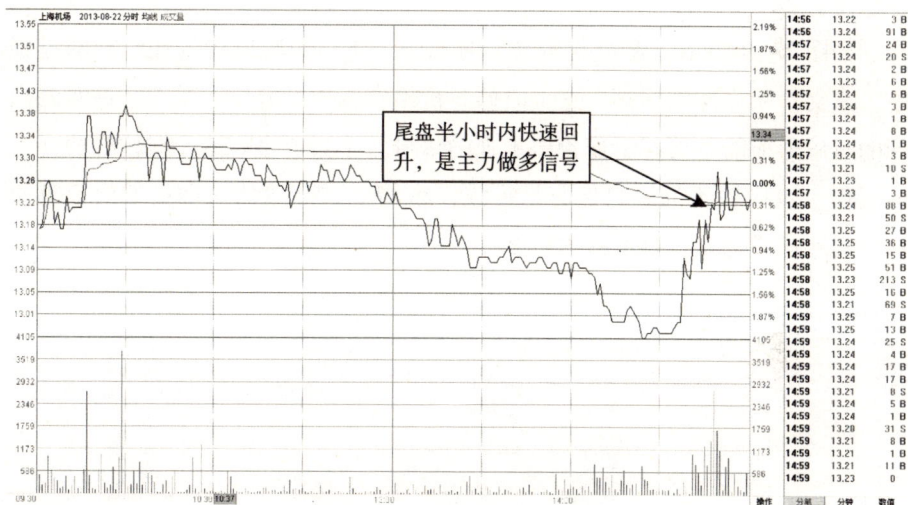

图 1-17 上海机场尾盘异动走势

如图 1-18 所示，上海机场的日 K 线图中，该股在 7 个交易日中完成 30%的涨幅，显然是分时图中主力做多后出现的价格走势。从成交量上判断，图中该股快速回升期间，成交量明显有效放大，也支撑了股价的回升态势。

分时图中尾盘拉升股价的动作，不容易被投资者发现，而开盘期间拉升的情况却容易被发觉。主力并非不想拉升该股，而是在散户不经意的时候动手。尾盘快速拉升股价的情况，是投资者不容易发现的异动走势，也是投资者不错的买涨机会。

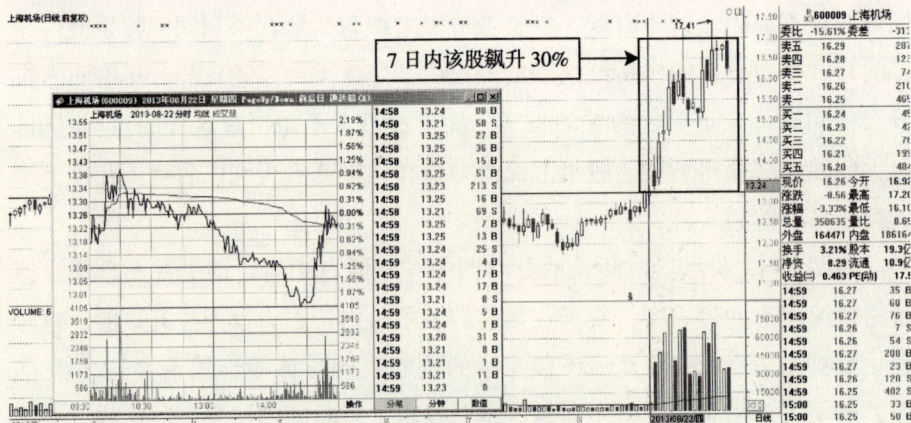

图 1-18　上海机场日 K 线图

二、脉冲拉升买点

如图 1-19 所示，友谊股份的分时图中，价格短时间内快速飙升的过程中，成交量明显冲高回落。这个时候，价格在盘中的异动，是在脉冲量能出现的时候形成的，可以看作价格走强的信号。主力资金在这个时候强势介入该股后，盘中股价回升自然容易形成。事实上，该股的表现正如投资者所料，买涨该股可以获得不错的回报。

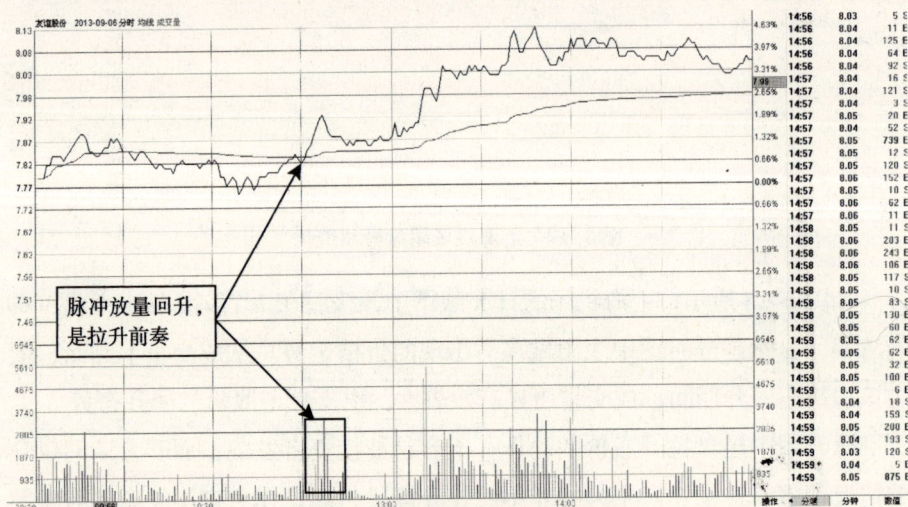

图 1-19　友谊股份盘中脉冲回升

如图 1-20 所示，虽然分时图中股价快速回升，收盘该股出现了不错的涨幅。而在接下来的几个交易日中，该股继续放量回升，投资者买涨可以轻松获得利润。盘中价格表现良好的情况下，投资者买涨信心应该非常足才对。对于该股的良好表现，没有人能忽视该股后市的走势。

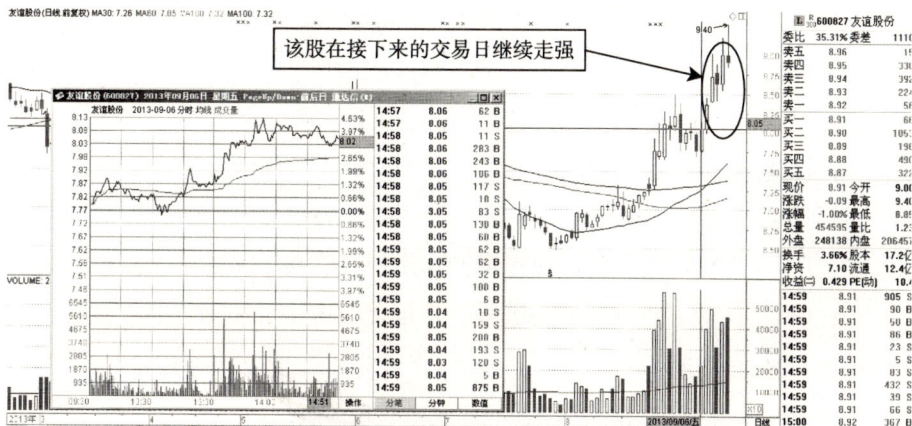

图1-20　友谊股份盘中脉冲回升

从分时图中量能脉冲放大发现操作机会，这种做法还是非常有效果的。价格明显看涨的情况下，该股走势正处于不温不火的回升态势。

三、尖底探底回升走势

如图1-21所示，复星医药这只股票在2013年7月9日的分时图走势

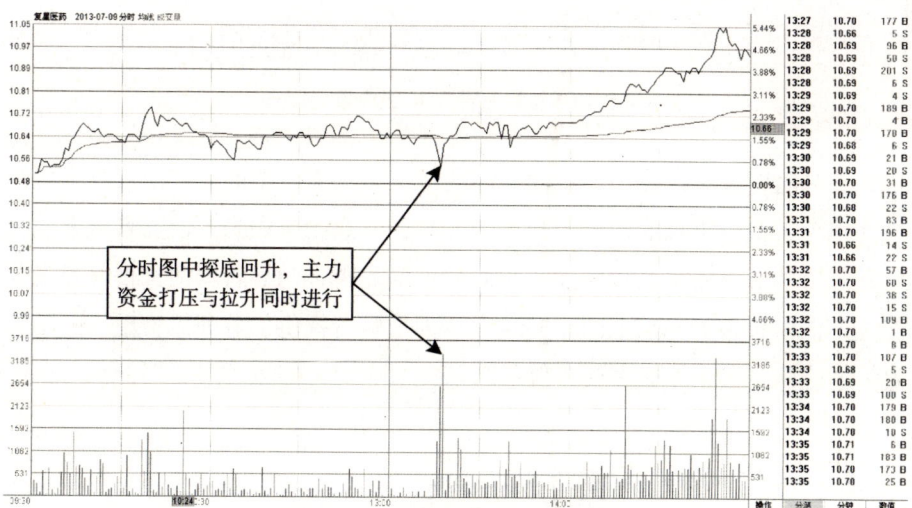

图1-21　复星医药盘中尖底形态

中，价格一路上扬的过程中，午后盘中出现了探底回升的情况。虽然价格跌幅不大，却为投资者做多提供了信号。放量做空的时候，多方又在短时间内拉升股价至高位，完成了一个小的尖底形态。

在分时图中，这种探底回升的情况是很常见的，反转形态出现的时候量价配合得当，显示多方主力做多热情不减。从操作上判断，把握好这个位置的买点，投资者可以获得利润。既然分时图中价格出现了戏剧性的反转形态，而当日收盘价格上涨空间又很高，显然为投资者提供了盈利机会。

如图 1-22 所示，复星医药的日 K 线图中，有了分时图中的探底回升动作，该股不仅当日收盘上涨，完成回升大阳线，在接下来的两个月中一路回升。该股明显具备了震荡企稳的趋势，把握分时图中的买涨机会，投资者可获得不错的盈利空间。

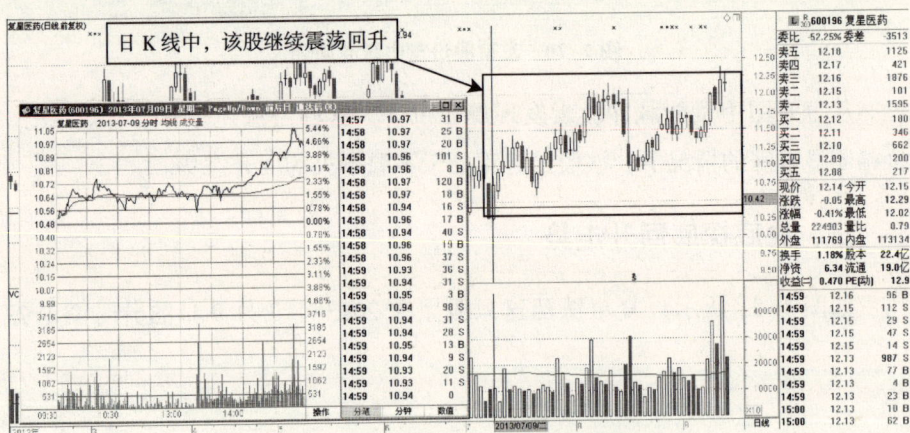

图 1-22　复星医药日 K 线中震荡回升

从分时图中看来，主力短时间内大量资金买卖股票的过程中，价格可能冲高回落，也可能探底回升。只要主力的真实意图是做多，投资者跟上主力拉升股价的节奏便可获得利润。今后的价格表现，与分时图中价格反弹走势有关。盘中价格异动后上涨空间越大，为投资者提供的盈利机会越好。随着趋势的确认，接下来做多可获得利润。

利器 2 长枪——熟悉各种 K 线形态下的多空含义

冷兵器时代，枪指的是在长柄一端装有尖锐形状的金属头的刺杀兵器，由于枪融合了矛与棍的攻击方式，使用灵活，因而在发展到唐及五代时，枪成为当时最为普遍的武器。枪的优点是攻击方式多样，在实战中有各式各样的枪法，这些枪法对于挑、点、刺、扫、扎等攻击的方式有不同的侧重，好的枪法往往集雄浑、挥洒和灵活多变于一身，发展到后期的枪充分吸收了其他兵器的优点，几乎成为万能的长兵器。

枪是一种集众兵器优点于一身的兵器，而股市中的 K 线就如同兵器中的枪一般，不同的 K 线形态往往反映了不同的市场多空含义，不同的枪法则往往侧重有所不同，或侧重于挑、点，或侧重于刺、扫、扎，看透枪法的特点有助于我们在"知彼"的情况下克敌制胜，而看透 K 线形态有助于我们深入理解市场的多空交战信息，从而破解价格运行的轨迹。本章中，我们将结合 K 线所呈现出的多种形态来介绍市场的多空信息并借此分析价格的预期走势。

第一枪　单枪匹马——解读单根 K 线所呈现的多空信息

一个人、一支枪、一匹马，只有功夫够好才可以在敌军中从容进出，同样对于股价走势来说，只有我们对于 K 线含义的理解够准，才可以从单独一根 K 线中看出市场的多空含义。当然，一个人想要真正地克敌制胜仍需其他伙伴的支持，而一根 K 线也只是反映了个股在较短时间内的多空信息，想要准确地把握价格的走势仍需将多根 K 线结合起来，或是对 K 线组合形态进行分析。本节中，我们先详细介绍一下单根 K 线的不同形态，下一节中，我们再介绍常见的 K 线组合形态。

一、单根 K 线的解读方式

K 线起源于 18 世纪中叶日本德川幕府时代，最初用于记录米价涨跌，1990 年，美国人史蒂夫·尼森在其著作《阴线阳线》中介绍了这种图形，由于这种图形可以清晰直观地反映价格的波动状况，后被广泛应用于金融领域，经过人们对 K 线的不断研究与探索，它已不再是仅仅反映价格走势的一种图形，更充当了人们分析预测价格走向的工具。图 2-1 为单根 K 线的构成形态，从图中可以看到一根 K 线包含了这一交易周期内的最高价、最低价、开

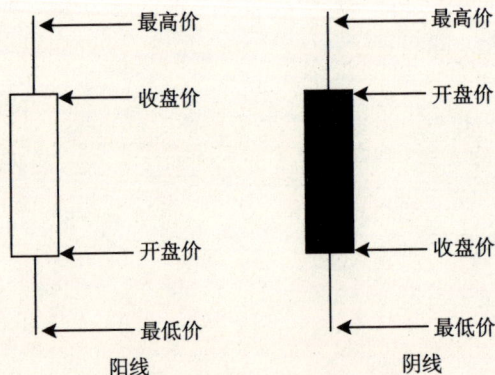

图 2-1　单根 K 线的构成形态

盘价（也称开市价）、收盘价（也称收市价）这四个最为重要的价格数据，但是 K 线所蕴含的信息绝不只是这些，通过影线的长短、实体的长短，我们还可以更好地理解当日的交投情况及市场的多空力量对比。

如图 2-1 所示，单根 K 线是由影线及矩形实体所构成的，当收盘价高于开盘价时，用空心的红色矩形实体表示，这是阳线；当收盘价低于开盘价时，则用实心的黑色矩形实体表示，这是阴线。阳线形态表明当日的交投以多方获胜结束，阴线形态则表明当日获利的是空方，矩形实体越长，表示开盘价与收盘价相差的幅度越大，这说明相应某一方的力量越强大。而影线则体现出了多空双方的交锋过程，下影线出线时，代表空方曾于盘中发动过攻击，下影线越长，说明空方在盘中的攻击力度越大。上影线出现时，则代表多方曾于盘中发动过攻击，上影线越长，说明多方在盘中的攻击力度越大。可以说，单根 K 线中的矩形实体长短是多空双方交战结果的体现，它反映了多方或空方的战果如何，而影线则体现了多空双方交战的细节。可以说，如果我们要想理解单根 K 线形态所呈现出来的市场多空信息，就一定要对上面介绍的 K 线形态中矩形实体与影线所各自代表的市场含义有所理解。

二、界定单根 K 线的周期长短

单根 K 线可以表现不同交易周期内的价格波动情况，在实盘应用中，我们最常用的 K 线周期是以日为单位的日 K 线和以周为单位的周 K 线。日 K 线以股价或指数在当日交易中所产生的开盘价、收盘价、最高价、最低价四个价位绘制而成，某一交易日的 K 线记录了价格当日的变动情况，将每一交易日的 K 线在同一的价格坐标系中表现出来，就是日 K 线走势图。依据同样的方法，我们还可以绘制周 K 线。周 K 线以周一的开盘价、周五的收盘价、全周最高价、全周最低价四个价位绘制而成。此外，我们还可以得到分钟 K 线图、月 K 线图等不同周期的 K 线走势图，由于单根 K 线的时间周期不同，它们所呈现的特点、具备的作用也不尽相同，一般来说，日 K 线图最为常用，既适用于分析价格短期走势，也适用于分析价格中长期走势，月 K 线图时间跨度过大、分钟 K 线图时间过短，两者用途较少，而周 K 线摒弃了日 K 线波动过于频繁及月 K 线过于迟缓的特征，多用于分析价格的中期走势。

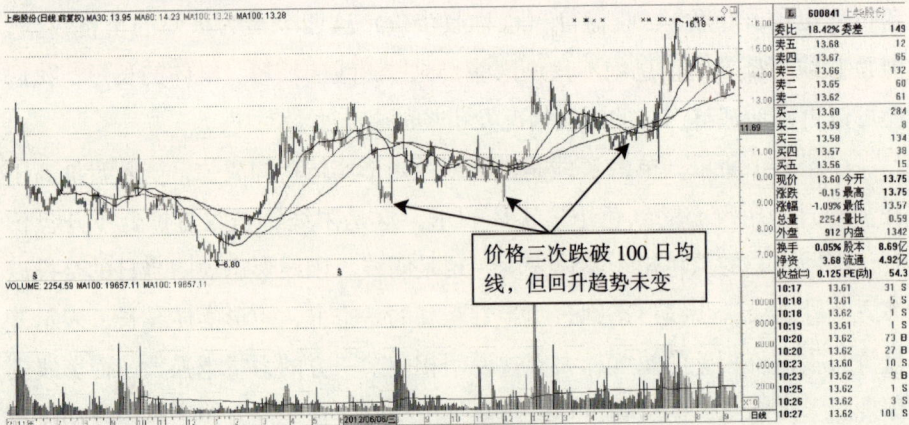

图 2-2　上柴股份

如图 2-2 所示，上柴股份的日 K 线图中，价格虽然处于回升趋势中，但多次跌破了 100 日均线的情况，显然对投资者判断趋势不利。特别是中短期操作的投资者，对于价格跌破 100 日均线的情况必然非常敏感。日 K 线中均线对价格的支撑力度不高，价格容易形成假突破的走势。判断股价长期运行方向，还需要对价格走势不要太敏感才行。

日 K 线中，价格波动本身就很大，假突破的情况也比较容易出现。从单根 K 线的实体长短上判断，大阴线、大阳线的情况，更容易成为价格有效的突破口。

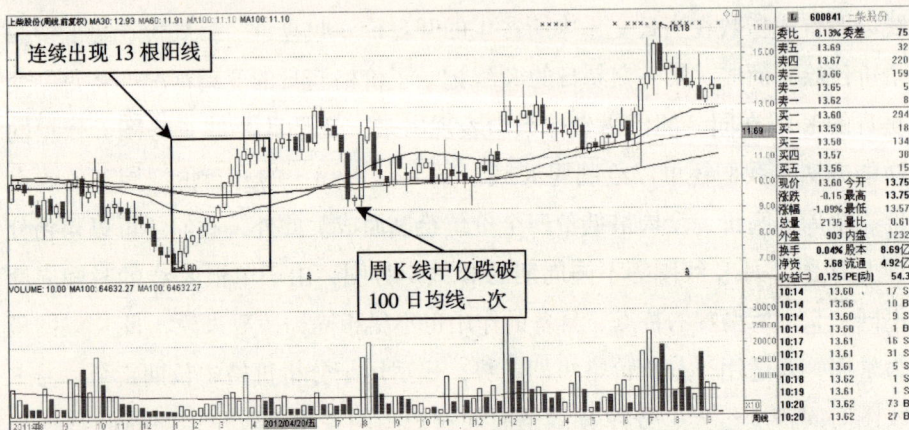

图 2-3　上柴股份

如图 2-3 所示，上柴股份的周 K 线图中，随着该股连续 13 根回升阳线形成，价格上涨潜力惊人。从价格波动方向看来，连续出现的回升阳线形态，支撑该股不断走强。周 K 线中 K 线收盘价跌破 100 日均线的情况仅仅出现了一次，显示 K 线形态更加真实地反映了价格走势。

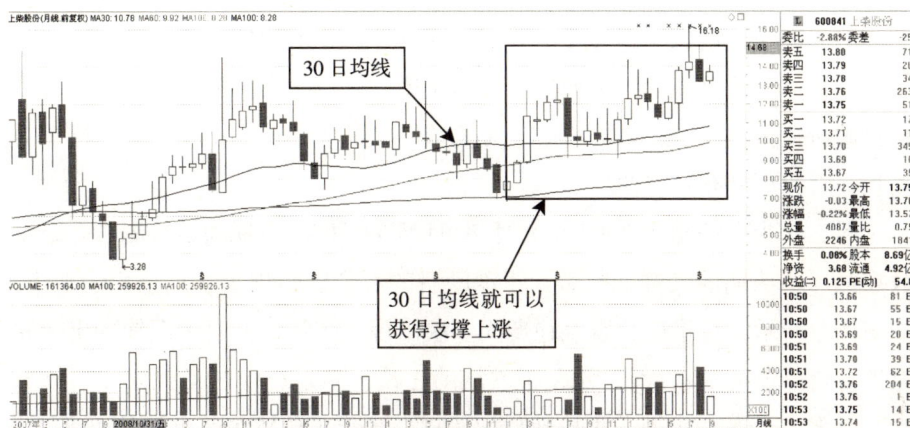

图 2-4　上柴股份

如图 2-4 所示，月 K 线中股价强劲反弹，价格虽然也曾调整，但 30 日均线就足以支撑价格上涨趋势延续。相比较日 K 线和周 K 线中价格表现，月 K 线中的 K 线走向更具代表性。当价格处于 30 日均线以上的时候，表明该股回升趋势明显。阴线价格回调至 30 日均线，价格屡次获得不错的支撑效果。如果 K 线形态上看依然保持 30 日均线以上的情况，看涨趋势将得到延续。

单根 K 线的计算周期，关系到价格突破的有效性。日 K 线的单根 K 线形态，只是一日当中出现的价格走势，更容易出现所谓的假突破走势。周 K 线和月 K 线的形成，分别需要一周和一月的交易时间。特别是月 K 线中 K 线形态的出现，是对接下来价格走势影响很大的 K 线形态，值得投资者关注。

三、常见单根 K 线形态的多空含义解读

单根 K 线的形态多种多样，它们分别反映了多空双方的不同交投过程及实力对比情况，理解每一种单根 K 线的市场含义，有助于我们把握多空双方力量的转变，下面我们以"日"为时间周期来介绍一下不同类型的单根 K 线所呈现出的市场含义。

1. 大阳线

大阳线即实体较长的阳线，最高价与收盘价相接近，而最低价则与开盘价相接近，大阳线形态往往对应于当日个股开盘后节节走高这种走势，是多方力量在当日盘中占据明显主导地位的体现，也是个股看涨的信号。日 K 线图中的大阳线，代表了多方在当日取得完胜，由于股价的单日走势往往容易受到主力资金的操纵及其他偶然因素的刺激，因此我们还应结合价格的总体走势来研判多空双方的力量对比。周 K 线图中的大阳线，由于时间跨度相对较长，因此更具有稳定性。

图 2-5 为上证指数 2008 年 8 月 26 日至 11 月 27 日期间走势图，上证指数在经历了前期的大幅下跌后，于深跌后的低位区出现了止跌企稳的走势，如图标注所示，在指数止跌企稳期间多次出现大阳线，并且大阳线的出现同时伴有量能的明显放大，"深幅下跌后的止跌企稳走势＋放量大阳线频繁出现"是多方力量开始处于主导地位的体现，预示了价格走势反转的出现。

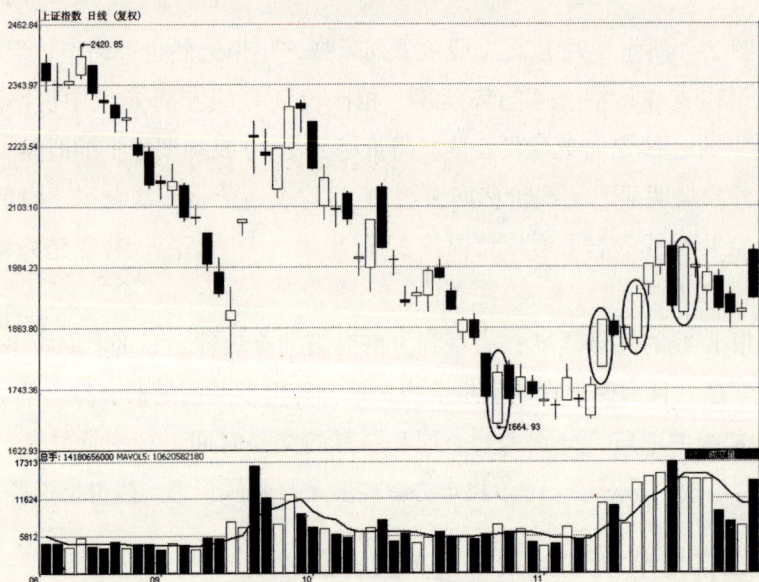

图 2-5　上证指数大阳线示意图

2. 大阴线

大阴线即实体较长的阴线，最高价与开盘价相接近，而最低价则与收盘价相接近，大阴线形态往往对应于当日个股开盘后节节走低这种走势，是空方力量在当日盘中占据明显主导地位的体现，也是个股看跌的信号。日 K 线图中的大阴线，代表了空方在当日取得完胜，由于股价的单日走势往往容易受到主力资金的操纵及其他偶然因素的刺激，因此我们还应结合价格的总体走势来研判多空双方的力量对比；而周 K 线图中的大阴线，由于时间跨度相对较长，因此更具有稳定性。

图 2-6　上证指数大阴线示意图

　　图 2-6 为上证指数 2007 年 8 月 15 日至 2008 年 2 月 1 日期间走势图，上证指数在经历了前期的大幅上涨后，于大涨后的高位区出现了震荡滞涨的走势，如图标注所示，在指数震荡滞涨期间多次出现大阴线，并且大阴线的实体要明显长于同期出现的阳线实体，这种"大幅上涨后的震荡滞涨走势＋实体相对较长的大阴线"形态是空方力量开始逐步占据主导地位的体现，也是个股走势见顶的信号，随后当指数开始破位下行的时候，我们可以看到大阴线的实体变长，这是空方已完全占据主导地位的体现，也是指数正式步入下跌通道的信号。

　　3. 上影阴线与上影阳线

　　上影阴线与上影阳线是指带有上影线而没有下影线或下影线较短的 K 线形态，这两种 K 线形态均代表了价格走势的先涨后跌。当日开盘后，由于多方曾在盘中发动过攻击，因此出现了盘中走高的走势，随后，由于空方抛压较重，股价出现了一定的下滑，若是空方抛压过大，则当日的收盘价往往会低于开盘价，从而形成上影阴线；反之，若是空方力抛压尚可，则当日的收盘价会高于开盘价，从而形成上影阳线。在判断上影阳线与上影阴线所代表的含义时，我们一定要结合价格的整体走势情况，一般来说，当上影线较长的单根 K 线形态出现在个股阶段性大幅上涨之后或是累计大幅上涨之后往往最具代表含义，这说明多方力量开始减弱、空方抛压加重，是价格走势即将出现回调的信号。

图 2-7 为创业环保（600874）2009 年 4 月 15 日至 10 月 9 日期间走势图，此股多次在震荡走势中的相对高点位出现上影阳线形态，这种阳线形态说明了多方在当天的交锋中取得了胜利。但是长长的上影线也说明空方抛压较重，因此这种形态出现在阶段性的相对高点位时多代表了价格的短期回调走势。

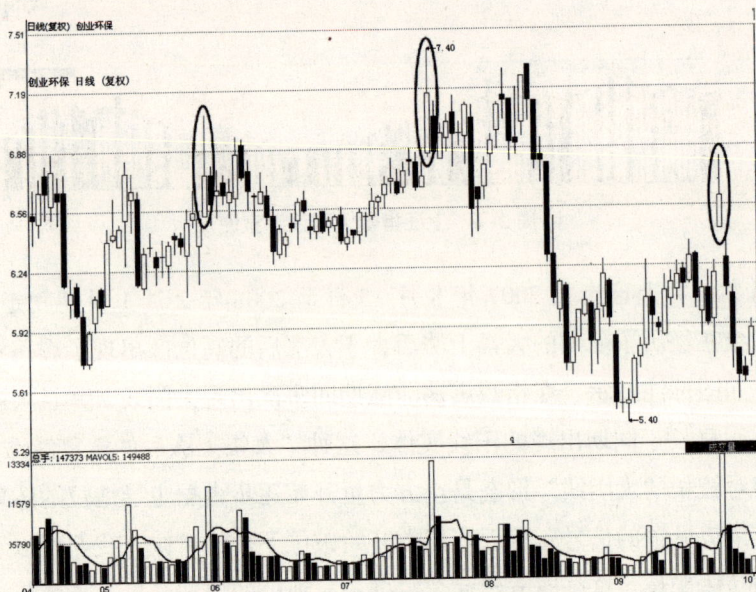

图 2-7 创业环保上影阳线示意图

图 2-8 为南化股份（600301）2009 年 5 月 4 日至 8 月 20 日期间走势图，此股在一波快速上涨后于高位区出现横盘走势，在横盘震荡中出现了一个长上影阴线 K 线形态，这种 K 线形态出现在这种相对高位区是市场抛压沉重

的表现，因此预示了一波回调走势即将展开，也是我们短期卖出的信号。

4. 下影阴线与下影阳线

下影阴线与下影阳线的形成过程与上影阳线及上影阴线正好相反，当日开盘后，由于空方曾在盘中发动过攻击，因而出现了盘中走低的走势，随后，由于多方承接的力度加强，股价出现了一定的上涨，若是多方力量较大，则当日的收盘价往往会高于开盘价，从而形成下影阳线；反之，若是多方力量的反应力度较小，则当日的收盘价会低于开盘价，从而形成下影阴线。在判断下影阳线与下影阴线所代表的含义时，我们仍要结合价格的整体走势来进行分析。一般来说，当下影线较长的单根 K 线形态出现在个股阶段性大幅下跌之后或是累计大幅下跌之后往往最具代表含义，这说明空方力量开始减弱、多方入场意愿较为强烈，是价格走势即将出现上涨的信号。

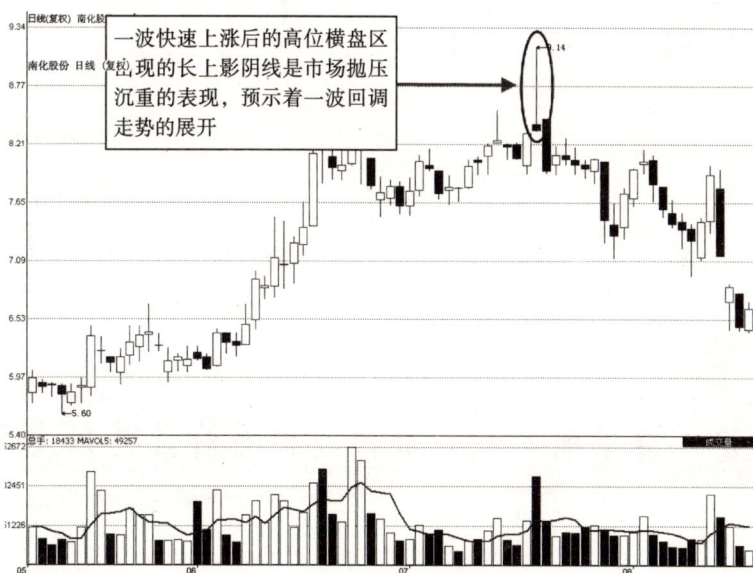

图 2-8　南化股份上影阴线示意图

此外，下影阴线也常出现在个股一波上涨之后，这多是由于个股盘中或尾盘大幅跳水走势导致，是市场整体性抛压沉重的一种表现，这种情况下的下影阴线多代表空方在当天的交投过程中处于主导地位，说明空方抛压较大，个股短期走势不容乐观。

图 2-9 为恒顺醋业（600305）2009 年 7 月 16 日至 11 月 19 日期间走势

图，此股在此波回调后出现了一个下影线较长的阴线形态，这说明空方在盘中的打压力度虽然较大，但是多方的承接力度也较大，由于此股前期的涨幅较小，股价难有大幅下跌的空间，因此这种长下影阴线形态是个股短期回调即将见底的信号，也是我们随后可以短线买入的信号。

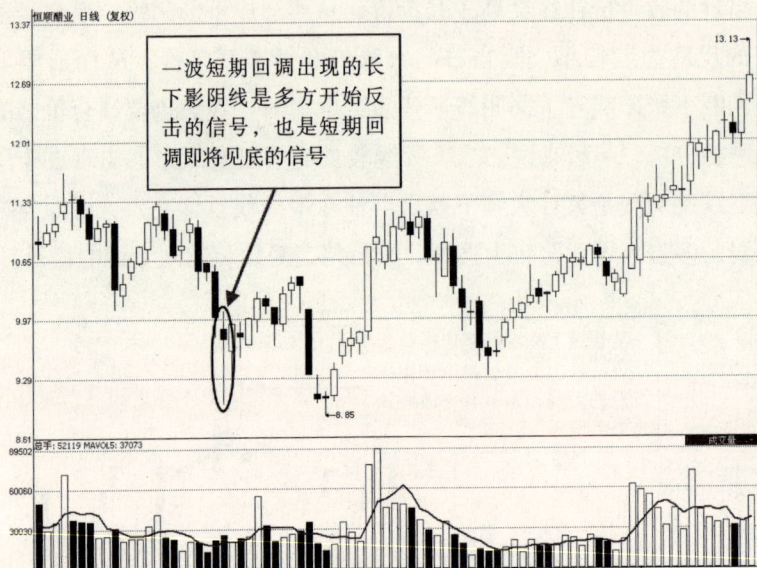

图 2-9　恒顺醋业下影阴线示意图

第二枪　舞枪成套——底部与顶部的常见 K 线形态

好的枪法绝不仅限于一招一式，只有舞枪成套路的枪法才更具威力，单根 K 线形态虽然可以揭示价格市场某一日的多空含义，但是想要更好地理解价格的走势，我们就要将 K 线形态连接起来，以组合形态的方式进行分析。由于在相似的市场环境下，投资者的买卖行为往往也极具相似性，从而体现出相似的价格走势（即出现相似的 K 线走势形态），因此通过解读 K 线走势形态无疑有助于我们把握价格走势当前所处的具体位置，通过分析 K 线走势形态，我们可以更好地把握底部及顶部的出现，从而准确地把握买入时机与卖出时机。

一、常见底部K线形态

当市场进入底部区时，我们是有迹可循的，除了通过股票市场的整体估值状态或是前期的下跌幅度入手外，我们还可以依据K线走势所呈现出来的形态入手。底部区点是交织着勇敢的买盘与卖盘，因此对于大多数的底部区走势来说，其反转上行的走势很难一蹴而就，往往会有一个明显的过渡阶段，这个阶段常常就会呈现出经典的底部形态。

1. 双底形态（或称W底形态）

双底形态通常是在价格经一轮较大幅度的下跌之后所形成的，它由两个相同或相差不多的低点所组成，两个跌至最低点的连线叫支撑线。双底有两次筑底过程，在第一次探底走势时，由于前期价格的快速下跌导致做空动力减少，一部分做多盘开始逢低买入，从而出现了一波量能放大的反弹上涨走势，但是在一波反弹过程遇到前期套牢盘和短线获利盘的抛压，随后出现了第二波的探底走势，当股价回落至前期低点时又吸引大量买盘介入，从而使得下跌空间被有效地封住，随着买盘的陆续涌入，第二波的上涨往往会出现放量向上突破前一波反弹高点的走势，这也宣告双底形态构筑完毕。双底形态示意图如图2-10所示，在个股的实际走势中，往往会出现第二底略高于第一底的情形，这也恰恰说明市场中的多方力量已开始处于主导地位。

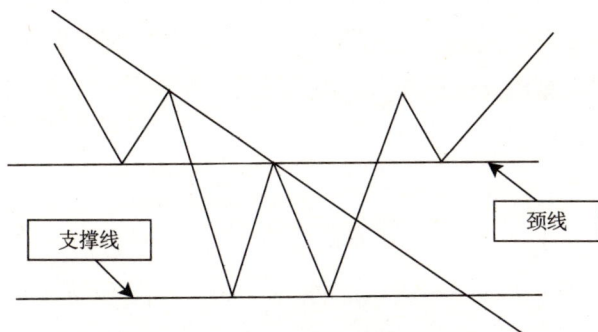

支撑线

颈线

图2-10　标准的双底形态示意图

如图2-11所示，中文传媒的日K线图中，价格从低点企稳回升的时候，明显的双底反转形态出现了。这个时候，投资者可以考虑做多获利。价格还未大涨之前，该股的这种反转形态，决定了价格的回升态势将得到很好的延续。实战当中，把握盈利机会并不困难，关键在于发现这样的双底反转形态。形态上反映出来的价格走强的信号，是不折不扣的拉升起始点，也是投资者考虑抄底的机会。在价格启动的过程中，主力也需要动用资金建仓，价格一旦走强就不容易回头了，买涨可靠性非常高。

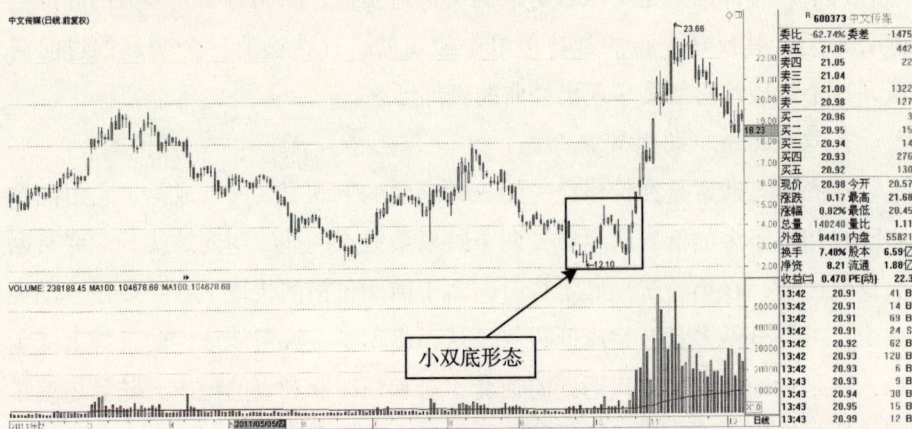

图 2-11　中文传媒

由于该股的双底形态持续时间短，也就是一个月的时间里，该股成功完成双底形态。判断双底之后的买涨机会很容易做到。

2. 头肩底形态

头肩底形态由左肩、头、右肩及颈线组成，图 2-12 为标准的头肩底形态示意图，在价格的持续下跌过程后，首先出现了一小波反弹走势形成左肩，由于此时买盘没有大量介入，而市场仍存在着恐慌气氛，随后在恐慌性抛售下，价格再创新低从而形成头部。一般来说，从左肩到头部的这段下跌

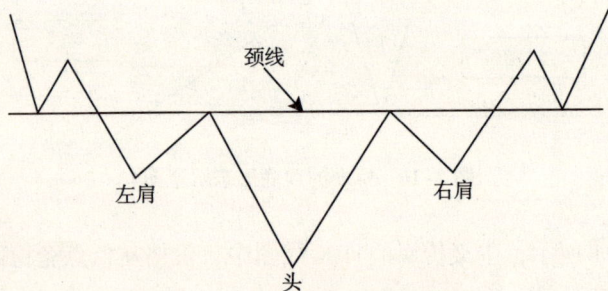

图 2-12　标准头肩底形态示意图

过程中，往往呈现明显的缩量形态，这说明并非是市场抛压沉重导致了价格再创新低，而是源于少量的恐慌性抛售及买盘没有开始介入而造成的。从头部至右肩的上涨过程中，我们往往可以看到明显的量能放大形态，这说明买盘已开始介入，底部已具备了形成的条件，随后，当个股放量向上突破颈线时，则宣告头肩底形态构筑完成，后市将出现较大幅上升。

　　图 2-13 为洪城水业（600461）2008 年 7 月 22 日至 2009 年 2 月 25 日期间走势图，此股在深幅下跌后出现了头肩底形态走势，在头部形成后的反弹上涨走势中，我们可以看到明显的放量形态，随后当股价向上突破颈线上行时，成交量再次出现了明显的放大，这时头肩底形态正式宣告成立。

图 2-13　洪城水业头肩底形态走势图

3. 圆弧底形态

　　圆弧底形态是一种较为"艺术"的底部形态，它清晰地体现了多空双方力量此消彼长的全过程，由于这种形态出现股价波动幅度较小，因此若同期的市场整体走势波动幅度相对较大，则其往往代表了主力的明显控盘。于是出现在深幅下跌后的圆弧底形态既可以说是多方力量开始转强的体现，也可以说是主力控盘能力较强的体现，是个股随后即将大涨的信号。

　　图 2-14 为中路股份（600818）2008 年 8 月 29 日至 12 月 5 日期间走势

图，此股在大幅下跌之后、上涨之前出现了一个极为标准的圆弧底形态，这一形态既是多方力量开始转强的体现，也可能是主力已介入其中且控盘能力较强的体现，并预示了此股随后即将出现大涨走势。

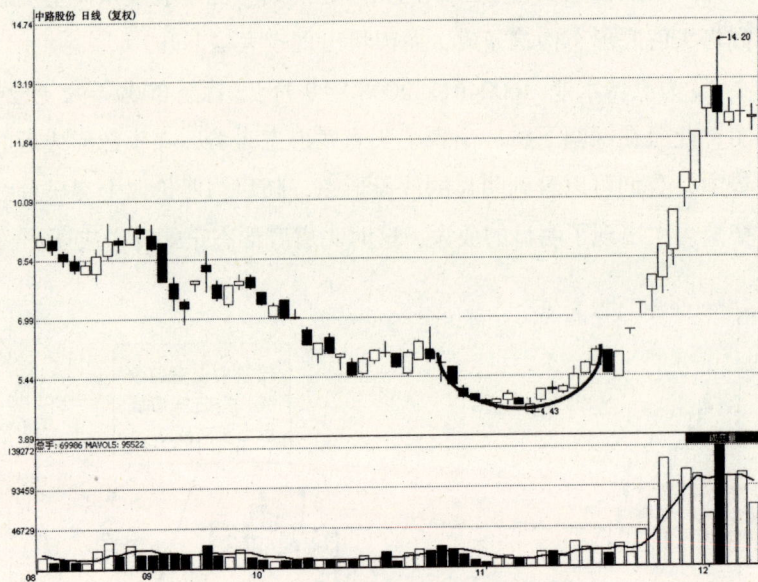

图 2-14　中路股份圆弧底形态走势图

4. V 形底形态

V 形底形态是一种变化极快、力度极强的反转形态。V 形底的出现往往源于两种情况，一种是价格在短期内由于非理性的恐慌性抛售而出现暴跌走势，当非理性的恐慌性情绪消退后，市场会自然修复这种暴跌走势，此时股价很有可能在大量买盘或主力的推动下出现报复式的反弹，从而形成短期的 V 形底；一种是深幅下跌后的个股若遇到好的题材而受到主力资金的炒作，往往也会出现这种 V 形底走势。

图 2-15 为柳工（000528）2008 年 8 月 20 至 12 月 22 日期间走势图，此股在深幅下跌后出现了 V 形底上涨走势图，V 形底形态出现时我们可以看到量能急速放出的形态，这是买盘大量介入的体现。随后，当价格有效地站稳于相对高位区时，量能明显快速萎缩，这说明前期涌入的大量买盘并没有获利了结的意图，由此可断定之前的放量上涨代表主力资金的介入。

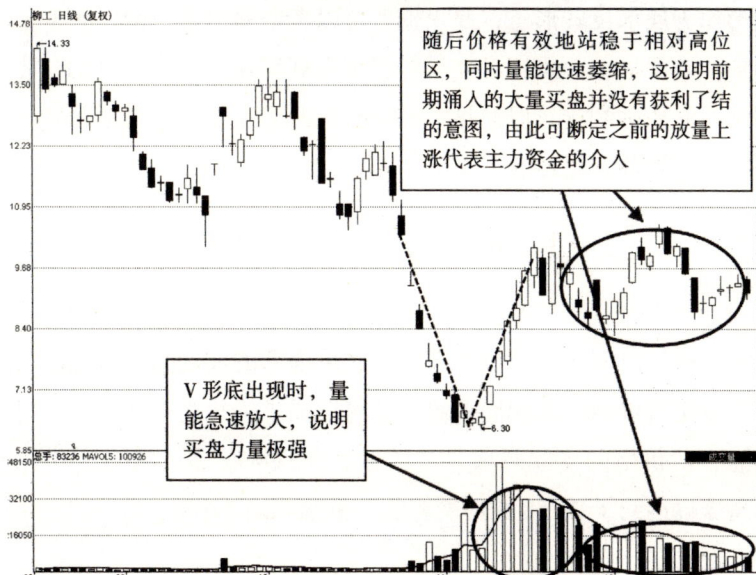

随后价格有效地站稳于相对高位区，同时量能快速萎缩，这说明前期涌入的大量买盘并没有获利了结的意图，由此可断定之前的放量上涨代表主力资金的介入

V 形底出现时，量能急速放大，说明买盘力量极强

图 2-15　柳工 V 形底形态走势图

5. 菱形底形态

如图 2-16 所示，安徽水利的日 K 线图中，价格从低点反弹上涨的过程中，投资者能够发现明显的菱形反转形态。该菱形反转形态持续时间为两个月左右，在菱形完成以后，价格向上突破菱形上边的过程中，显然为投资者提供了做多机会。事实上，安徽水利这只股票突破了菱形上边以后，价格很快出现了涨停板。跳空突破的那一刻，便是投资者做多的机会了。

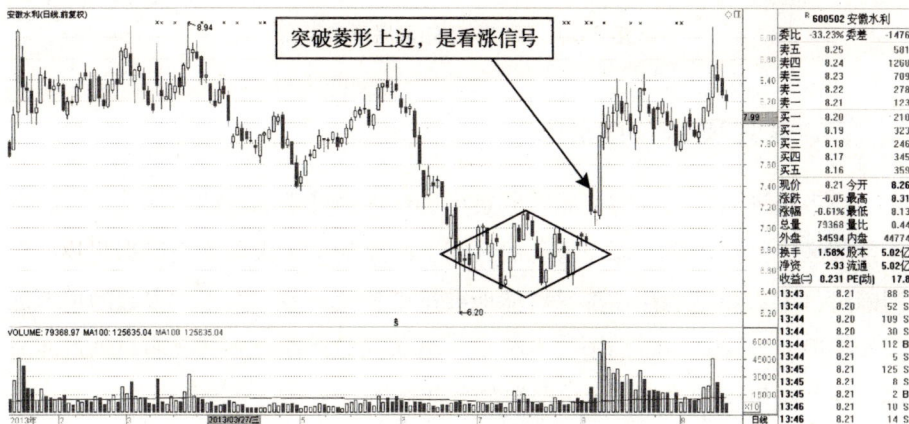

突破菱形上边，是看涨信号

图 2-16　安徽水利菱形底形态走势图

菱形作为底部反转形态，是投资者可以考虑做多的信号。事实上，价格回升趋势非常明显，而投资者如果能够把握好买点，价格回升的过程中自然获得利润。安徽水利这只股票显然是以菱形开始走强的。考虑反转的有效形态，该股回升趋势有望延续下去。

6. 矩形底形态

如图 2-17 所示，精工科技的周 K 线图中，矩形底部形态非常明确。价格长时间处于横盘状态的时候，投资者能够发现形态上已经完全是一个矩形底部。矩形持续时间很长，价格在矩形区域内部的波动空间有限。在价格有效向上突破矩形以后，表明回升趋势加速形成了。长达一年半时间里完成的矩形形态，对价格的支撑效果非常理想。该股从底部区域的 5.21 元开始启动，最高涨幅达到了 26.58 元的复权价，涨幅高达 410%。

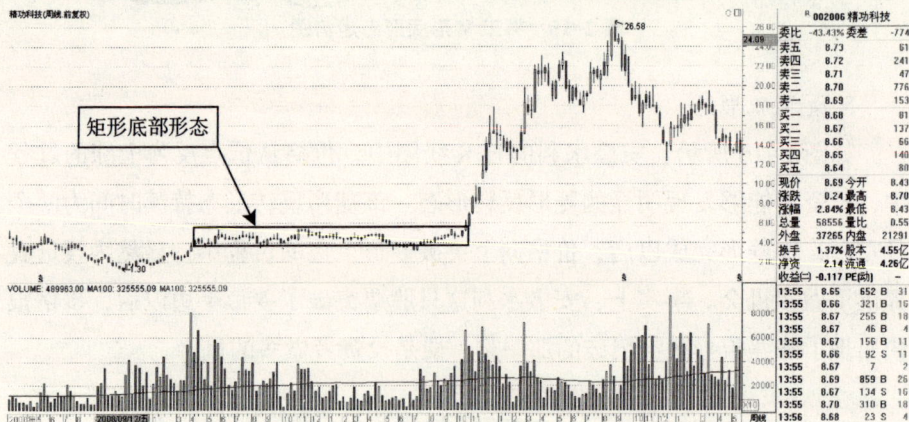

图 2-17　精工科技矩形底形走势图

二、常见顶部 K 线形态

当市场进入顶部区时，此时股票市场往往会处于明显的高估状态，但由于顶部区也是主力尽力派发筹码的区间，因此为了最大限度地以高价卖出获利筹码，主力总是会让顶部尽可能地维持得长久一些。对于大多数的顶部区走势来说，其反转下行的走势也很难一蹴而就，往往会有一个明显的过渡阶段，这个阶段常常就会呈现出经典的顶部形态。

1. 双顶形态（或称 M 顶形态）

双顶形态通常是在价格经一轮较大幅度上涨之后所形成，它由两个相同或相差不多的高点所组成。双顶有两次筑顶过程，在第一次探顶走势时，多方力量已开始明显减弱，一般来说，个股在之前往往出现明显量价背离的上涨形态（即缩量上涨形态），在空方开始涌出的情况下，股价出现了一波深幅回调，但由于牛市氛围并没有消退，而且主力也有在高位区出货的强烈意图，此时个股多会出现第二次探顶走势，当股价反弹至前期高点时，那些在第一次没有及时出局的投资者会抛出、第一波回调后已买入个股短线获利者也会卖出，而多方动能并不充足，因此出现再次回落也在情理之中，随着价格上涨的乏力，当股价向下跌破颈位线时就意味着双顶形态构筑完毕，一轮大幅下跌走势即将展开。

图 2-18 为泛海建设（000046）2007 年 5 月 30 日至 12 月 25 日期间走势图，此股在大幅上涨后出现了一个双顶形态，这既是股价高位滞涨的表现，也是多方力量无力拉动股价上涨、空方力量正在加强的表现，它预示着顶部的出现。当股价向下跌破颈位线时就意味着双顶形态的正式成立。

图 2-18 泛海建设双顶形态走势图

2. 头肩顶形态

头肩顶形态由左肩、头、右肩及颈线组成，图 2-19 为标准的头肩顶形态示意图，在价格的持续上涨过程后，首先出现了一小波回调走势形成左肩，由于此时卖盘没有大量涌出，市场仍存在做多气氛，随后价格再创新高。这时空方抛压开始加重，在获利抛盘大量涌出时，从而形成头部。一般来说，从左肩到头部的这段上涨中，往往呈明显的缩量，这说明并非是市场买盘充足导致了价格再创新高，而是源于卖盘没有大量抛出而造成的，随着买盘的枯竭及卖盘开始涌出，在头部及右肩形成后，也说明空方开始处于市场主导地位，这也预示着随即展开的下跌走势。

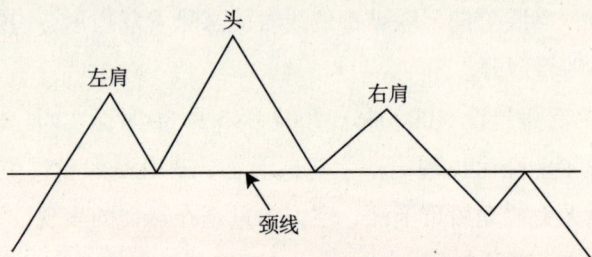

图 2-19　标准头肩顶形态示意图

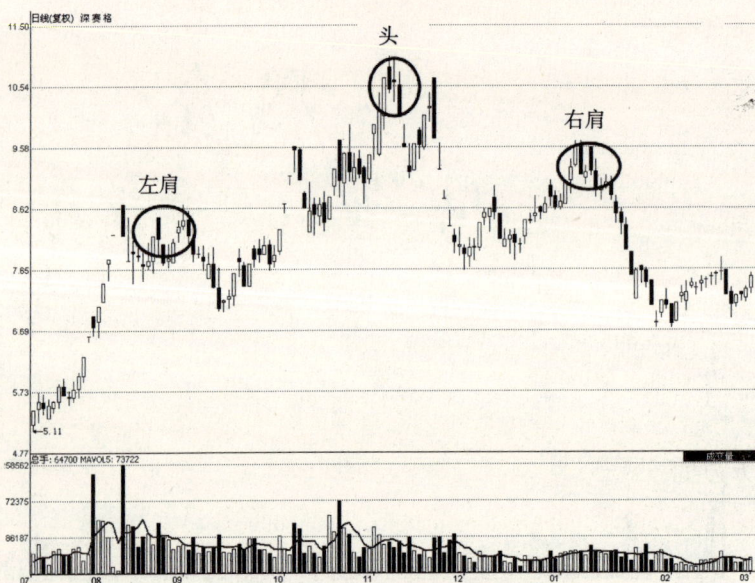

图 2-20　深赛格头肩顶形态走势图

图 2-20 为深赛格（000058）2007 年 7 月 16 日至 2008 年 3 月 3 日期间

走势图，此股在此期间内出现了一个时间跨度较长的头肩顶形态，而出现这一形态时，股价正处于大幅上涨后的高位区间，因此这是多方力量减弱、空方加强的明确信号，说明了股价顶部的出现，也预示了随后即将展开的下跌走势。

图 2-21　亿晶光电头肩顶形态走势图

如图 2-21 所示，亿晶光电的周 K 线图中，该股在历史高位完成了头肩顶的反转形态，价格一旦跌破颈线，意味着今后的价格下跌趋势将在长时间内延续。从头肩顶反转形态持续时间看，几乎长达一年时间。接下来的价格回落走势持续时间更长。

可见复杂的头肩顶反转形态，是价格长时间回落的起始点。在价格加速回落的时候，早一些做空总是可以避免损失扩大。没有明确的放量企稳走势出现，该股将长期受到头肩顶反转形态影响。

3. 圆弧顶形态

圆弧顶形态出现时的股价波动幅度较小，它清晰地体现了多空双方力量此消彼长的全过程，当股价步入上升走势的末期时，由于多方力量开始减弱、空方力量开始加强，从而股价上升的速度减缓，多空双方在高位形成拉锯战，随着空方力量逐渐开始主导价格走势，价格重心也由缓慢下移变为快速下跌，从而形成圆弧顶形态。

图 2-22 为京能置业（600791）2009 年 4 月 14 日至 10 月 12 日期间走势图，此股在大幅上涨之后的高位横盘震荡区出现了圆弧顶形态，这说明多方

力量已处于减弱状态，而空方力量正在加强，是股价将要出现深幅下跌的信号。

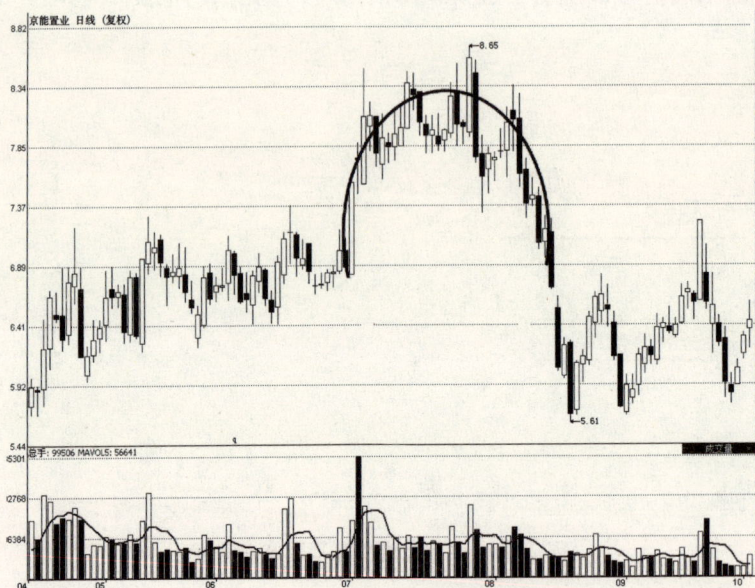

图 2-22　京能置业圆弧顶形态走势图

4. V 形顶形态

V 形顶形态是一种变化极快、力度极强的反转形态。它多出现在个股大幅上涨后，一方面源于主力资金的推动，另一方面源于投资者追涨热情的升温，此时的快速上涨往往呈明显的缩量形态，这说明股价的上涨已不是由于充足买盘推动，而仅仅是源于大量卖盘没有卖出的结果。随后，若是主力反手做空开始突然大力出货或是个股或股市突遇重大利空消息，往往就会导致股价呈 V 形反转走势。

图 2-23 为罗顿发展（600209）2006 年 12 月 25 日至 2007 年 7 月 8 日期间走势图，此股在快速上涨后于高位区出现 V 形反转走势，这种走势的出现是由于个股在明显高估的位置由于突遇"5·30"重大政策利空消息而引发抛盘加速涌出所导致的。可以看出，这是一种变化极快、力度极强的反转形态，特别是对于一些快速上涨后没有业绩支撑的绩差股、ST 类股来说，很容易在高位区的快速上涨途中因遇利空消息而出现这种急速下跌且力度极大的 V 形反转走势。

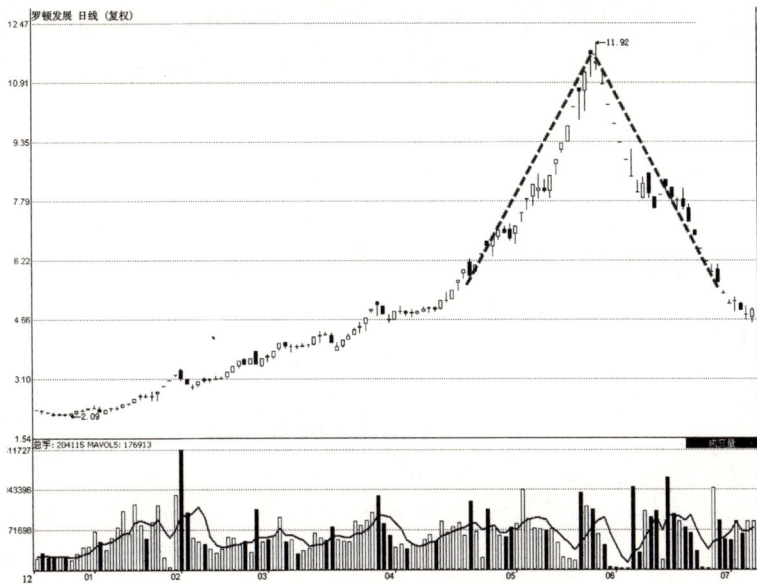

图 2-23   罗顿发展 V 形顶形态走势图

5. 菱形顶形态

如图 2-24 所示，法拉电子的周 K 线图中，价格从高位菱形顶部开始回落，价格最大跌幅早已经达到腰斩的程度。在菱形顶部还未出现之前，投资者考虑做空是没有问题的。这个震荡下跌的起始点，正是出现在该股跌破菱形下边以后。之后，该股虽然出现过反弹走势，但都以二次回落结束。

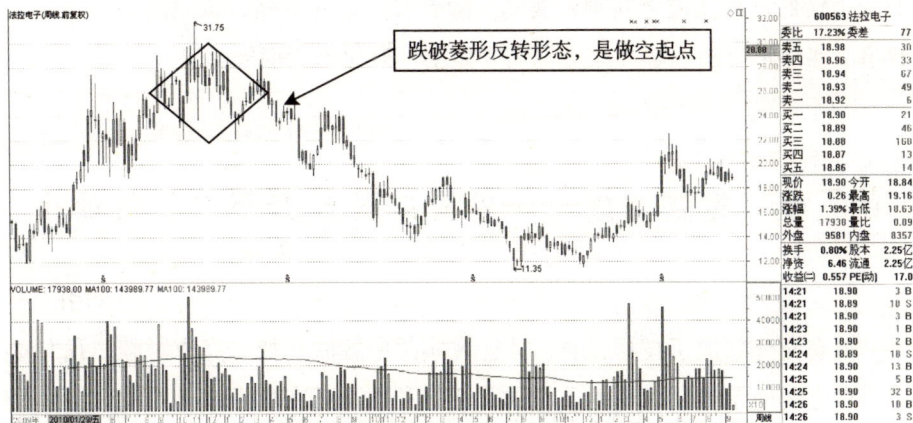

跌破菱形反转形态，是做空起点

图 2-24   法拉电子菱形顶形态走势图

在菱形反转形态中，价格波动空间由小到大再由大到小。最终，股价波动空间收窄的时候，价格向下形成突破，视为投资者做空的机会。

6. 矩形顶形态

如图 2-25 所示，交运股份的日 K 线图中，价格明显在高位完成了矩形形态。这个时候，投资者可以利用价格跌破矩形的时机做空，兑现已经获得的收益。该股前期已经出现了冲高回落的走势，矩形反转形态正是在价格冲高回落以后出现的，视为明确的看跌信号。

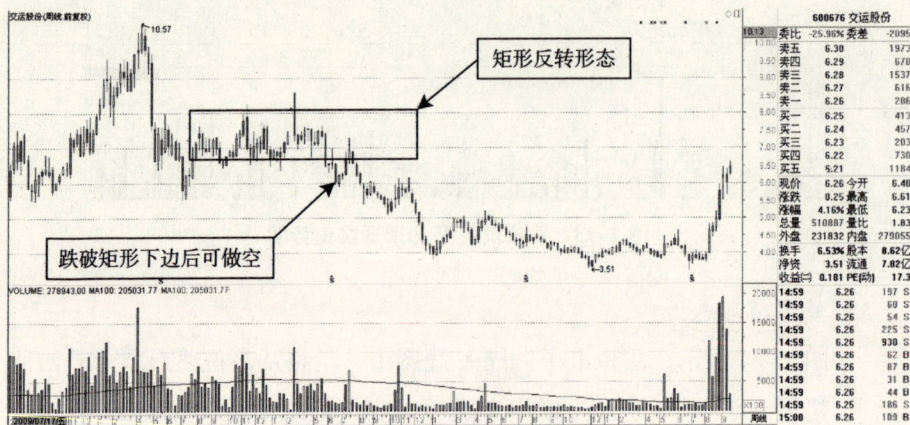

图 2-25 交运股份矩形顶形态走势图

矩形调整中，价格波动空间不大，反弹上涨后总能出现回落走势。在相似的价格低点和高位之间频繁波动。随着成交量的萎缩，该股波动空间迅速收窄。当矩形下边被轻易跌破以后，做空可避免遭受损失。

第三枪 枪挑一线——如何运用 K 线展开实盘操作

只有充分掌握了技巧，我们才能在实战中收放自如、克敌制胜，我们知道两点之间的距离是最短的，枪法是否犀利在于其在攻击时是否可以快速笔直地刺出，掌握 K 线理论、熟悉各种 K 线形态无疑是我们实战前所必须掌握的知识，但是，在实际运行 K 线进行买卖交易时，我们还应注重技巧与方法，本节中，我们就来看看如何利用 K 线走势来展开有效的实盘操作。

一、以连续性的眼光来分析价格走势

我们可以依据单日 K 线形态来分析个股当日的多空含义，并依据它所产生的如阳线、阴线、上影阳线等形态了解到多空双方的交战过程，但是单独的一根 K 线所能反映的也仅仅是一个交易日的多空情况，它甚至无法反映出价格运行的阶段性走势情况，更无法反映价格的总体走势情况，因此为了准确地了解多空双方和实力转变情况及价格可能的发展趋向，我们就要以一种连续性的眼光来解读 K 线走势图。

例如对于常见的代表多头含义的大阳线也多会出现在下跌反弹走势中，而代表空头含义的大阴线也常见于上升趋势中的回调走势，如果我们错把反弹走势中的大阳线当作空方力量衰竭、多方力量增长的标志，或是错把回调走势中的大阴线当作多方力量转弱、空方开始占据主导地位的标志，则必然会导致我们整体性的操作错误。因此，在解读市场的多空含义及价格走势时，我们绝不能仅将眼光局限在当日或当前几日，而应把目光放得更开阔一些，以一种连续性的眼光来分析价格的总体走势，在较好地把握了价格的总体走势之后，我们再来仔细解读当前交易日或当前数个交易日的 K 线形态，并从中分析出市场短期内的多空双方实力转变情况、主力的短期控盘意图等信息，进而判断是应展开重仓参与的波段式低买高卖策略，还是应展开以轻仓的逢低反弹介入的买卖策略，这样，我们的短线操作才会有的放矢，短线成功的概率才会更大。

图 2-26 为燕京啤酒（000729）2008 年 2 月 26 日至 8 月 27 日期间走势图，此股在此期间处于明显的下跌趋势之中，如图标注所示，下跌途中出现了连续大阳线并非意味着多方力量强大，如果仅凭这几日的 K 线形态而不顾前期的价格整体走势，我们就会得出片面的结论，其实，这种出现在下跌途中的连续大阳线仅仅是股价短期反弹走势的标志。

连续的大阳线并非是多方力量充足的表现，由于前期是下跌趋势，因而这只是反弹走势的信号

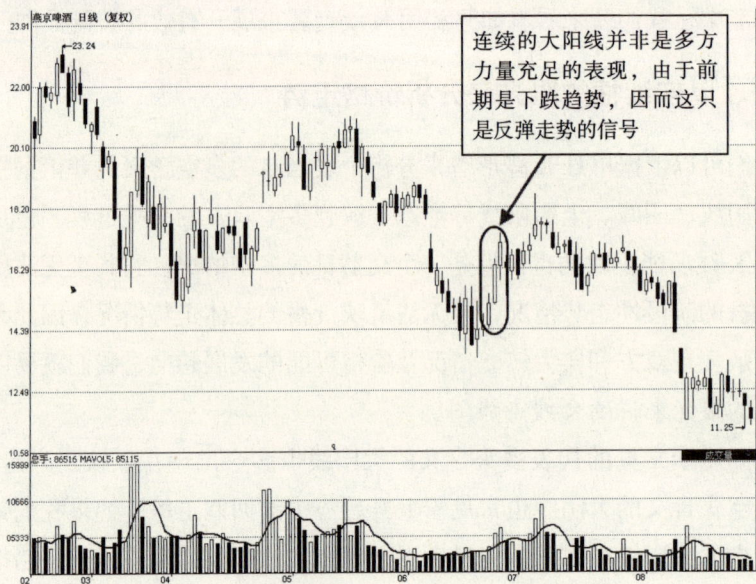

图 2-26 燕京啤酒下跌途中连续大阳线示意图

二、结合量能形态来解读 K 线走势

成交量蕴含了丰富的交易信息，美国证券投资专家格兰维尔曾说过："成交量是股票的元气，而股价是成交量的反映罢了，成交量的变化，是股价变化的前兆。"这句话简单明晰地概括出了成交量的重要作用。此外，成交量还有一个较为重要的作用，即我们可以通过成交量形态来确认价格走势的牢靠性。

对于健康牢靠的上升趋势来说，我们应认为它是由充足的买盘推动所产生的，而可以直接清晰地反映买盘是否充足的盘面信息就是量能形态。"放量上涨"形态说明在价格的不断上涨过程中虽然出现了大量的获利了结盘，但是买盘却足以承接这些卖盘并有效地推动价格上涨，这是买盘充足的表现，也是上涨走势牢靠的表现，因此"量价齐升"形态是一种公认的健康上涨走势。

上升走势是由于买盘充足促成的，但是下跌走势却并非是由卖盘充足促成的，下跌时的量能在总体上往往是呈现出缩量形态的，这说明价格在下跌过程中并没有遇到持续介入的买盘来承接，因而是跌势仍将持续的信号。对于这种涨时放量、跌时缩量的形态，我们也可以用投资者在从事股票交易时

的心态来进行解读，即当价格上涨使得股市财富效应快速增长时，投资者往往有一种迫不及待的入场意愿，这是投资者的"追涨心理"；而当价格下跌时，大多数投资者却总希冀可以等随后价格反弹后再择机卖出，其卖出行为就显得较为迟缓，正是这种交易心态，才使得价格走势呈现上放量上涨、缩量下跌的形态。可以说，每一种量能形态都蕴涵了丰富的市场信息，能否正确解读出它们、能否利用这些量能形态来解读价格走势就取决于我们缜密的思考及丰富的实战了（注：基于本书篇幅所限，对于量能形态的详细讲解我们放在了《短线卖出十五招》一书中）。

图 2-27 为华银电力（600744）2006 年 12 月 6 日至 2007 年 5 月 28 日期间走势图，此股在持续上涨走势中量能也随着价格的持续上扬同步放大，于是我们应认为它是由充足的买盘推动所产生的，而可以直接清晰地反映买盘是否充足的盘面信息就是量能形态。因此通过量能形态，我们可以有效地解读出价格的趋势运行特征及持续的强度。

图 2-27　华银电力放量上涨走势图

三、注重周 K 线的中长线的指示特性

虽然日 K 线形态可以较好地反映市场在某一交易日内的多空信息，但是由于日 K 线所体现的时间周期较短、波动形态较为频繁且容易受到主力资金

的操控，因此投资者往往会受到短线价格的干扰而出现判断错误。此时，周K线的作用就得以体现。周K线的时间跨度相对较长，它可以有效地过滤掉主力在个别交易日中所制造的"骗线"或者是某些偶然因素导致的价格走势的不和谐，运用单根周K线形态，我们可以有效地解读出市场当前的多空双方实力情况、价格整体走势情况等信息。

图2-28为江苏索普（600746）2006年2月至2007年5月期间周K线走势图，此股在长期横盘震荡走势之后出现了一个放量大阳线的单根突破的周K线形态，这说明多方在经过长期盘整之后已充分占据主导地位并开始发动攻击，我们知道单根大阳线是多方占据主导地位的体现，但是日K线形态中的大阳线很有可能是主力操纵的结果或是下跌途中昙花一现的反弹走势，它只能反映某一个交易日的多空双方交战情况及交战结果，无法反映出市场中多空双方的真实力量对比。而周K线的大阳线由于时间跨度不长也不短，既可以有效地摒弃个别交易日的偶然因素，也可以让我们及时地发现多空双方实力转变情况，当周K线的单根大阳线形态出现在相对低位区的长期横盘震荡之后或是上升途中时，多是多方力量占据市场主导地位且处于攻击状态之下，这往往预示着一轮升势的展开。

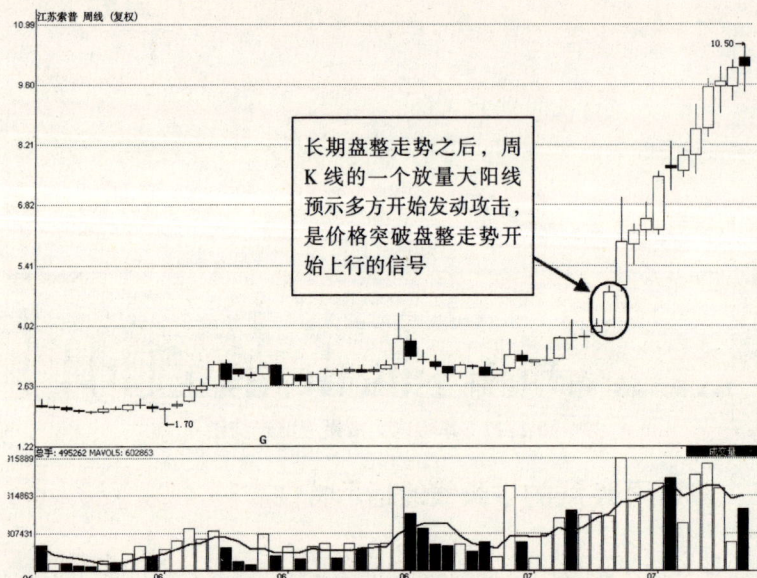

图2-28　江苏索普周K线大阳线突破示意图

图 2-29 为东方银星（600753）2006 年 7 月至 2008 年 2 月期间周 K 线走势图，我们可以看到此股在大幅上涨过程的周 K 线是以大阳线为主的，这说明当时占据主导地位的是多方，但上涨走势不可能一直持续下去，过快地上涨必然导致股价出现见顶走势。可以说，多空双方力量的根本转变是顶部出现的根本原因，而识别多空双方实力是否已发生了根本性转变的重要依据之一就是周 K 线形态，此股在大涨后出现了一个大幅放量的下影阴线形态，而这种单根 K 线形态我们在前面已讲到过：它出现在大幅上涨之后是空方抛压加重、多方力量转弱的标志，预示着多空实力的转变，但是由于日 K 线图中单根下影阴线易受偶然因素影响，其所反映的时间周期仅为某一个交易日，因此它对价格中长期走势、个股的多空双方力量的整体性变化情况等信息难以给出准确真实的反映。而周 K 线的形态则不同，周 K 线的下影阴线形态由于时间跨度不长也不短，既可以摒弃个别交易日的偶然因素，也可以让我们及时地发现多空双方和实力转变情况。当周 K 线的下影阴线形态出现在股价大幅上涨之后的高位区时，多是多方力量转弱、空方力量开始占据市场主导地位的体现，往往预示着顶部的出现及随后跌势的展开。

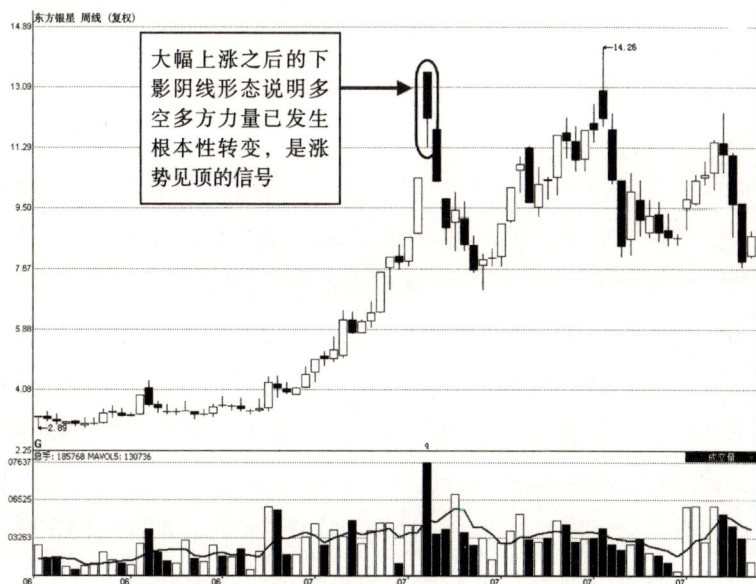

图 2-29 东方银星大涨之后周 K 线下影阴线示意图

通过以上的例子可以看出，周 K 线形态所反映的市场含义可以帮助我们识别价格走势的中期趋势，而且当典型的单根周 K 线形态出现在价格运行中的重要位置时，往往是趋势开始、加速、或是转向的重要标志，因此在运用 K 线组合预测后市行情时，日线组合形态结合周 K 线使用效果才能更佳。此外，除了利用单根周 K 线形态解读市场多空双方力量的转化情况外，我们还可以利用周 K 线的组合形态，如周 K 线图中出现的双底形态、圆弧底形态等来分析预测价格的走向，相对于日 K 线图来说，虽然周 K 线的组合形态较少出现，但是这种经典的顶部或底部的周 K 线组合形态则无疑更具准确度。

四、运用缺口形态来判断价格的突破走势

缺口也称为跳空，是价格走势的一种不连续状态。一般来说，两个相邻交易日的 K 线总有相重叠的区域，若第二个交易日是上涨走势，则第二个交易日的最低价往往会略低于前一个交易日的最高价（即第二个交易日的 K 线下半部分与前一个交易日 K 线的上半部分出现了重叠）；反之，若第二个交易日是下跌走势，则第二个交易日的最高价往往会略高于前一个交易日的最低价（即第二个交易日的 K 线上半部分与前一个交易日 K 线的下半部分出现了重叠）。但也有的时候，两根相邻的 K 线并不存在这种重叠区域，这是 K 线运行中出现的中断、不连贯现象，这时我们就说 K 线此时出现了缺口。缺口的重要作用在于它可以反映多空双方力量的转变，从而帮助我们预测价格的走势。

根据价格运行的方向，我们可以将缺口统分为两大类，即上涨缺口与下跌缺口。如果后一个交易日的最高价低于前一个交易日的最低价，此时出现的这种缺口就称为下跌缺口，下跌缺口即价格跳空方向向下的缺口；如果后一个交易日的最低价高于前一个交易日的最高价，此时出现的这种缺口就称为上涨缺口，上涨缺口即价格跳空方向向上的缺口。当价格在运行过程中出现缺口形态后，若价格在随后的走势中又反转运行且回到了原来缺口所在的位置处，则这种走势称为缺口回补。

我们知道，缺口是 K 线图中一种较为特殊的形态，前面我们在解读不同 K 线形态的市场含义时一再强调要注意价格的总体走势情况，对于缺口来说，依据缺口的运行方向，我们可以把它分为两大类，即上涨缺口与下跌缺口。我们还可以从价格总体走势的角度出发，依据缺口的跳空方向与前期价

格运行方向是否一致，将缺口分为正向缺口与反向缺口，正向缺口就是指价格跳空方向与价格前期总体走势相一致的缺口形态；反向缺口则是指价格跳空方向与价格前期总体走势不一致的缺口形态。出现在趋势形成初期的正向缺口具有典型意义，当正向缺口出现在趋势运行的初期时，这多是市场仍将沿现有趋势持续运行的体现；出现在趋势运行末期的反向缺口具有典型意义，当反向缺口出现在趋势运行末期时，这多是原有趋势即将结束，是价格走势见顶或见底的信号。

　　图 2-30 为厦门国贸（600755）2008 年 10 月 16 日至 12 月 31 日期间走势图，此股在价格运行过程中出现了一个明显的上涨缺口，随后股价在空方的抛压下出现了一定的回调走势并回补了这一缺口。对于缺口所反映的市场多空含义，我们要依据价格走势的情况、股价的所处位置区间等因素来综合分析。

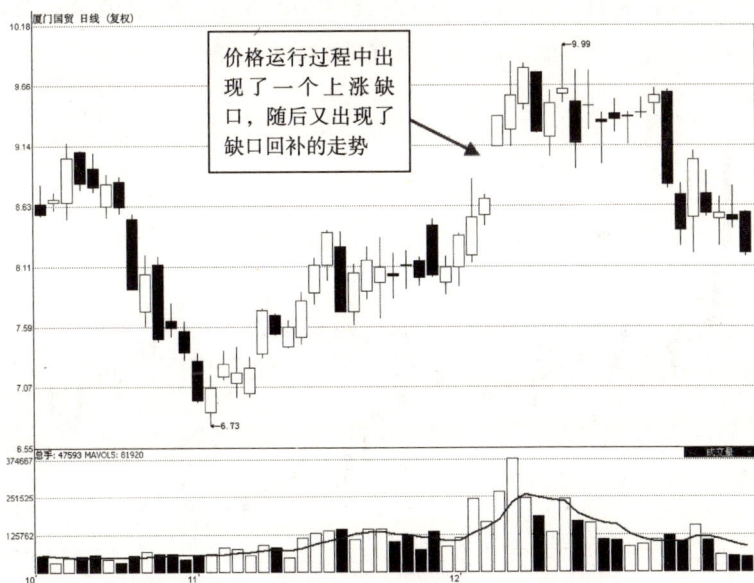

图 2-30　厦门国贸上涨缺口及缺口回补示意图

　　图 2-31 为友好集团（600778）2008 年 11 月 13 日至 2009 年 4 月 17 日期间走势图，此股在此期间处于上升走势中，如图 2-31 标注所示，此期间出现的这种跳空方向与前期价格总体走势方向相一致的缺口为正向缺口，此时价格的上涨幅度不大，因此这种出现在上升趋势初期的正向缺口是多方力

量占据主导地位、价格仍将按现在趋势运行的信号。

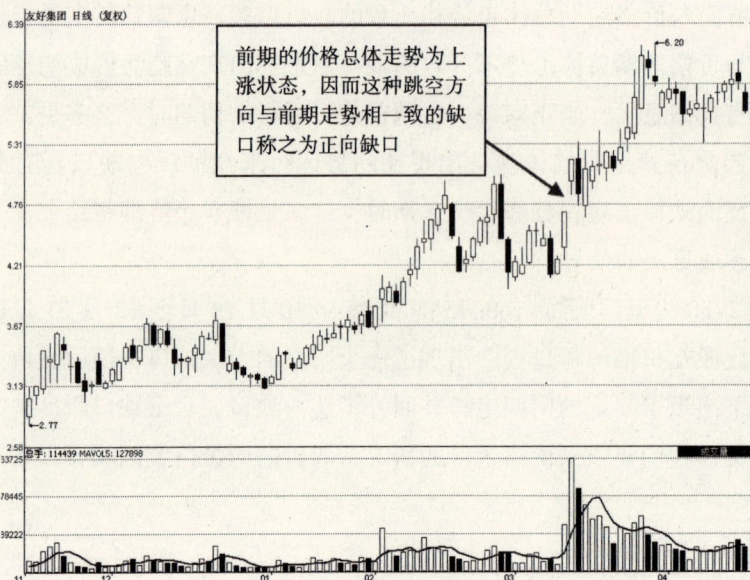

前期的价格总体走势为上涨状态，因而这种跳空方向与前期走势相一致的缺口称之为正向缺口

图 2-31　友好集团正向缺口示意图

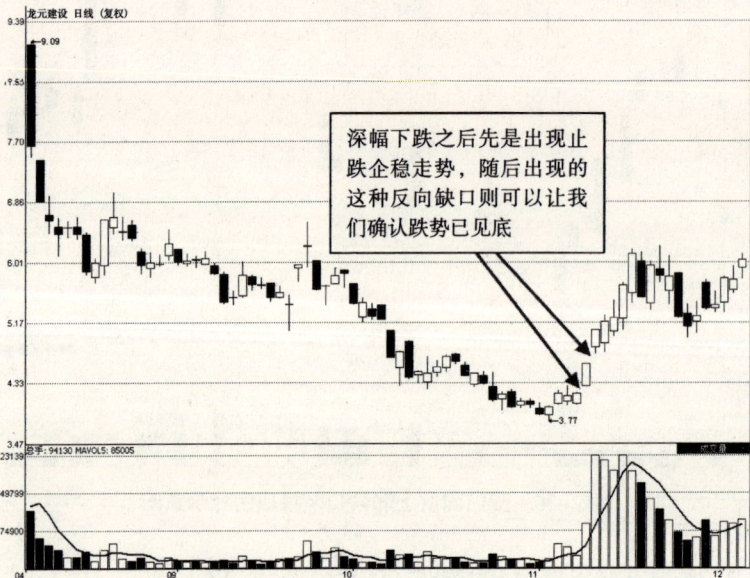

深幅下跌之后先是出现止跌企稳走势，随后出现的这种反向缺口则可以让我们确认跌势已见底

图 2-32　龙元建设反向缺口示意图

图 2-32 为龙元建股（600491）2008 年 8 月 8 日至 12 月 3 日期间走势图，此股在深幅下跌之后，先是出现止跌企稳的走势，随后出现了两个连续

的反向缺口，并且在反向缺口出现时，我们可以看到量能的明显放大，这种反向缺口出现在个股的深幅下跌之后往往是跌势见底的信号。

如前所述，我们可以依据跳空方向将缺口分为上涨缺口与下跌缺口，也可以依据跳空方向与前期价格走势的关系将缺口分为正向缺口与反向缺口。但在实盘操作中，运用缺口的最好方法是在结合价格运行趋势的前提下进行，依据价格的总体运行趋势（上升趋势、下跌趋势、横盘震荡趋势）我们可以把缺口分为普通缺口、突破缺口、持续缺口和竭尽缺口四种，下面我们就来结合实例逐一解读这四种缺口。

普通缺口：是指出现在横盘震荡走势中的缺口，这类缺口一般跳空幅度较小，对价格走势没有明显的推动或阻挡作用。在分析普通缺口时，我们应注意横盘区所在的位置，一般来说处于相对低位横盘震荡走势中的普通缺口多为上涨缺口，这是多方开始积极储备能量的信号，预示着后期的价格走势很可能突破上扬；而出现在相对高位横盘震荡走势之中的普通缺口多为下跌缺口，这是市场抛压加重的表现，预示着后期的价格走势很可能破位下行。

图 2-33 为新黄浦（600638）2008 年 7 月 29 日至 2009 年 1 月 13 日期间走势图，此股在深幅下跌后出现了低位区的盘整走势，如图 2-33 标注所示，在盘整过程中出现了一个明显的向上跳空的上涨缺口，这一缺口的出现并没

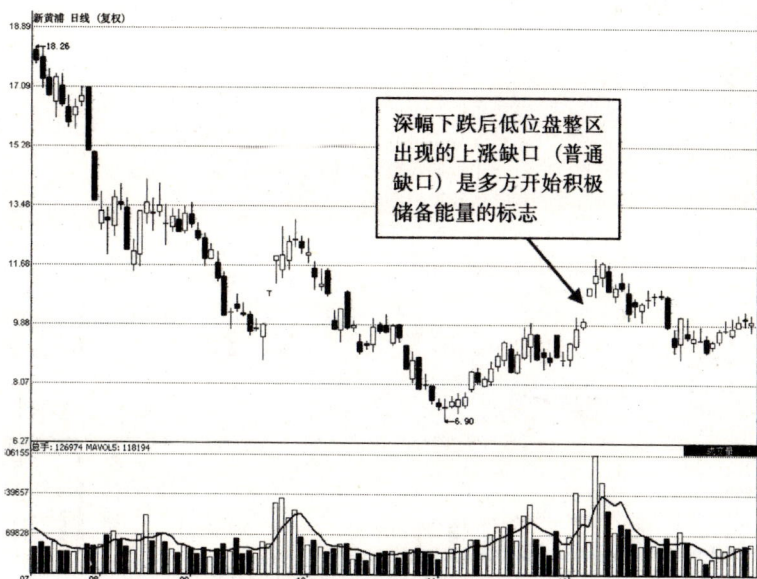

图 2-33　新黄浦普通缺口示意图

有改变此股的盘整走势，因而可以说它是一个普通缺口。但普通缺口也是有其内在市场含义的，这种出现在低位盘整区的上涨普通缺口就是多方开始积极储备能量的表现，它预示了价格在盘整走势之后将要上行的信号。

突破缺口：是指出现在盘整走势末期，使价格走势产生突破行情的缺口，这种突破方向既可以是突破向上，也可以是突破向下。很多个股在长期盘整走势之后的大幅上涨行情都是以突破缺口为标志的。在应用突破缺口进行实战时，我们一定要注意盘整走势所处的位置区间，只有出现在相对低位区盘整之后的向上突破缺口、大幅上涨后高位区盘整之后的向下突破缺口才是一轮上涨走势或下跌走势展开的可靠信号，出现在低位盘整之后的向下跳空缺口及大幅上涨后高位盘整之后的向上跳空缺口往往是主力"诱空"或"诱多"操盘手法的体现。

图 2-34 为三峡新材（600293）2008 年 12 月 8 日至 2009 年 4 月 15 日期间走势图，此股在长期盘整走势之后出现了一个向上跳空的缺口，使得股价一举突破了前期的盘整走势，由于此股之前的盘整区间处于相对低位区，因而我们可称此缺口为具有突破性质的向上突破缺口，这种突破缺口是市场多头开始攻击的信号，预示着一轮升势的展开。

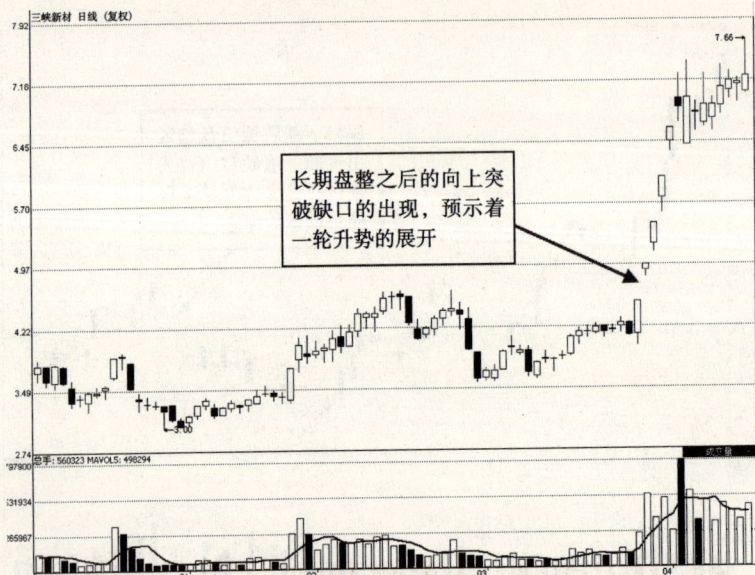

图 2-34　三峡新材向上突破缺口示意图

图 2-35 为标准股份（600302）2007 年 11 月 9 日至 2008 年 6 月 16 日期间走势图，此股在长期盘整走势之后出现了一个向下跳空的缺口，使得股价一举突破了前期的盘整走势，由于此股之前的盘整区间处于相对高位区，因而我们可称此缺口为具有突破性质的向下突破缺口。这种突破缺口是市场空头开始攻击的信号，预示着一轮跌势的展开。

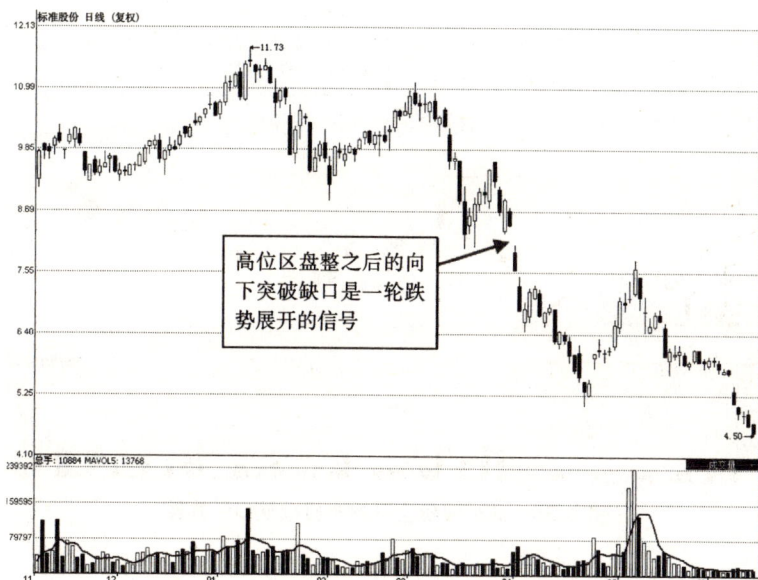

高位区盘整之后的向下突破缺口是一轮跌势展开的信号

图 2-35　标准股份向下突破缺口示意图

持续缺口：是指出现在价格上升走势或下跌走势之中，且与趋势运行方向一致的缺口，即出现在上升途中的持续缺口是指上涨走势中的向上跳空的缺口，出现在下跌途中的持续缺口则是指下跌走势中的向下跳空缺口。持续缺口的出现说明价格走势正沿原有趋势加速运行。在实盘操作中，出现在上升趋势中间段的持续缺口与出现在下跌趋势中间段的持续缺口最具市场内涵，它们的出现说明升势仍未见顶或跌势仍未见底。

图 2-36 为海越股份（600387）2008 年 12 月 15 日至 2009 年 5 月 7 日期间走势图，此股在上升途中出现了两个持续缺口，持续缺口的出现说明多方力量强大，是股价沿原有趋势加速运行的体现。可以说，向上跳空的持续缺口对于行情的发展起到了加速推动作用。

图 2-37 为中国石油（601857）2008 年 1 月 18 日至 7 月 3 日期间走势

图，此股在下跌途中出现了两个持续缺口，持续缺口的出现说明空方抛压沉重，是股价沿原有趋势加速运行的体现。可以说，向下跳空的持续缺口对于行情的发展起到了加速推动作用。

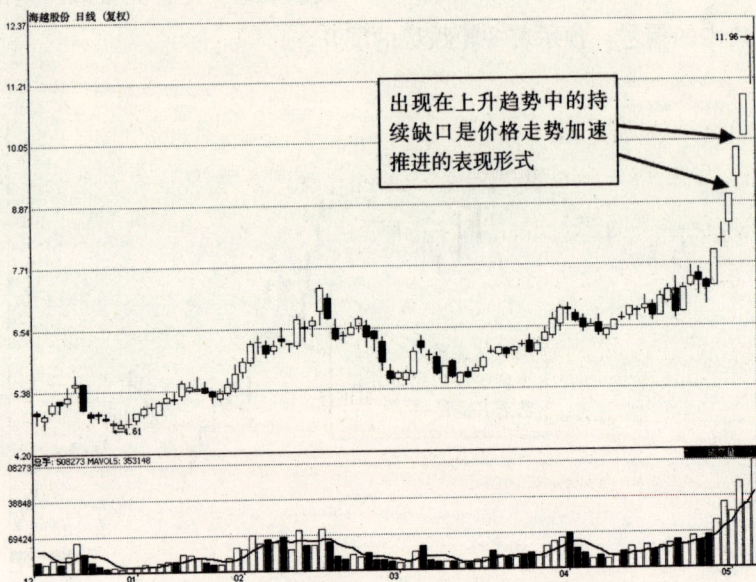

图 2-36　海越股份上升途中持续缺口示意图

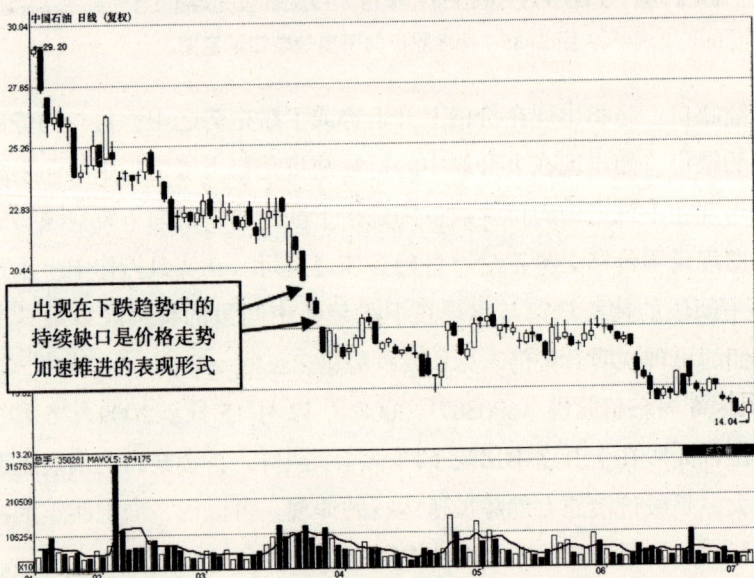

图 2-37　中国石油下跌途中持续缺口示意图

竭尽缺口：是指出现在上升趋势末期或下跌趋势末期的与原有趋势运行方向一致的缺口称竭尽缺口，竭尽缺口是价格走势见顶或见底的信号，因此它出现在价格升幅已较大或跌幅已较大的背景下，由于竭尽缺口的出现预示着原有行情的即将结束，因此这种缺口出现后不久，价格走势往往会出现反转并回补这一缺口，这说明市场中的相反力量开始增强，是趋势反转的信号。

图 2-38 为广电信息（600637）2007 年 2 月 9 日至 6 月 19 日期间走势图，此股在前期升幅较大的背景下，出现了一个向上跳空的缺口，随后这一缺口很快被回补，这说明市场空方能量开始显著增强，是趋势反转的信号，这一缺口也称为上涨末期的竭尽缺口。

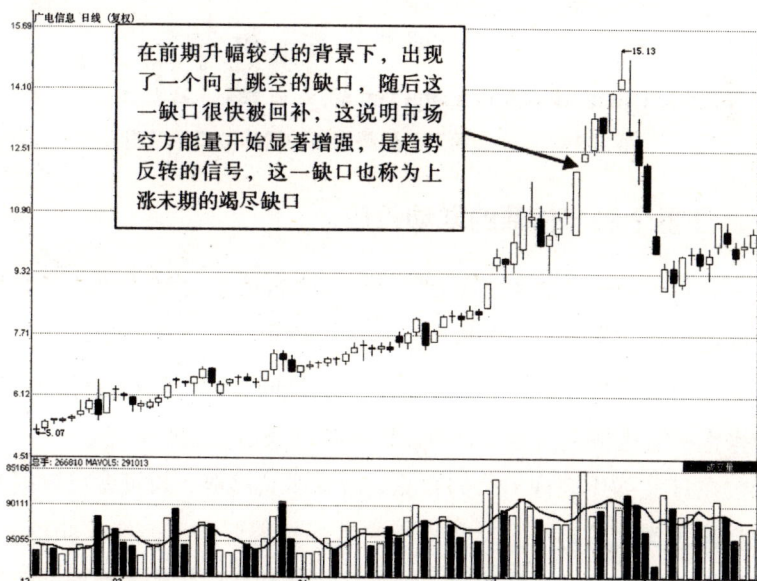

图 2-38 广电信息上升趋势末期的竭尽缺口示意图

图 2-39 为兴发集团（600141）2008 年 7 月 22 日至 11 月 20 日期间走势图，此股在前期跌幅较大的背景下，出现了一个向下跳空的缺口，随后这一缺口很快被回补，这说明市场多方能量开始显著增强，是趋势反转的信号，这一缺口也称为下跌末期的竭尽缺口。

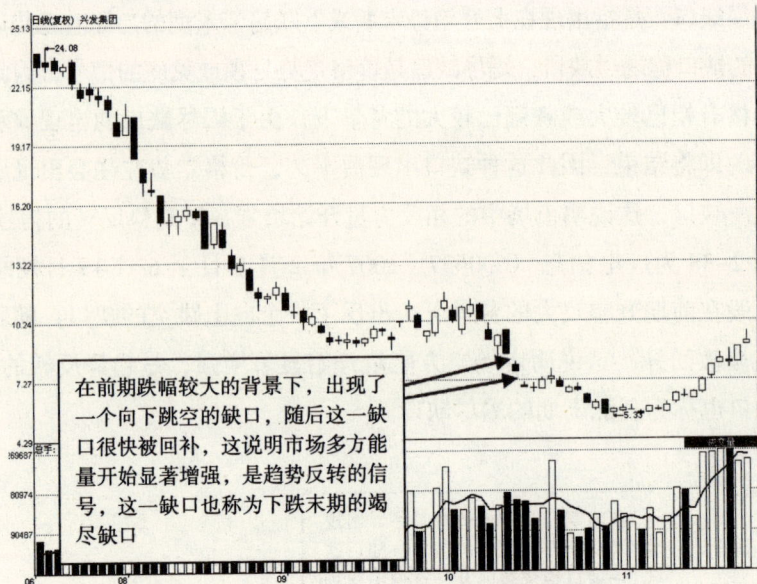

在前期跌幅较大的背景下，出现了一个向下跳空的缺口，随后这一缺口很快被回补，这说明市场多方能量开始显著增强，是趋势反转的信号，这一缺口也称为下跌末期的竭尽缺口

图 2-39　兴发集团下跌趋势末期的竭尽缺口示意图

五、注重个股与指数的联动效应

从个股与指数的联动效应来看，K线在指数的日K线中出现了看涨形态或者突破信号，那么个股会表现出类似的价格走势。虽然个股涨跌方向短时间内可能与指数形成背离，但长期来看一定是同向运行的。这样一来，从投资者的操作机会把握上来看，就可以顺着价格突破方向进行了。

指数在日K线中表现出来的看涨信号和多头趋势，投资者可以据此判断个股也会出现类似的走势。从操作上来看，把握好买点是能够获得利润的。个股跟随指数单边运行的情况会延续，寻找那些启动较晚的股票都能够获得利润。如果个股与指数的回升节奏一致，投资者可以发现牛股就出现在跟随指数快速启动的个股当中。

判断指数启动信号，首先看成交量放大情况。如果量能放大至100日的等量线以上，表明指数有走强的趋势。这个时候，个股出现同样的放量回升走势，是买点出现的信号。

如图 2-40 所示，亚盛集团与上证指数的日K线叠加图中，价格从 2010年 7 月反弹开始算起，到 2013 年 9 月初的时候，亚盛集团的价格走势始终强于上证指数。其间股价虽然也曾出现较大跌幅，但图中 A 位置已经是股价的低点。下跌空间上判断，亚盛集团跌幅要小于上证指数。

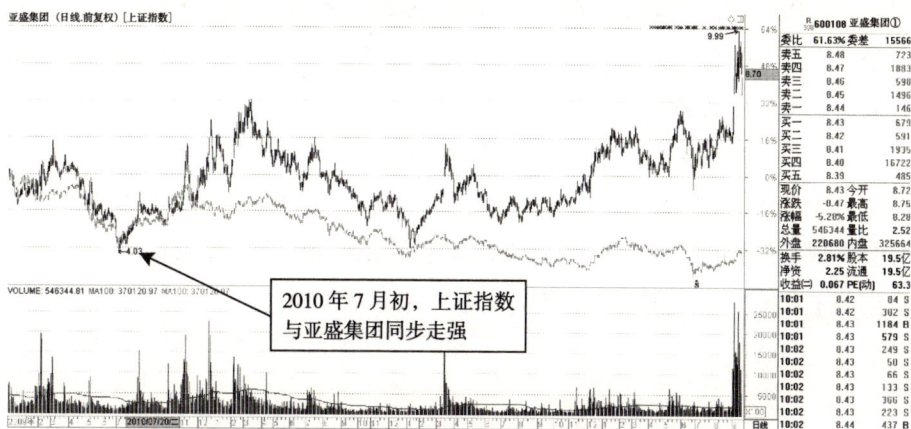

图 2-40 亚盛集团、上证指数叠加图

从指数的走势判断个股表现，投资者能够发现两者联动效应中反映出来的良好做多时机。上证指数虽然处于弱势回调，亚盛集团走势却在回调的过程中寻求再创新高的走势。图中的 A 位置已经是价格强势之后的反弹起始点。而 B 位置突破前期高位以后，表明在指数跌无可跌的情况下，该股继续走强的信号出现。

如图 2-41 所示，上证指数的日 K 线图中，指数在 2010 年 7 月的确出现了放量的情况，但接下来的缩量下跌一直持续到 2012 年 12 月才出现转机。可见，亚盛集团早在 2010 年 7 月的走势中就强于上证指数了。而接下来的

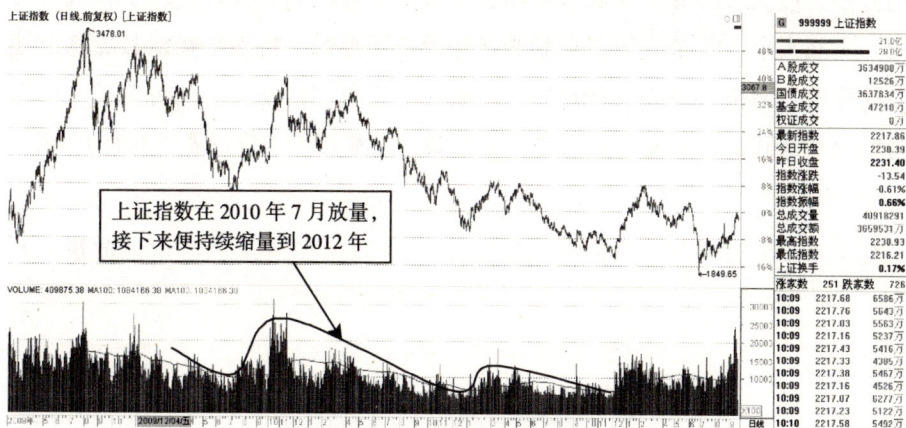

图 2-41 上证指数日 K 线图

指数持续震荡下挫的时候，亚盛集团弱势上行，并且在 2013 年 9 月份指数放量冲高的过程中突破前期高位。可见，通过日 K 线中股指走强信号，还是能够发现表现更强势的个股。并且，即便是在股指高位回落的时候，强势股的表现也值得投资者关注。

如图 2-42 所示，亚盛集团的局部 K 线图显示，随着指数的深度回落，日 K 线中股价与指数出现明显的探底形态。图中股指大幅杀跌后反弹回升，并且完成了探底回升的阳线，这个时候亚盛集团同样完成了探底动作。从下跌空间上判断，亚盛集团显然不如指数回调的幅度高。

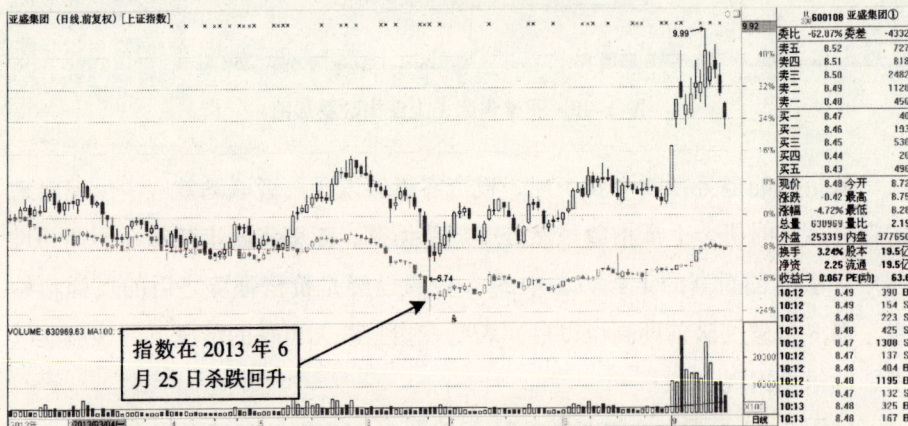

图 2-42　亚盛集团、上证指数局部 K 线叠加图

随着成交量稳定下来，价格受到指数影响程度不大。接下来的指数回升趋势中，投资者能够发现亚盛集团已经放量突破前期高位，实现了较大的涨幅。实战当中，就是有很多个股的走势要强于指数，特别是在指数震荡下挫的过程中。而指数反弹上涨以后，个股走势会更加强劲，前期价格高位的阻力已经不是问题。放量突破很快就会形成，追涨拉升的投资者可获得利润。

利器3 飞镖——利用技术指标展开实盘买入操作

镖，在武林兵器中既可以成为主要兵器，也可以成为令人防不胜防的暗器，飞镖的快速、灵活与出其不意都不是刀、剑等常规兵器可以比拟的。同样，在股市中，如果我们仅掌握了趋势运行规律、量价原理，了解了主力意图，那我们可以很好地以一种中长线角度出发去实施买卖行为；同时，由于国内股市只能从低买高卖中获利，当市场处于下跌趋势中时，虽然我们通过分析可以得出趋势下行、主力出货，应离场观望这样的判断，但是这样的判断并不能让我们账面资金增值。真正的高手应做到不仅可以在上升趋势中通过持股展开操作，还应做到在下跌趋势中利用反弹行情展开短线操作，这就要求我们出手迅速、准确、灵活，而技术指标无疑正是我们展开短线操作的利器，不同的技术指标反映了市场不同方面的运行特征，而且每一种技术指标都包含了其相应的买入、卖出信号，它们就是我们展开短线操作时的"飞镖"。利用不同的技术指标实施买入操作时，它们往往具有相似的方法。本章中，我们主要向读者讲解如何利用技术指标展开实盘买入操作，并力求起到抛砖引玉的作用，使读者可以通过我们讲解的方法去融会贯通地使用本章中未介绍的各种技术指标（注：利用关于技术指标展开卖出操作的方法，我们放在《短线卖出十五招》一书中进行讲解）。

第一镖　镖借风力——利用指标形态识别价格运行趋势

技术指标侧重于短线操作，在短线操作中，如果我们明晰当前价格运行的大趋势，无疑会大大增加我们短线操作的成功率。在上升趋势所展开的短线操作方法与在下跌趋势中或是横盘震荡中所展开的短线操作方法往往是迥然不同的，在大势向上时，我们处于"顺风"状态，此时，即使短线操作获利不大或是不太成功，我们也没必要急于清仓出局；反之，当大势向下时，我们处于"逆风"状态，此时，我们只有更为谨慎、更果断地操作，才可以从短线操作中获利，一旦发现自己判断错误，即使面临亏损，也宜抱有不解套不卖出的思想。因此，当我们使用技术指标开展实盘操作时，一定要分清这一"镖"是顺风镖，还是逆风镖？本章介绍技术指标，在实际应用技术指标开展短线操作前，我们先来看看如何通过技术指标去识别价格运行的大趋势。

一、理解技术指标

指标类分析法是技术分析领域中的一个派别，而且它的应用范围往往也是最为广泛的。所谓技术指标，就是指以市场交投过程中产生的一些原始交易数据（如开盘价、收盘价、当日最高价、当日最低价、成交量等）为输入值，依据某种技术分析理论，或是某种技术分析观点，并将这一技术理论或技术观点以数学运算关系的形态表现出来（其输入值为原始交易数据），通过计算得到指标值，再将每个交易日的指标值（一般每个交易日都要计算一次指标值）连接成一条平滑的曲线，通过曲线的运行状态来反映对市场某一方面运行特征。

依据技术指标反映的市场不同方面的特征，我们可将其分为四大类：趋势类、能量类、摆动类、大盘类。其中，前三类指标多用于研判个股的走势，而最后一类指标只用于研判大盘走势。

1. 趋势类指标简介

趋势类指标源于趋势理论，趋势理论认为：价格运行存在三种趋势，上升趋势、横盘震荡趋势、下跌趋势。一旦价格运行的某种趋势形成，则价格有沿这一趋势运行的动力，在市场中我们常可以看到这种价格沿一个主方向持续运行的情况。趋势类指标以统计学中的"移动平均"概念为原理，而股市中的"移动平均"即是指市场平均持仓成本变化情况。趋势类指标中的移动平均线 MA 这一指标清晰直观地反映出了市场平均持仓成本的变化情况，因此这一指标可以说是趋势类指标中的基础，我们会在随后详细介绍移动平均线 MA。由于价格的中长期趋势形成及延续具有一个较长的时间跨度，所以趋势类指标普遍具有稳定的特点，不易人为操作骗线，受到很多投资者的青睐。

趋势类指标主要包括：移动平均线（MA）、指数异动平滑平均线（MACD）、动量指标（MTM）、瀑布线（PBX）、趋向指标（DMI）、宝塔线（TWRF）等，其中最为常用的是移动平均线和指数异动平滑平均线，它们都可以很好地反映出价格运行的大趋势。

2. 能量类指标简介

美国著名的投资专家格兰维尔曾经说过，"成交量是股票的元气，而股价是成交量的反映罢了，成交量的变化，是股价变化的前兆"。成交量信息在研判价格走势中无疑是至关重要的，成交量变化趋势往往是价格变化的前兆，成交量的增加或萎缩都表现出了一定的价格发展趋势。能量类指标以成交量为核心要素，通过一定的数学方法得出指标值进而反映出量能的变化方式，依据量能的变化方式我们就可以展开实盘操作。值得注意的是，由于能量类指标仅仅反映的是成交量的变化情况，因此在实际运用时，我们还要结合价格走势，或是依据量价原理来对其进行实战应用。

能量类指标主要包括：成交量（VOL）、量相对强弱指标 VRSI、均量线、心理线（PSY）、能量潮（OBV）等。在前面的"第三刀　宝刀屠龙——掌握量价分析原理，获取股市制胜之道"中，我们已经详细地讲解了如何应用成交量去研判价格走势，本章不再赘述。

3. 摆动类指标简介

摆动类指标建立在统计学的基础理论之上，统计学中有一种观点，认为处于变化中的事物是有其向"平衡位置"靠拢的倾向，以此为原理，摆动类指标根据某一段时间内的价格波动区间及某一时间点处于这一价格波动区间的位置情况，来作出买卖判断。

如果说趋势类指标与能量类指标均可以有效地反映价格运行的大趋势，那么，摆动类指标则属于典型的短线指标。在震荡市中，摆动类指标在反映价格的波动上更为灵敏，能够超前反映出价格波动的顶部跟底部，此时，使用摆动类指标的成功率也会更高。但是在一个大的上升或下降趋势中，由于"平衡位置"不断地发生变化，此时，摆动类指标往往会出现钝化，不能如实地反映价格的真实走势。可以说，结合趋势类指标，准确地判断出目前的大市行情也是应用摆动类指标的前提。

摆动类指标主要包括：随机摆动指标（KDJ）、乖离率指标（BIAS）、相对强弱指标（RSI）等，最为常用的要数随机摆动指标。

二、运用移动平均线 MA 识别大趋势

移动平均线通常的计算周期有 5 日、10 日、20 日、30 日、60 日、120 日等，我们可以用 MA5、MA10、MA20、MA30、MA60、MA120 来进行表示。在实际计算中，一般以每一日的收盘价为计算依据。下面以 C_n 来代表第 n 日的收盘价，以时间长度为 5 日的均线 MA5 为例说明计算方法：第 n 日的 5 日均线 MA5 在当日的数值为：

$$MA5(n) = (C_n + C_{n-1} + C_{n-2} + C_{n-3} + C_{n-4}) \div 5$$

将每一日这些数值连成曲线，便得到了我们经常见到的 5 日移动平均线 MA5，其他周期的移动平均线计算方法与此相似。

周期不等的移动平均线反映了相应时间周期上的市场平均持仓成本的变化情况，上升趋势是一个市场平均持仓成本不断走高的过程，且周期较短的市场平均持仓成本位于周期相对较长的市场平均持仓成本上方，表现在移动平均线上的形态就是周期相对较短的移动平均线运行于周期相对较长的移动平均线上方，且整个均线系统处于向上运行的发散状态，我们称这种形态为"移动平均线的多头排列形态"；下跌趋势则是一个市场平均持仓成本不断走低的过程，且周期较短的市场平均持仓成本位于周期相对较长的市场平均持仓成本下方，表现在移动平均线上的形态就是周期相对较短的移动平均线运

行于周期相对较长的移动平均线下方，且整个均线系统处于向下运行的发散状态，我们称这种形态为"移动平均线的空头排列形态"；在运行方向不明朗的横盘震荡走势中，周期不一的各条均线则是呈横向运行并且相互缠绕在一起。可以说，均线系统的运行形态直观、形象地反映了价格运行的总体趋势，是我们识别大趋势的法宝。

图 3-1 为宏润建设（002062）2008 年 10 月 28 日至 2009 年 8 月 3 日期间走势图，在此期间，此股处于上升趋势中，图中由细到粗的三条均线分别为 5 日均线 MA5（在本书中我们称其为短期均线）、30 日均线 MA30（在本书中我们称其为中期均线）、60 日均线 MA60（在本书中我们称其为长期均线）。可以看到三条均线呈多头排列形态，即周期相对较短的移动平均线运行于周期相对较长的移动平均线上方，且均线系统呈向上发散形态，通过均线的多头排列形态，我们对此股的上升趋势也可以客观准确地判断出来。

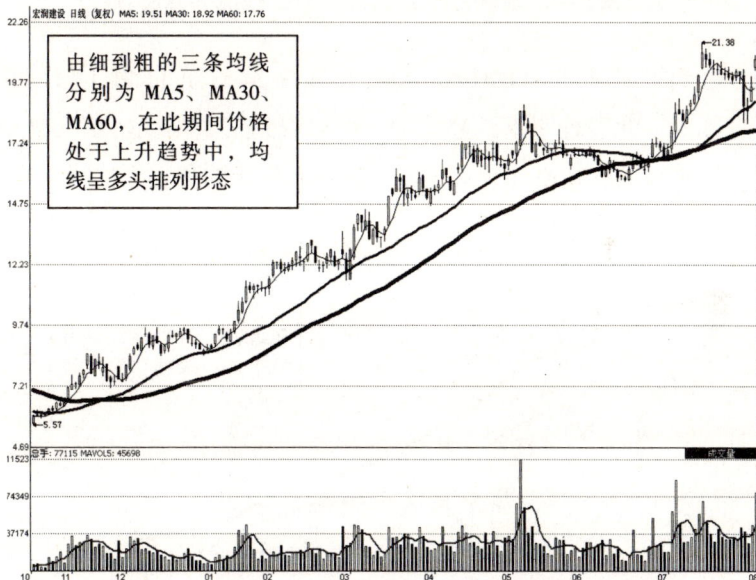

图 3-1　宏润建设上升趋势均线多头排列形态示意图

图 3-2 为双鹤药业（600062）2008 年 12 月 4 日至 2010 年 1 月 12 日期间走势图，在此期间，此股处于横盘震荡趋势中，可以看到 3 条均线呈横向的缠绕形态。

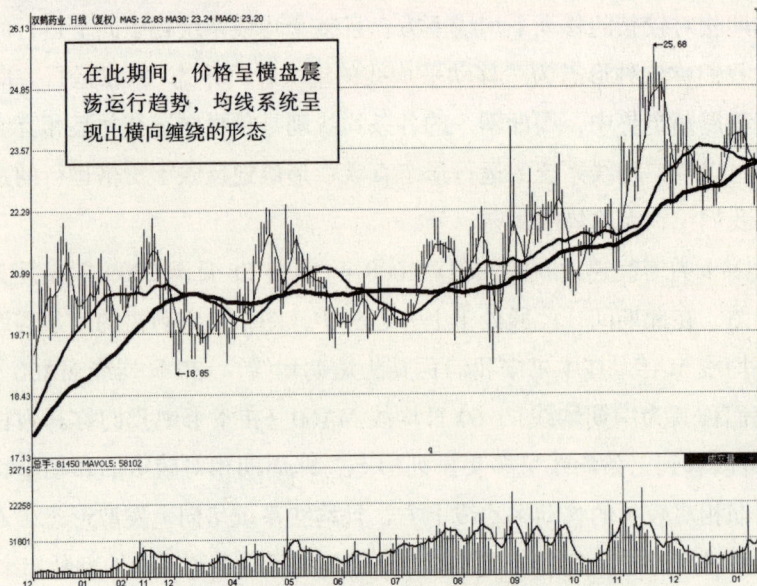

双鹤药业 日线 (复权) MA5: 22.83 MA30: 23.24 MA60: 23.20

在此期间，价格呈横盘震荡运行趋势，均线系统呈现出横向缠绕的形态

图3-2 双鹤药业横盘趋势均线缠绕形态示意图

图 3-3 为轴研科技（002046）2008 年 3 月 24 日至 11 月 12 日期间走势图，在此期间，此股处于下跌趋势中，可以看到三条均线呈空头排列形态，即周期相对较短的移动平均线运行于周期相对较长的移动平均线下方，且均

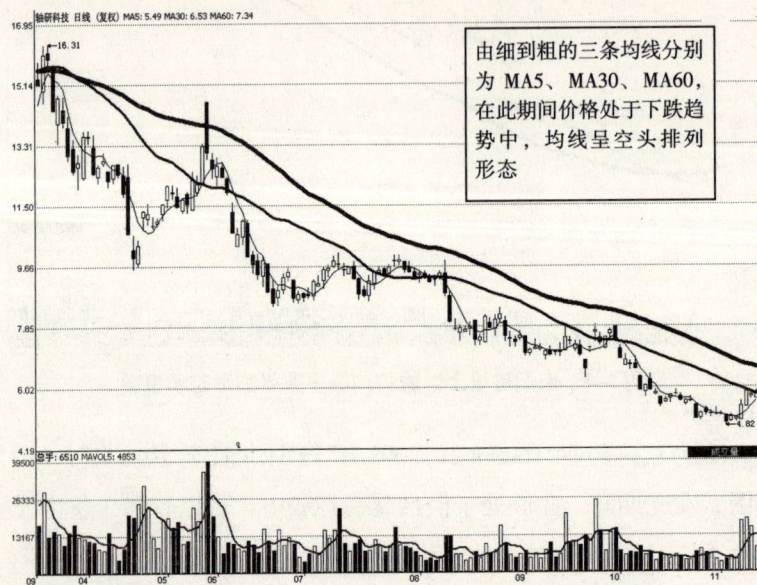

轴研科技 日线 (复权) MA5: 5.49 MA30: 6.53 MA60: 7.34

由细到粗的三条均线分别为 MA5、MA30、MA60，在此期间价格处于下跌趋势中，均线呈空头排列形态

图3-3 轴研科技下跌趋势均线空头排列形态示意图

线系统呈向下发散形态，通过均线的空头排列形态，我们对此股的下跌趋势也可以客观准确地判断出来。

三、运用指数异动平滑平均线 MACD 识别大趋势

指数异动平滑平均线（MACD）是建立在均线基础之上的，这一指标由拉尔德·阿佩尔（Gerald Appel）提出，它是基于移动平均线所特有的特性：在价格的运动过程中，周期较短的均线与周期较长的均线呈现出一种相互聚合、相互分离的特性。例如，在一波价格上涨或下跌的趋势中，MA5 往往迅速脱离 MA30 及 MA60，随后在价格走势趋缓的时候，MA5 又会向它们靠拢，MACD 即是利用两条移动平均线的这一特性，通过计算得出两条移动平均线之间的差异——正负差 DIF，以此作为研判价格波动的依据。

下面我们来看一下 MACD 指标值的计算方法，这可以让我们更好地理解 MACD 是如何继承了"均线反映价格运行趋势"这一特点的，MACD 又是如何反映趋势运行的这两个问题。

MACD 指标由快速移动平均线（EMA1）、慢速移动平均线（EMA2）、离差值（DIFF）、离差平均值（DEA）四部分组成。其中，DIFF 是快速平滑移动平均线（EMA1）和慢速平滑移动平均线（EMA2）的差值，是 MACD 指标中的核心，而 DEA 则是 DIF 的移动平均线。在实际应用中，我们主要通过 DIFF 与 DEA 线的运行情况来作出买卖决策。此外，MACD 还有一个辅助指标——柱状线（BAR），它用于在图表中醒目地表示出 DIFF 与 DEA 的分离、聚合程度，其值是 DIF 与 DEA 两条线的差或商。

下面以 EMA1 的参数为 12 日，EMA2 的参数为 26 日，DIF 的参数为 9 日，为此——以上可表示为 MACD（26，12，9），计算 MACD 如下：

1. 计算移动平均值（EMA）

12 日平滑系数（L12）$= 2/(12 + 1) = 0.1538$

26 日平滑系数（L26）$= 2/(26 + 1) = 0.0741$

12 日指数平均值（12 日 EMA）$=$ L12 × 当日收盘指数 $+ 11/(12 + 1)$ × 昨日的 12 日 EMA

26 日指数平均值（26 日 EMA）$=$ L26 × 当日收盘指数 $+ 25/(26 + 1)$ × 昨日的 26 日 EMA

2. 计算离差值（DIFF）

DIFF = 今日 EMA（12）－ 今日 EMA（26）

3. 计算 DIFF 的 9 日 EMA，即 DEA，从而求出 MACD

9 日 DIF 平均值（DEA）= 最近 9 日的 DIF 之和/9

MACD =（当日的 DIF － 昨日的 DIF）× 0.2 + 昨日的 MACD

一般来说，柱状值 BAR = 2 ×（DIFF － DEA），而这一数值也是所求出的 MACD 值。

通过上面的计算过程，我们可以看出，MACD 指标中通过计算得出的 DIFF 值与 DEA 值就是用于反映周期相对较短的移动平均线 MA12 与周期相对较长的移动平均线 MA26 之间的分离、聚合程度的，但是通过 MACD 的计算，它对于 MA12 与 MA26 的分离、聚合程度进行了"放大"，因而更能及时准确地反映出价格的波动情况，从而为我们进行买卖决策提前发出信号。通过计算过程，我们还可以发现一点，那就是在上升趋势中，由于短期均线 MA12 运行于 MA26 的上方，因而计算得出的 DIFF 与 DEA 值均会为正值，两条线也会在相应的零轴上方运行；而当价格处于下跌趋势时，由于短期均线 MA12 运行于 MA26 的上方，因而计算得出的 DIFF 与 DEA 值均会为负值，两条线也会在相应的零轴下方运行；当价格处于横盘震荡趋势时，则两条线会在零轴上下来回运行。

图 3-4 为宏润建设（002062）2008 年 10 月 28 日至 2009 年 8 月 3 日期间走势图，在此期间，此股处于上升趋势中，可以看到在 MACD 指标中，DIFF 线与 DEA 线均运行于零轴上方，这就是 MACD 指标对于上升趋势的直观反映形态，通过这一形态，我们对此股的上升趋势也可以客观准确地判断出来。

图 3-5 为双鹤药业（600062）2008 年 9 月 25 日至 2010 年 1 月 12 日期间走势图，在此期间，此股处于横盘震荡趋势中，可以看到在 MACD 指标中，DIFF 线与 DEA 线位于零轴附近上下震动，这就是 MACD 指标对横盘趋势的直观反映形态，通过这一形态，我们对此股的横盘趋势也可以客观准确地判断出来。

图 3-4　宏润建设上升趋势 MACD 形态示意图

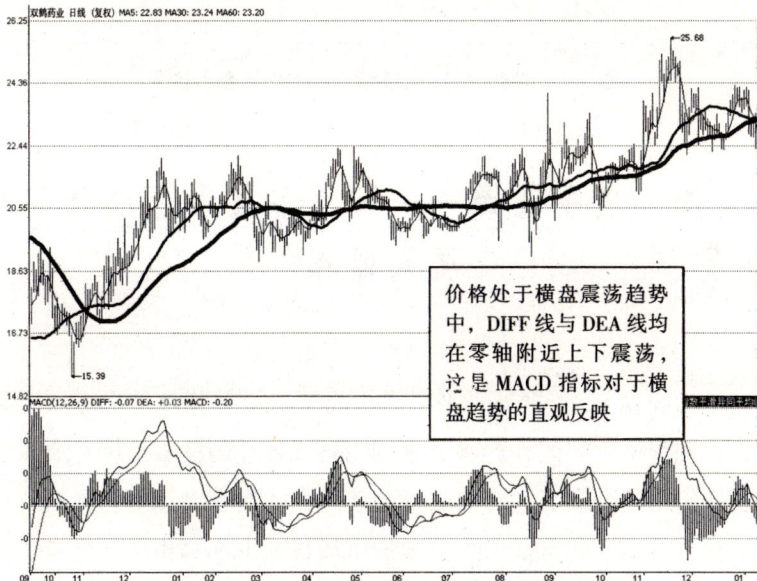

图 3-5　双鹤药业横盘趋势 MACD 形态示意图

图 3-6 为轴研科技（002046）2008 年 3 月 24 日至 11 月 12 日期间走势图，在此期间，此股处于下跌趋势中，可以看到在 MACD 指标中，DIFF 线与 DEA 线均运行于零轴下方，这就是 MACD 指标对下跌趋势的直观反映形

态，通过这一形态，我们对此股的下跌趋势也可以客观准确地判断出来。

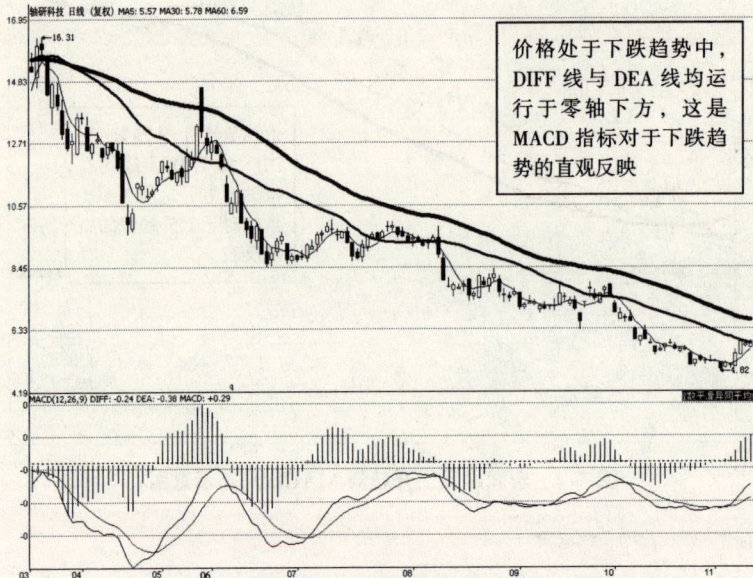

价格处于下跌趋势中，DIFF 线与 DEA 线均运行于零轴下方，这是 MACD 指标对于下跌趋势的直观反映

图 3-6　轴研科技下跌趋势 MACD 形态示意图

第二镖　出手飞镖——利用金叉形态展开实盘买入操作

　　移动平均线 MA、指数异动平滑平均线 MACD 等指标的形态可以有效地帮助我们识别价格运行的大趋势，在利用各式各样的技术指标开展短线操作之前，了解价格运行的大趋势无疑将会使我们的出手飞镖更为精准，每一种技术指标都有其特定的含义，所反映的市场特征也不尽相同，但是，大多数指标在给出具体买入信号时，却提供了一种极为相似的方法，这种方法就是"金叉"买入的方法。"金叉"为买入信号，例如 MACD 指标有"金叉"形态，KDJ 指标也有这种形态，还有很多其他的指标也依然有"金叉"形态，掌握了"金叉"买入方法，我们就相当于掌握了出手飞镖一击制胜的方法，在应用各种技术指标时也能够更为娴熟。本节中，我们以 MACD 指标为中心来讲

解如何具体应用"金叉"形态展开买入操作，以求起到抛砖引玉的作用，其他技术指标中的"金叉"形态的用法与此相似。

技术指标中，往往都会有两种或两种以上周期的指标线，很明显，周期较短的指标线其运动频率更快、波动幅度也更大，当周期较短的指标线由下向上交叉并穿越中长期指标线时，这一形态称之为黄金交叉，简称为"金叉"。无论这一指标线是移动平均线、MACD 还是 KDJ 等，它们所代表的含义往往都是目前市场上多方力量开始进攻、是多方力量呈现强势的表现形态，这往往意味着买入时机的出现，但是在实际应用中，我们仍需结合价格运行的总体趋势来作出是否应买入的决定。

当价格经历了长时间的下跌，并累计跌幅巨大时，股价于低位区出现止跌企稳形态，若这时在 MACD 指标窗口中出现 DIFF 线由下向上穿越 DEA 线的"金叉"形态，则短期内一波上涨即将出现。考虑到价格前期的大幅下跌及之前的止跌企稳走势，这一"金叉"形态不仅是我们短线买入的信号，也可以作为中长线进场布局的信号。

图 3-7 为深振业 A（000006）2008 年 7 月 15 日至 2009 年 2 月 10 日期间走势图，此股在经历了深幅下跌后，于低位区出现了盘整的止跌走势，在价格处于低位盘整的一段时间内，MACD 指标线在总体上呈上扬形态，这说

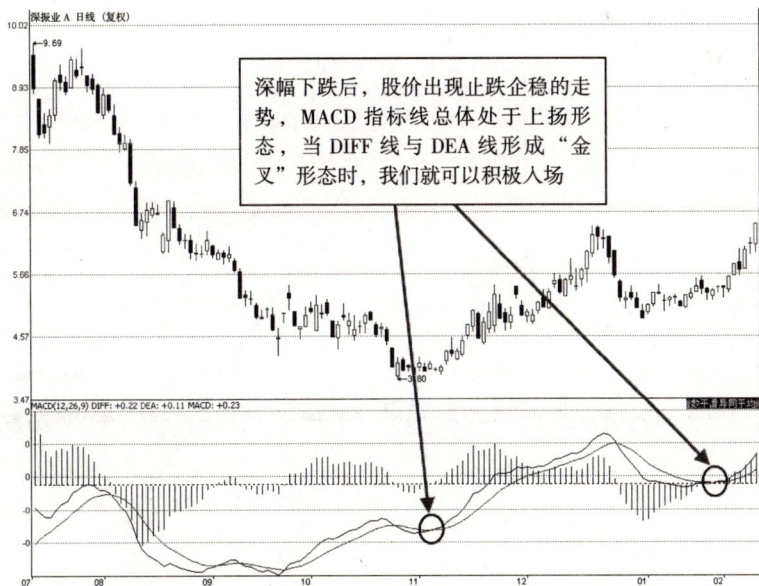

图 3-7 深振业 A 下跌末期 MACD "金叉" 示意图

明市场的多空双方实力正在悄然地发生转变，此时的 MACD "金叉"形态是较为可靠的做多信号，我们可以根据这一 "金叉"形态来进行短线操作，也可以把它视作中长线的入场时机。

当价格经历了一段时间的上涨后，此时累计涨幅不大，但上涨时的量价关系配合较好，且移动平均线也呈现出多头排列形态，这反映个股目前已处于上升趋势中，上升趋势已明显确立，价格运行的总趋势一旦形成就具有极强的惯性，此时，我们的宏观操作策略即是持股不动或是在回调中加仓买入，而上升途中价格回调后或是盘整走势后在 MACD 指标窗口中出现 DIFF线由下向上穿越 DEA 线的 "金叉"形态，多预示着新一波上涨走势的开始，是我们加仓买入的信号。

图 3-8 为中金黄金（600489）2008 年 10 月 23 日至 2009 年 2 月 19 日期间走势图，可以看到此股在 2008 年 10 月之后就开始步入到了稳健的上升通道之中，上升趋势已明显确立，价格运行的总趋势一旦形成就具有极强的惯性，此时，我们的宏观操作策略即是持股不动或是在回调中加仓买入。如图标注所示，在此股经历了上升途中的较长一段时间盘整走势后，随着 MACD指标窗口中出现 DIFF 线由下向上穿越 DEA 线的 "金叉"形态，新一波的上涨走势随之出现，此时的这种 "金叉"形态就是我们在上升途中加仓买入或

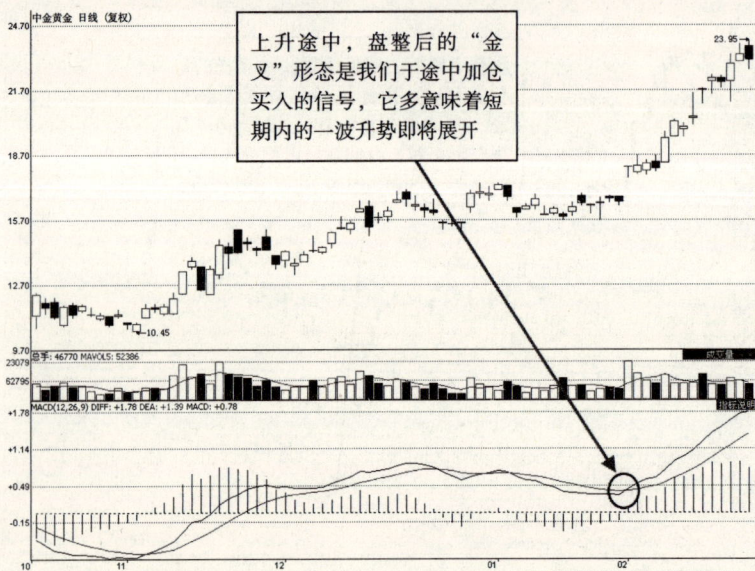

图 3-8 中金黄金上升途中 "金叉"示意图

是短线介入的信号。

图 3-9 为驰宏锌锗（600497）2008 年 11 月 4 日至 2009 年 3 月 24 日期间走势图，可以看到，此股在 2008 年 11 月之后就开始步入到了稳健的上升通道之中，上升趋势已明显确立，价格运行的总趋势一旦形成就具有极强的惯性，此时，我们的宏观操作策略即是持股不动或是在回调中加仓买入。如图标注所示，无论是上升途中的横盘整理走势之后出现的"金叉"形态，还是上升途中一波回调之后出现的"金叉"形态，都预示着新一波上涨走势即将出现，此时的这种"金叉"形态就是我们在上升途中加仓买入或是短线买入的信号。

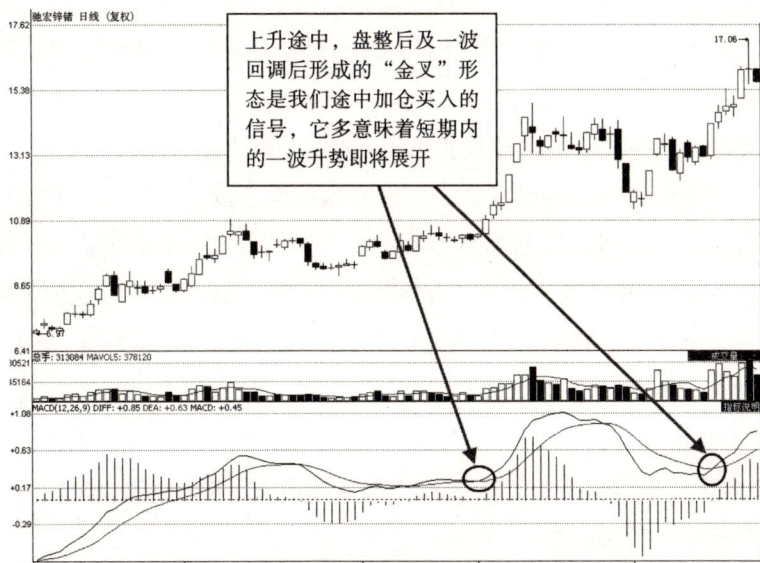

图 3-9　驰宏锌锗上升途中"金叉"示意图

第三镖　劲镖之末——利用底背离形态展开实盘买入操作

出手后的飞镖总有力道衰退的时候，如果我们把出手后的飞镖至落地前的一段运动过程看作是一种趋势的话，那么，飞镖脱离原来的直线飞行轨迹而开始呈抛物线向下掉落时，无疑预示着其运行的趋势即将结束，如果我们可以将飞镖的飞行速度以慢镜头的方式呈现出来，那么，在其趋势运行即将结束的时候，可以明显地看到其飞行形态的变化；同样在股市中，当价格持续向某一方向运行时，随着趋势持续力度的逐渐减弱，价格的运行趋势也会出现反转的倾向，那么我们如何通过技术指标形态的变化去发现趋势的转向性呢，顶背离形态及底背离形态无疑是最好的一种研判方法。股市中的很多技术指标的运行形态往往要超前于价格的运行轨迹，当价格走势反转时，指标的运行形态往往能提前预示出来，而这种体现形式往往就是持续上涨后顶背离形态（预示上升趋势的见顶）或持续下跌后的底背离形态（预示下跌趋势的见底）。本节中，我们以 MACD 指标为例来讲解如何具体应用"底背离形态"展开实盘买入操作，期望起到抛砖引玉的作用，其他技术指标中的"底背离形态"的用法与此相似（关于如何利用"顶背离形态"展开实盘卖出操作的内容，我们放在《短线卖出十五招》一书中来介绍）。

股价经过长时间的持续下跌，累计跌幅巨大，此时股价虽然在低位区又出现了创新低的走势，但是 MACD 指标却经历一谷比一谷高的走势，即股价的走势与 MACD 指标线的走势在价格低位区出现了背离形态，这就是所谓的 MACD 底背离形态。底背离形态的出现说明市场的做空动能越来越弱，且有买盘开始逐渐入场的迹象，是下跌趋势见底的信号。研判底背离也要结合股价的累计跌幅及股价的趋势，如果股价总体跌幅并非巨大，而且 DEA 及 DIFF 线均运行于零轴下方，则这种底背离只能预示股价短期内的上涨走势，代表股价短期的反弹。

图 3-10 为黑牡丹（600510）2008 年 5 月 23 日至 11 月 13 日期间走势图，此股在长期的深幅下跌后，如图标注所示，于深幅下跌后的低位区出现跌势放缓且成交量开始放出的形态，这种量能形态及价格走势是个股在深幅下跌后买盘大量入场的标志，而且在此期间虽然股价又再度向下创出了新低，但是 MACD 指标线却开始出现上行走势，这就是底背离形态，结合股价的累计跌幅及深幅下跌后止跌企稳走势、量能的放大，我们可以较为准确地判断出这是下跌趋势见底的信号，因此，此时的底背离形态也是我们中长线入场买股的信号。

图 3-11 为豫光金铅（600531）2008 年 2 月 29 日至 12 月 4 日期间走势

图 3-10 黑牡丹深幅下跌后 MACD 底背离示意图

图 3-11 豫光金铅深幅下跌后 MACD 底背离示意图

图，此股在长期的深幅下跌后，虽然股价又再度向下创出了新低，但是 MACD 指标线却开始出现上行走势，这就是底背离形态，而且在底背离形态出现之后，价格走势也呈现出明显的止跌企稳形态，同时量能开始放出，将这种底背离形态再结合股价的累计跌幅及深幅下跌后止跌企稳走势、量能的放大，我们可以有把握地认为这是个股在深幅下跌后买盘大量入场的标志，也可以较为准确地判断出这是下跌趋势见底的信号，因此此时的底背离形态也是我们中长线入场买入的信号。

第四镖　快镖频出——运用指标周期发现买入时机

　　技术指标循环波动的过程中，相应的买卖机会会交替出现，这个时候，投资者根据技术指标反映出来的操作信号，便可以把握好盈利点了。技术指标的波动周期有很多种情况，可以是艾略特八浪循环的模式、可以是江恩循环周期形式、当然也可以是斐波那契循环波动形式。不管怎样，从技术指标上发现盈利点，循环周期是不容忽视的一种交易方向。价格在循环周期中的涨跌变化，与技术指标的循环过程是一致的。技术指标的涨跌方向出现了循环，相应的金叉和死叉信号，以及复杂的看涨形态等都会提示周期循环的出现。

　　在单边趋势中，技术指标周期循环的走势，与个股的价格走势联动性更强。事实上，把握好技术指标上的操作机会，投资者自然能够发现买卖时机并且获得收益。

　　有效的买卖机会，出现在有效的循环周期中。从技术指标上判断价格波动周期，无疑是非常可取的方法。不管是指数还是个股，出现连续的循环波动是很正常的事情。股指对应的技术指标，能够反映出相应的指数循环的转折点。而个股当中，技术指标明确循环以后，把握操作时机可获得收益。

　　如图 3-12 所示，恒宝股份日 K 线图中，随着价格冲高回落，从 2010 年 1 月 21 日看来，MACD（30，100，10）成功见顶图中的 A 位置。

　　随着 MACD 指标的见顶回落，恒宝股份这只股票也在见顶复权价历史高位 20.21 元以后冲高回落下来。随着恒宝股份的高位回落，MACD 指标在图中的 B 位置成功见底。B 位置对应的时间为 2010 年 6 月 27 日。

　　既然 MACD（30，100，10）对判断指标转折点是非常有效果的，那么

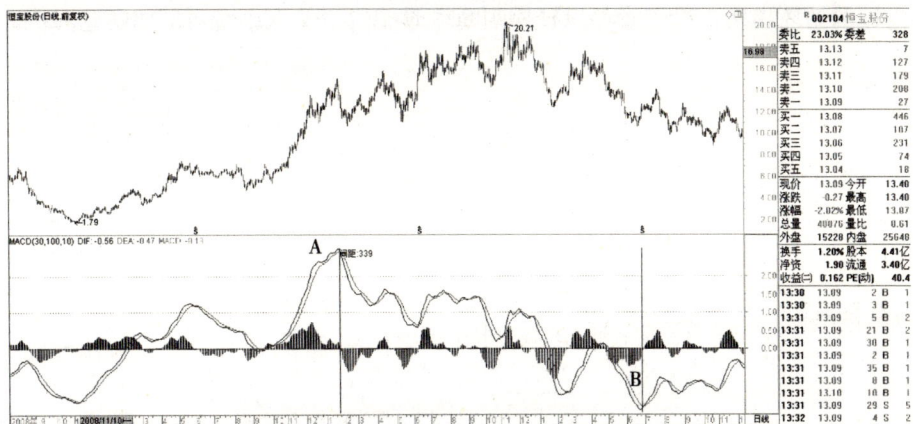

图 3-12   恒宝股份日 K 线图 MACD 循环

指标出现转折信号的时候，投资者买卖股票是没有任何问题的。技术指标反映出来的转折信号，同样也是股价出现调整的位置。虽然该股在 MACD 指标的折返信号出现以后折返力度不足，但接下来的新一轮循环中投资者有望发现不错的操作机会。

如图 3-13 所示，随着交易的延续，MACD 指标的折返信号在图中的 C 位置再一次出现了。也就是从 C 位置开始，该股再次进入回升趋势中。从操作上来看，投资者可以有效把握好 C 位置的买涨机会，必然获得不错的回报。

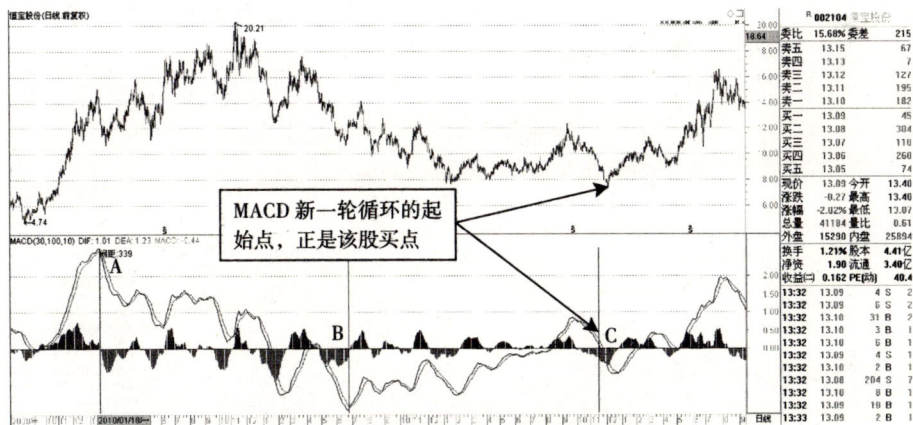

MACD 新一轮循环的起始点，正是该股买点

图 3-13   恒宝股份 MACD 新的价格低点

从图中 MACD 指标的 C 位置的折返开始算起，该股到 2013 年 8 月涨幅已经高达 126%。可见，回升趋势中该股的表现还是非常好的。根据 MACD

指标的循环周期，投资者可以轻松判断该股的价格低点已经对应的建仓时机。

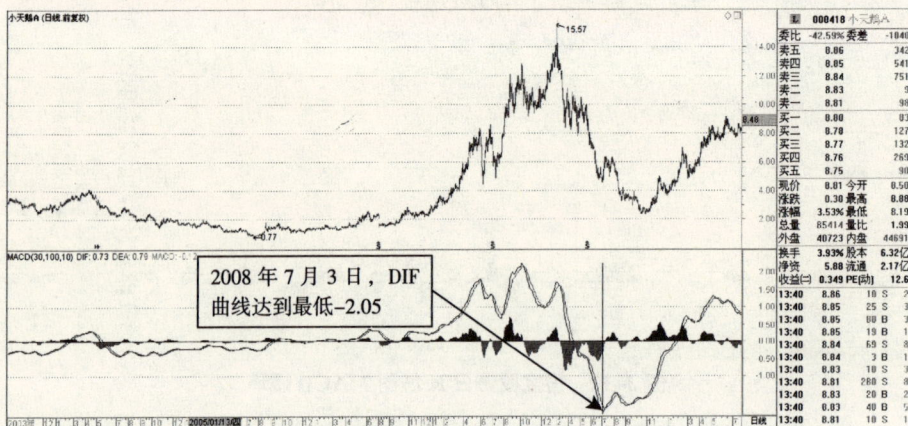

2008 年 7 月 3 日，DIF
曲线达到最低-2.05

图 3-14　小天鹅 A 的 MACD 历史低点

如图 3-14 所示，小天鹅 A 的日 K 线图中，MACD 指标中的 DIF 曲线在
2008 年 7 月 3 日达到了-2.05 的最低点。自从 DIF 曲线见底以后，MACD 指
标成功脱离历史低点，并且开始逐步回升。

可见，历史低点的-2.05 的位置，显然可以当作 MACD 指标回升起始点
了。从这个位置算起，利用斐波那契循环来判断今后 MACD 指标的折返点位
还是不错的。

如图 3-15 所示，MACD 指标起始于历史低点的斐波那契循环，成功预

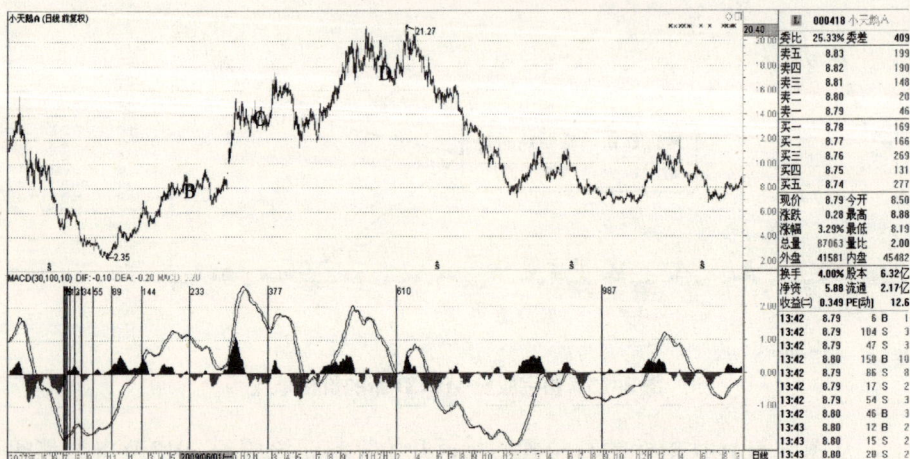

图 3-15　小天鹅 A MACD 指标的斐波那契循环

测了接下来的该股重要的折返位置。也就是说，图中的 ABCDE 五个价格位置出现的折返走势，被 MACD 指标的斐波那契循环的 144、233、377、610 和 687 成功预测到。

从 MACD 指标的历史低点来看，投资者有可能获利的机会很多。如果 MACD 指标的历史低点能够被投资者发现，那么斐波那契循环也就很容易做到了。根据斐波那契循环预测的 MACD 指标的折返点，投资者能够判断出对应的股价的折返位置。小天鹅 A 的日 K 线中的价格折返点，都已经体现在对应的 MACD 指标的折返点上了。考虑到 MACD 的计算周期较长，折返信号对价格走势的影响很大。

MACD 指标的历史折返点、斐波那契循环的折返点，对预测价格折返走势都非常有效果。MACD 指标一旦出现折返，投资者据此来判断买卖机会获利的潜力就很大了。

下 篇

短线买入——招式篇

第一招 深谷秋虹，曲径通幽
——深跌后的勺形是买股时机

当个股正式步入跌途后，漫漫下跌之路往往要持续很久，而且在下跌途中往往很难有较为明显的反弹行情，因此投资者切不可因股价某一时段内的跌幅较大、跌速较快，就误以为股价已跌无可跌，从而盲目介入做反弹，这是极其危险的，因为股价一旦形成趋势，无论这种趋势是上升还是下降，都具有极强的持续力。上升趋势中的深幅回调或见顶回落源于卖盘的大量抛售，而下跌趋势中的强势反弹或止跌回升则是源于买盘的大量介入，由于投资者往往具有共同的心态，上升趋势中的深幅回调或见顶回落与下跌趋势中的强势反弹或止跌回升的表现方式是有所不同的。

当股价处于上升趋势时，已获利的投资者一旦发现市场有风吹草动的迹象，就极有可能在担心利润消失的心态下快速抛出手中个股，从而使得股价以较快的速度、较深的幅度出现回调，股价的累计涨幅及回调幅度的大小是我们判断个股是否见顶的重要标志；反之，当股价处于下跌趋势时，虽然买盘的介入力度也较大，但买盘所推动股价上涨的速度与幅度往往都不及上升趋势中的快速回调走势，而且在买盘大力介入抄底之后，往往会有一段较长时间的"缓冲"过程，即大量的卖盘认为股价的这一波上涨仅是反弹行情，从而选择在相对"高位"卖出。可是，卖盘的抛出却并没有造成股价的再次走低，股价走势以较为强势的横盘形态出现在一波反弹之后，此时，股价的之前反弹走势及反弹后的强势横盘形成了一个类似"勺子"的形状，这是个股深幅下跌后买卖双方力量发生实质性转变的信号，它预示着阶段性底部的出现，是我们短线介入的好时机。

图 4-1 为中捷股份（002021）2011 年 8 月 3 日至 2012 年 4 月 11 日期间走势图，此股在深幅下跌后出现了一个勺形的走势，这种走势的出现说明

市场中的买卖力量对比情况已经出现了改变，如果说前期的持续快速下跌走势中是卖盘占据了主导地位的话，那么，在深幅下跌后出现这种勺形则说明卖盘已无法再有效地打低股价，买盘正在逐步涌入并成为个股中的主导力量。由于市场由前期卖盘力量占主导地位的状态转变为买盘开始占主导地位的状态有一个时间过程，因此投资者不必在勺柄刚一出现时就过早地介入，过早地介入要承担较大的高位反弹买入风险。依笔者经验来说，勺柄的构筑时间至少要在一个月左右，我们完全可以把勺形中的勺柄看作是股价即将上涨的一个踏板，它是价格走势由跌转升的一个过渡形态，也是多方积蓄能量为随后反击的一个平台，当股价走势在较长的一段时间内构筑了较为坚实的勺柄形状之后，我们就可以实施短线买入行为了。一般来说，我们可以从量能的角度来判断深幅下跌后的勺形是否意味着多方力量已占据了主导地位。如果在形成勺柄的过程中（即股价反弹向上的过程中）出现了明显的放量形态，则说明市场买盘较为充足且持续性较好。

图4-1　中捷股份深跌后勺形示意图

随后，当股价在勺柄处运行时，如果量能在总体上仍旧保持着一种相对放大的形态（相对于前期的下跌走势而言），则说明虽然有一部分的卖盘在借股价的这一波反弹走势"逢高"卖出，但是持续介入的买盘却能够有效地承接这些抛压，是买盘持续介入的信号，也是个股随后即将出现上涨走势的信号。

图 4-2 为中捷股份勺形形成后走势图，此股在深幅下跌后的勺形形态出现后不久，股价就步入了快速上涨的走势中。可以说，在勺柄的后半段买入将是很好的短线机会。

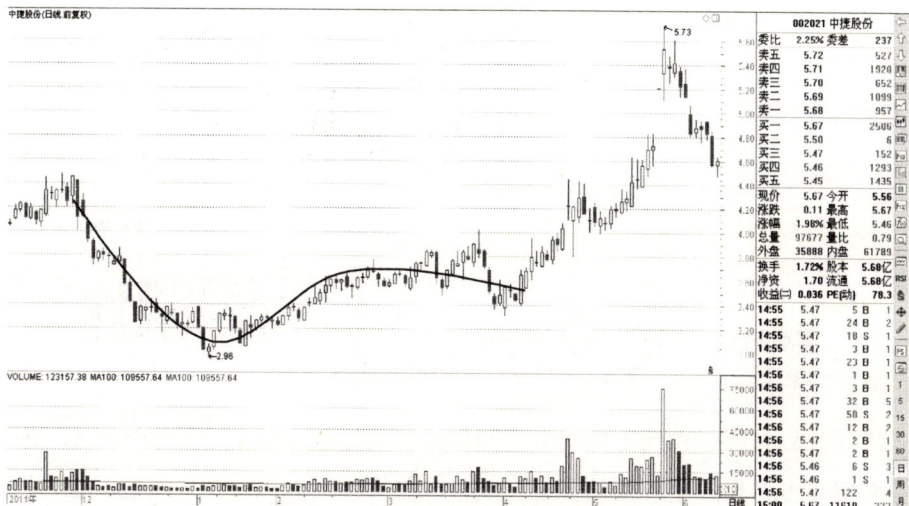

图 4-2　中捷股份勺形形成后走势图

图 4-3 为生益科技（600183）2008 年 7 月 30 日至 2009 年 1 月 20 日期间走势图，此股在深幅下跌后出现了一个勺形走势，勺形走势的出现并非偶然，任何 K 线走势形态都有其内在的市场含义，而这种深幅下跌后的勺形形态则是多空双方力量开始发生转变的信号，此股在勺柄处的构筑时间较长且量能出现了较为明显的放大，股价重心也呈向上移动的走势，这种走势、这种量能形态出现在深幅下跌之后，它所反映的市场含义只能是个股的跃势已经结束（或者严谨地说是阶段性的底部已出现），此时，我们完全可以把勺形中的勺柄看作是股价即将上涨的一个踏板，它是价格走势由跌转升的一个过渡形态，也是多方积蓄能量为随后反击的一个平台，当股价走势在较长的一段时间内构筑了较为坚实的勺柄形状之后，我们就可以实施短线买入行为了。

图 4-4 为生益科技勺形形成后走势图，此股在这一勺形形态出现后不久，股价就步入了快速上涨走势中。可以说，在勺柄的后半段买入将是很好的短线机会。透过勺形形态我们应看到的不仅是短线买入的这一时机，我们

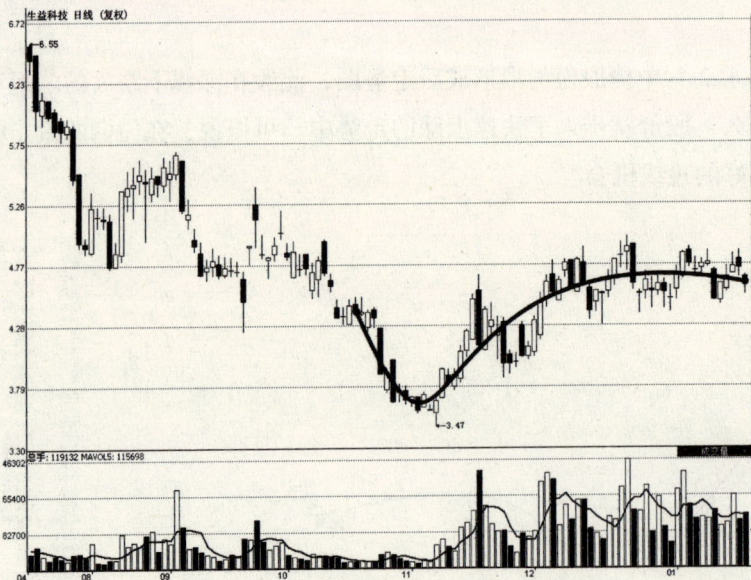

图 4-3　生益科技深跌后勺形示意图

还应注意到它所蕴含的市场含义，即深幅下跌后的勺形是一种过渡形态，它是多空双方力量发生转变的标志，既可以作为我们的短线买入时机，也可以作为我们中长线布局的时机。勺形的最大特点在于它的勺柄是多方将要发动

图 4-4　生益科技勺形形成后走势图

攻击的平台，且勺柄的持续时间较长（依笔者经验来说，勺柄的构筑时间至少要在一个月左右），我们越可以有一个较为充裕的时间来研判多空多方的情况、主力的动作、市场整体的情况等各种因素，进而在综合分析、理性推断的前提下介入个股。无论这种操作是短线买入，还是中长线布局，它的成功概率都是极大的。

图 4-5 为西藏天路（600326）2008 年 7 月 10 日至 2009 年 1 月 23 日期间走势图，此股深幅下跌后形成了一个形态宽阔的勺形形态。一般来说，一种 K 线形态所反映的市场含义的准确度与这种形态的持续时间长短是成正比的。K 线组合形态中常见的顶部形态、底部形态，如双重顶、双重底、头肩顶、头肩底等形态如果其持续的时间较短，则这种形态的可信度也较低；反之，如果持续时间较长，此时结合前期价格走势，我们就可以轻易地准确判断出股价走势中所形成的底部与顶部。对于本例而言，这一宽阔的勺形形态出现在深幅下跌后的低位区，因而是可靠的转势信号，我们可以在勺柄正式形成后积极介入此股，以分享多方发动攻击后所带来的短期收益。

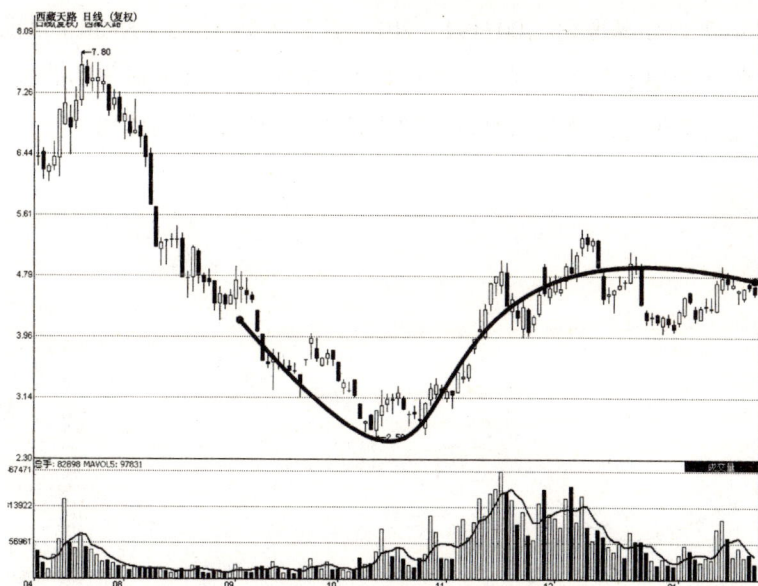

图 4-5　西藏天路深跌后勺形示意图

图 4-6 为此股勺形形成后走势图，此股在这一勺形形态出现后不久，股价就步入了快速上涨走势中。可以说，在勺柄的后半段买入将是很好的

短线机会。

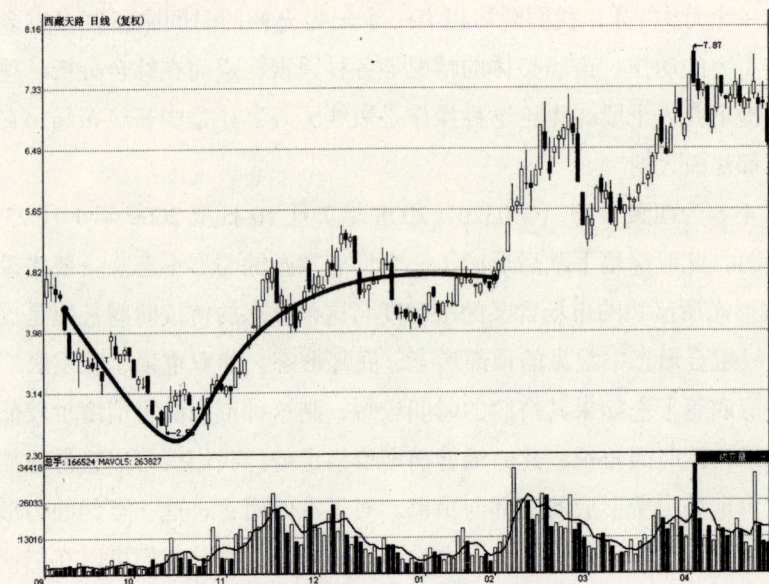

图 4-6　西藏天路勺形形成后走势图

　　图 4-7 为劲嘉股份（002191）2013 年 2 月 18 日至 9 月 30 日期间走势图，此股在深幅下跌后出现了一个勺形形态的走势，在形成勺柄的过程中量能呈明显放大形态，这是买盘持续涌入且买盘力度较强的体现，而且勺柄的

图 4-7　劲嘉股份深幅下跌后勺形走势图

形成时间较长，这说明买盘已可能有效地承接市场中抛压，出现在深幅下跌后的勺形多与主力资金的介入有联系，勺柄作为一个中继平台，既为随后主力发起攻击提供了有效的支撑，也为主力在低位区大力建仓提供了机会。在勺柄形成后，我们就可以择机介入以分享主力拉升带来的短线收益。

第二招 红黑相间，乾坤无相
——利用孕线与抱线短线买股

不同的 K 线组合形态蕴涵了不同的市场含义，在两日 K 线组合形态中，孕线与抱线是极为常见的表现形式，这两种形态对于我们的实战操作具有重要意义，在结合股价走势的前提下，我们应掌握并利用它们来实施短线买入行为，本招中，我们以两日 K 线组合形态所能包含的市场含义为核心，以具体的组合形态（即孕线与抱线）为实例展开论述，力求使读者可以在明晰原理的情况下，充分理解各种双日 K 线组合形态的意义。

一、如何解读双日 K 线形态的市场含义

K 线形态只是一种表象，它只是多空双方交锋结果的体现，仅凭 K 线形态而不顾其具体的应用背景、出现时机等综合因素就盲目地按图索骥式照搬应用是难以掌握其精髓的，解读 K 线形态的真正目的在于使我们学会一种分析方法，让我们掌握透过现象看本质的本领。在股市中如果说"K 线表现形式是现象"的话，那么，"K 线形态所蕴涵的多空双方实力情况则是本质"，相同的本质可以以不同的表象表现出来，相同的表象也可以反映不同的本质，我们只有通过 K 线形态正确破解出多空双方及其实力情况，才可以从容地应用各种 K 线形态来进行实战操作。这同练武的原理一样，武功招式都是有形的，但是如果真正想达到高手的层次，仅凭熟练地掌握各种招式是不行的，练武之人必须要揣摩招式背后所蕴涵的武学原理才可以更上一层楼。

好的方法是我们学习本领的必备因素，在研读双日 K 线组合形态时，我们可以用以下方法来透过 K 线形态分析多空双方的实力情况。如果我们仔细地想一下，就会发现双日 K 线形态的最大特色就是两根 K 线之间的位置关系，这两根 K 线既可以是相离的，也可以是部分相互重叠的。不同的相离关

系、不同的重叠关系所揭示的市场含义自然不同，为了能够清晰地反映出两根 K 线的位置关系所揭示的市场含义，我们可以从单根 K 线着手。图 5-1 为单根 K 线多空区域示意图，我们可以把单独一根 K 线所覆盖的范围由上至下分为五个区域，很明显，这种划分方法无论对于单根阳线，还是对于单根阴线来说，它由上至下都遵循着一个由高价到低价的顺序，因此我们可以把从区域 1 到区域 5 这个过程看作是一个"多方力量逐渐减少、空方力量逐渐增加"的过程。如果当日的收盘价位于区域 3 的上界，则说明多方力量较为强劲，此时 K 线为阳线；反之，如果当日的收盘价位于区域 3 的下界，则说明空方力量较为强劲，此时 K 线为阴线。此外，我们还可以认为在单根 K 线所覆盖的整体区域内，中上方的区域是多方占优的区域，而中下方的区域则是空方占优的区域。

区域 1
区域 2
区域 3
区域 4
区域 5

图 5-1　单根 K 线多空区域示意图

　　在对单根 K 线的多空区域进行划分之后，我们在分析双日 K 线形态时就有了比照的标准，我们可以把第一根 K 线当作参照系，通过后一根 K 线与第一根 K 线的位置关系来判断两日 K 线所蕴涵的多空信息。在第一根 K 线所覆盖的整体区域内，中上方的区域是多方占优的区域，而中下方的区域则是空方占优的区域。很明显，如果第二根 K 线所覆盖的大部分区域均位于第一根 K 线的中上方区域内，则说明市场中的多方暂处于主导地位；反之，如果第二根 K 线所覆盖的大部分区域均位于第一根 K 线的中下方区域内，则说明市场中的空方暂处于主导地位。通过对单根 K 线所包含的多空区域进行划分之后，我们就可以通过比较两根 K 线的位置关系，进而来分析各种各样的双日 K 线形态究竟蕴涵了怎样的多空信息。一般来说，如果两个交易日中的多空双方密集交投区域位于第一根 K 线的中下部区域，则说明市场中的空方抛压较大，后期下跌的可能性也越大；反之，如果第二个交易日中多空双方密集交投的区域位于第一根 K 线的中上部区域，则说明市场中的多方力量较强，后期上涨的可能性也越大。

图 5-2 为双根 K 线形态中多方占优与空方占优的典型组合形态示意图，在图中左侧的双根 K 线组合形态中，两根 K 线的交投密集区域位于区域 1 与区域 2 所在的位置处，而这一位置正是多方明显占优的区间，因此它代表了在这两个交易日中多方处于明显的主导地位；在图中右侧的双根 K 线组合形态中，两根 K 线的交投密集区域位于区域 3 下半部、区域 4、区域 5 所在的位置处，而这一位置正是空方明显占优的区间，因而它代表了在这两个交易日中空方处于明显的主导地位。

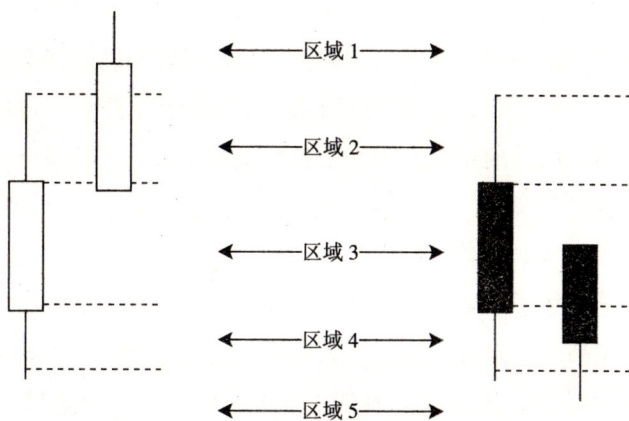

图 5-2　双根 K 线多方占优与空方占优示意图

二、利用孕线短线买股

孕线与抱线均是两根 K 线的组合形态，它们出现在一波回调后的相对低位区是买入的信号；反之，若出现在一波上涨后的高位区则是卖出的信号。回调后低位区的孕线组合方式与上涨后高位区的孕线组合方式有所不同，回调后低位区的抱线组合方式与上涨后高位区的抱线组合方式也有所不同。本书中，我们重点讲解如何利用孕线与抱线来开展短线买入操作，关于利用孕线与抱线开展短线卖出的讲解将放到《短线卖出十五招》一书中。

孕线的构成方式简单，它由两根 K 线组成，前面一根是长 K 线，后面一根则是相对短小的 K 线，后面一根 K 线的最高价和最低价均不能超过前一根线的最高价和最低价，即前面一根 K 线完全吞没了后面一根 K 线（包括影线），这种前长后短的双根 K 线组合形态称为孕线。如果第一根 K 线为阳线，第二根 K 线为阴线，则这种孕线称之为阴孕线，这种形态多出现在个股一波上涨后的相对高点，是个股短期内即将展开回调的信号，故阴孕线也称为看跌孕线；如果第一根 K 线为阴线，第二根 K 线为阳线，则这种孕线称之为阳孕线，这种形态多出现在个股一波回调后的相对低点，是个股短期内即将展开上涨的信号，故阳孕线也称为看涨孕线。

我们可以这样理解看涨孕线的形成过程：个股股价或大盘指数前期的持续下跌使得价格的走势形成惯性，因此在一波回调后的相对低点出现了一个惯性下跌的大阴线，这一根大阴线说明市场的做空动能仍然较为充足，但由于近期价格已出现了一波明显的回调走势，因此这根大阴线也往往蕴涵了空方力量过度释放这一含义。虽然如此，但是在没有明确的多空双方力量转变信号出现时，我们仍不宜盲目抄底介入。一波价格下跌后的再反弹上涨走势源于空方力量阶段性的枯竭及多方力量的开始涌入，这种多空信息正是通过阴孕线形态得以反映的。虽然第一根 K 线仍然是大阴线，但是随之而来的第二根 K 线却是阳线，股价没有继续下跌而是出现了高开，而且这一阳线所覆盖的范围完全"孕于"第一根 K 线所覆盖的范围之内，这说明多空双方经过一天的激烈争战后，多方力量已开始取得一定的优势。由于此时的价位身处回调后的相对低位，因此我们有理由认为在随后多方力量持续涌入的情况下，股价也会出现阶段性的上涨走势。

图 5-3 为海特高新（602023）2011 年 11 月 17 日至 2012 年 4 月 23 日期间走势图，如图标注所示，此股一波快速下跌后于相对低位区出现阳孕线形态，这是多空双方力量发生转变的表现，预示着一波反弹上涨即将展开，是短线买入信号。

图 5-4 为武汉控股（600168）2009 年 7 月 8 日至 9 月 17 日期间走势图，此股一波快速下跌后首先出现了一根大阴线的单日 K 线形态，这一根大阴线说明市场的做空动能仍然较为充足，但由于近期价格已出现了一波明显的回调走势，因此这根大阴线也往往蕴涵了空方力量过度释放这一含义，但是随之而来的第二根 K 线却是阳线，股价没有继续下跌而是出现了高开，而

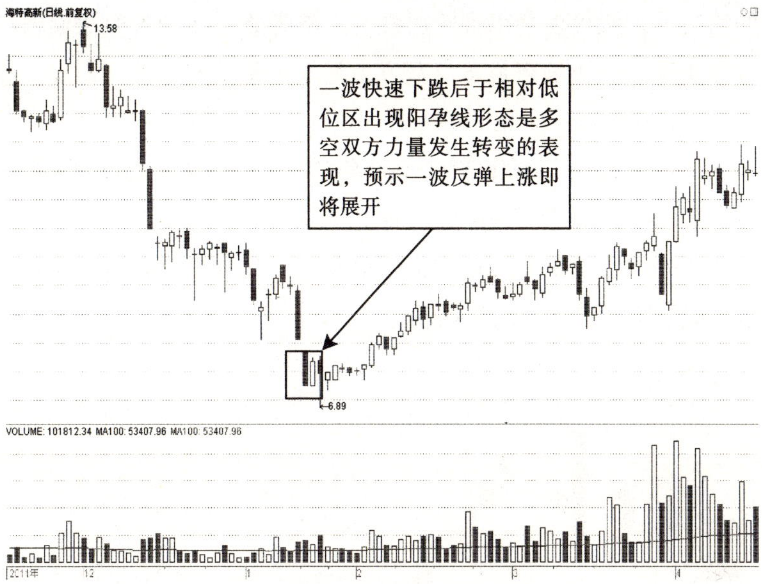

海特高新(日线,前复权)

一波快速下跌后于相对低位区出现阳孕线形态是多空双方力量发生转变的表现，预示一波反弹上涨即将展开

图 5-3　海特高新阳孕线示意图

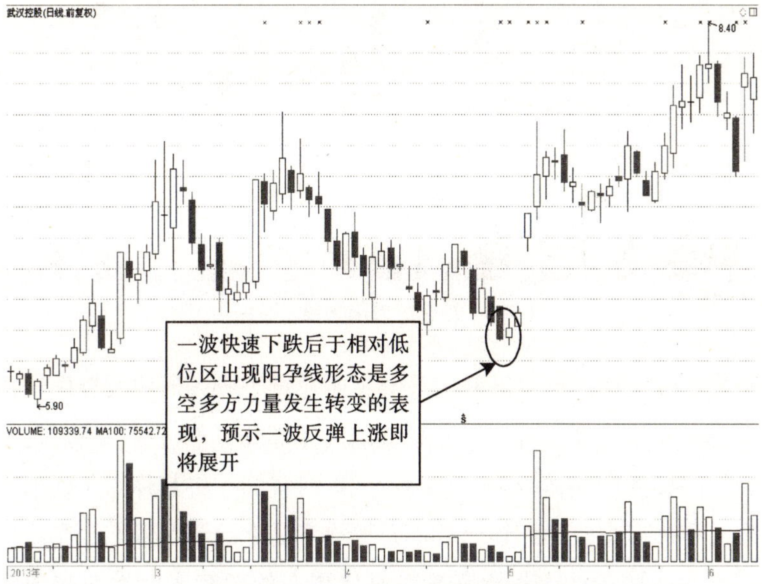

武汉控股(日线,前复权)

一波快速下跌后于相对低位区出现阳孕线形态是多空多方力量发生转变的表现，预示一波反弹上涨即将展开

图 5-4　武汉控股阳孕线示意图

且这一阳线所覆盖的范围完全"孕于"第一根 K 线所覆盖的范围之内，这说明多空双方经过一天的激烈战争后，多方力量已开始取得一定的优势。由于此时的价位身处回调后的相对低位，因此我们有理由认为在随后多方力量持

续涌入的情况下，股价也会出现阶段性的上涨走势，这种短期快速下跌后于相对低位区出现阳孕线形态是多空双方力量发生转变的表现，预示一波反弹上涨即将展开，是短线买入信号。

图5-5为综艺股份（600770）2009年7月15日至9月17日期间走势图，此股在阶段性的快速下跌走势之后出现了一个阳孕线的双日K线组合形态，这一形态的出现说明空方抛压已明显减轻，是价格随后出现反弹上涨的信号，也是我们阶段性抄底买入的信号。

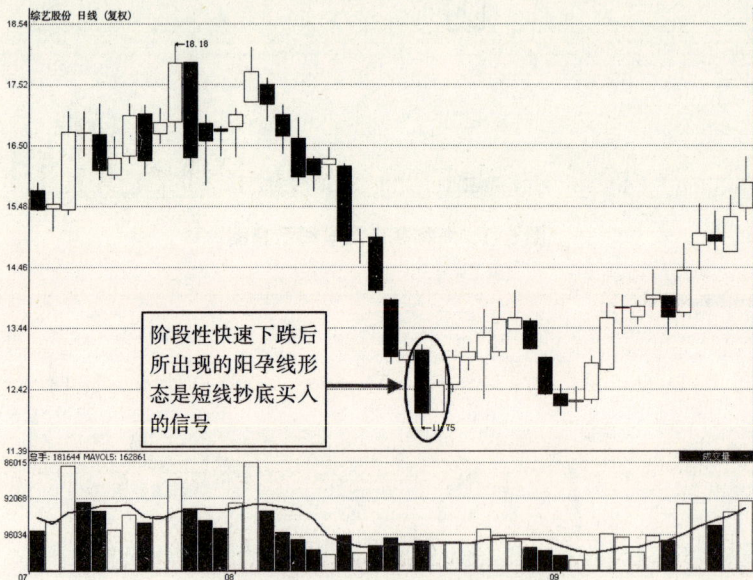

图5-5 综艺股份阳孕线示意图

投资者在应用孕线形态展开实战时，应注意个股所形成的具体孕线形态特征。一般来说，只有在前面一根K线的实体部分（不包括影线）可以完全覆盖后面一根K线的实体部分（包括影线）时我们才将其称为孕线形态，若有些形态与孕线形态较为相近但并不是严格意义上的孕线形态，则我们可以结合孕线形态所体现的市场含义来做具体形态的理解式做类似的理解。此外，若是前面一根K线的实体部分不仅覆盖了后面一根K线的实体部分，还覆盖了这一根K线中的影线部分，则说明空方力量在第一个交易日释放过度（阳孕线形态中）或是多方力量在第一个交易日释放过度（阴孕线形态中），这时的价格阶段性反转信号更为可靠。

除了关注孕线的形态外，我们还应关注孕线形态中第一根K线的成交量情况，在阳孕线形态中，若左边的阴线的成交量明显缩小，则说明并非是过重的抛压导致了股价的当日大跌，而是少部分恐慌性抛盘得不到有效承接导致的，随着买盘的后续涌入，阶段性的下跌趋势也会结束，此时的阳孕线所预示的趋势反转信号更加明确；在阴孕线形态中，若左边的阳线的成交量明显缩小，则说明并非是充足买盘的推动导致了股价的当日大涨，而是卖盘没有大量涌出才促使股价延续了前期的上涨走势，随着买盘无力跟进及卖盘的涌出，近期持续上涨的走势也会结束，此时的阴孕线所预示的趋势反转信号也更加明确。

三、利用抱线短线买股

孕线是前长后短的双日K线组合形态，与孕线相反，抱线则是前短后长的组合形态，抱线也称为吞没形态。抱线的构成方式简单，它由两根K线组成，前面一根是短K线，后面一根则是相对较长的K线。前面一根K线的最高价和最低价均不能超过后面一根K线的最高价和最低价，即后面一根K线完全吞没了前面一根K线（包括影线），这种前短后长的双根K线组合形态称为抱线。如果第一根K线为阳线，第二根K线为阴线，则这种抱线形态为看跌抱线，这种形态多出现在个股一波上涨后的相对高点，是个股短期内即将展开回调的信号；如果第一根K线为阴线，第二根K线为阳线，则这种抱线为看涨抱线，这种形态多出现在个股一波回调后的相对低点，是个股短期内即将展开上涨的信号。在抱线形成之前，市场多处于清晰可辨的上升趋势或下降趋势中，看涨抱线形态出现在一波回调后的相对低位区是买入的信号；反之，看跌抱线形态若出现在一波上涨后的高位区则是卖出的信号（注：对于看跌抱线的使用方法，我们放在《短线卖出十五招》一书中介绍）。

我们可以这样理解看涨抱线的形成过程：个股股价或大盘指数前期的持续下跌使得价格的走势形成惯性，因而在一波回调后的相对低点出现了一个惯性下跌的阴线。这一根阴线说明市场的做空动能仍然较为充足，但由于近期价格已出现了一波明显的回调走势，因而这根阴线也往往蕴涵了空方力量过度释放这一含义。虽然如此，在没有明确的多空双方力量转变信号出现时，我们仍不宜盲目抄底介入。一波价格下跌后的再反弹上涨走势源于空方力量阶段性的枯竭及多方力量的开始涌入，这种多空信息正是通过看涨抱线形态得以反映，虽然第一根 K 线仍然是延续了前期下跌走势的阴线形态，但是随之而来的第二根 K 线却是一个大阳线，而且这个大阳线是低开高走所形成的。"低开"说明开盘时仍旧延续了前期的跌势，随后盘中由于多方力量的大力反击而出现了一个大阳线，当日的这根大阳线完全覆盖了前一交易日的阴线区域，故说明多方的反击力度极强，是多空双方力量快速发生转变的信号，由于此时的股价正处于一波深幅回调之后，因此这种标志着多方快速大力反击的看涨抱线形态预示着个股即将展开反弹上涨的走势。

图 5-6 为高淳陶瓷（600562）2008 年 7 月 10 日至 8 月 26 日期间走势图，此股在短期内的持续快速下跌后，于相对低位区出现了一个看涨抱线组合形态，这一形态出现在阶段性的深幅回调走势之后多预示着一波较为可观的反弹行情即将出现，因而可以作为我们的短线买股信号。

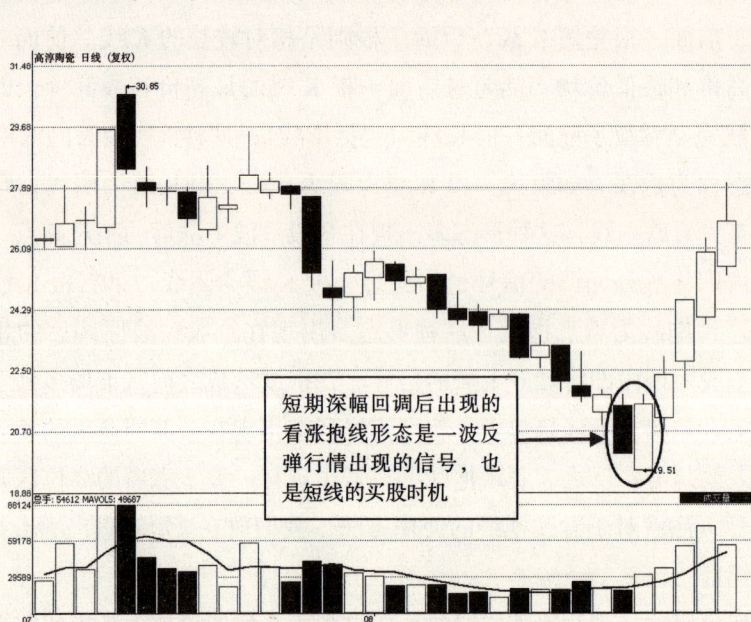

图 5-6 高淳陶瓷看涨抱线示意图

图 5-7 为上海普天（600680）2009 年 8 月 5 日至 12 月 10 日期间走势图，此股在前期的快速回调后，于相对低位区出现震荡盘整走势，并在震荡走势中的相对低位区出现了一个典型的看涨抱线的双日组合 K 线形态，这一

形态的出现说明多空双方的力量已出现了快速的转变，我们知道，价格在一波下跌后能否出现反弹上涨走势源于多方力量的开始涌入及空方力量阶段性的枯竭，而看涨抱线形态正是多空双方力量快速转变的重要标志。虽然第一根 K 线仍然是延续了前期下跌走势的阴线形态，但是随之而来的第二根 K 线却是一个大阳线，而且这个大阳线是低开高走所形成的，"低开"说明开盘时仍旧延续了前期的跌势，随后盘中由于多方力量的大力反击而出现了一个大阳线，当日的这根大阳线完全覆盖了前一交易日的阴线区域，故说明多方的反击力度极强，是多空双方力量快速发生转变的信号，预示着随后短期内价格将在多方的持续攻击下出现明显的上涨走势。

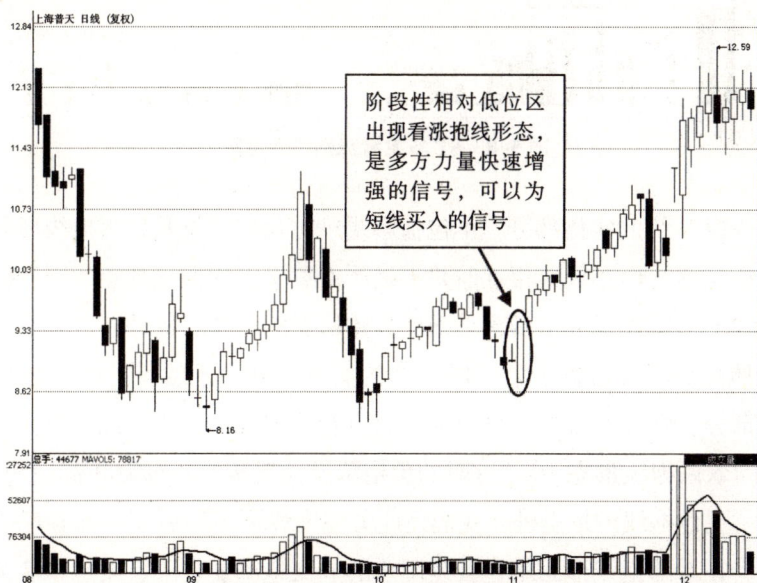

图 5-7　上海普天看涨抱线示意图

图 5-8 为 ST 华龙 （600242） 2009 年 7 月 21 日至 11 月 6 日期间走势图，此股在快速深幅下跌后形成的看涨抱线形态既是阶段性底部出现的标志，也是我们短期买股的信号。看涨抱线的这种预示性作用正是基于它所蕴涵的多空信息。了解了看涨抱线的市场含义，我们就可以从容地应用这一形态来进行短线买股了。

投资者在应用抱线形态展开实战时，应注意个股所形成的具体抱线形态特征，一般来说，只有在后面一根 K 线的实体部分（不包括影线）可以完全

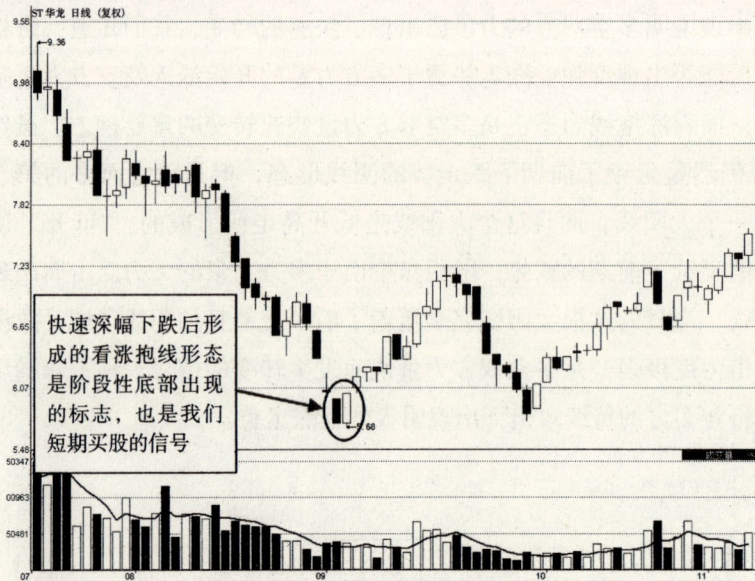

图 5-8 ST 华龙看涨抱线示意图

覆盖第一根 K 线的实体部分（不包括影线）时我们才将其称为抱线形态，若有些形态与抱线形态较为相近但并不是严格意义上的抱线形态，则我们可以结合抱线形态所体现的市场含义来做具体形态的理解。此外，若是后面一根线的实体部分不仅覆盖了第一根 K 线的实体部分，还覆盖了第一根 K 线中的影线部分，则说明多方力量更为强大（看涨抱线形态中）或是空方力量更为强大（看跌抱线形态中），这时的价格阶段性反转信号更为可靠。

除了关注抱线的形态外，我们还应关注抱线形态中后面一根 K 线的成交量情况，在看涨抱线形态中，若是阳线的成交量明显放大，则意味着买盘力道充足，趋势看涨明确；反之，在看跌抱线形态中，若是阴线的成交量明显放大，则意味着卖盘力道充足，趋势看跌明确。

四、应用周 K 线走势中的抱线与孕线形态展开实盘操作

前面我们提到过，周 K 线作为时间跨度较为理想的一种 K 线形态，它不仅可以有效地屏蔽主力操纵的痕迹，也可以屏蔽市场上的偶然因素，从而可以较为准确地反映多空双方力量的真实转变情况，对于常见的顶部或底部组合形态来说，要涉及多根 K 线来组合构成，由于周 K 线的时间跨度相对

较长，若是顶部或底部构筑的时间不是很长的话，则周 K 线难以形成头肩顶、头肩底等较为复杂的 K 线组合形态，但是孕线与抱线却仅由两根 K 线组合而成，因此这种简单的 K 线组合形态完全可以在时间周期为"周"的周 K 线走势中展示出来，此时，它所具有的含义与日 K 线的相应形态具有完全相同的含义，而且其发出的买入与卖出信号的准确度往往要显著高于日 K 线。

图 5-9 为沧州大化（600230）2013 年 6 月 4 日至 8 月 21 日期间日 K 线走势图，此股在经历了深幅下跌后于低位区的盘整走势中出现了一个典型的双周看涨抱线形态（后面一根阳线的实体部分完全覆盖了前面一根阴线的实体部分），由于周 K 线形态往往可以极为可靠地反映出多空双方的力量对比情况，而且这一形态具有较强的多方占优意味，又是出现在深幅下跌后的低位区域，因此我们有理由认为这是个股底部出现的信号。可以说，这种出在低位区的双周看涨抱线组合形态不仅可以作为我们的短线买入的信号，也完全可以作为我们的中长线入场布局的信号。

图 5-9　沧州大化日 K 线看涨抱线示意图

图 5-10 为民丰特纸（600235）2013 年 6 月 7 日至 8 月 15 日期间日 K 线走势图，如图 5-10 标注所示，在周 K 线走势中，此股在经历了深幅下跌后于低位区出现了一个典型的双周阳孕线形态（前面一根阴线的实体部分完

全覆盖了后面一根阳线的实体部分），由于周 K 线形态往往可以极为可靠地反映出多空双方的力量对比情况，而且这一形态具有较强的多方占优意味，又是出现在深幅下跌后的低位区域，因此这一阳孕线形态是多方力量占据优势的表现，也是可靠的买入信号。

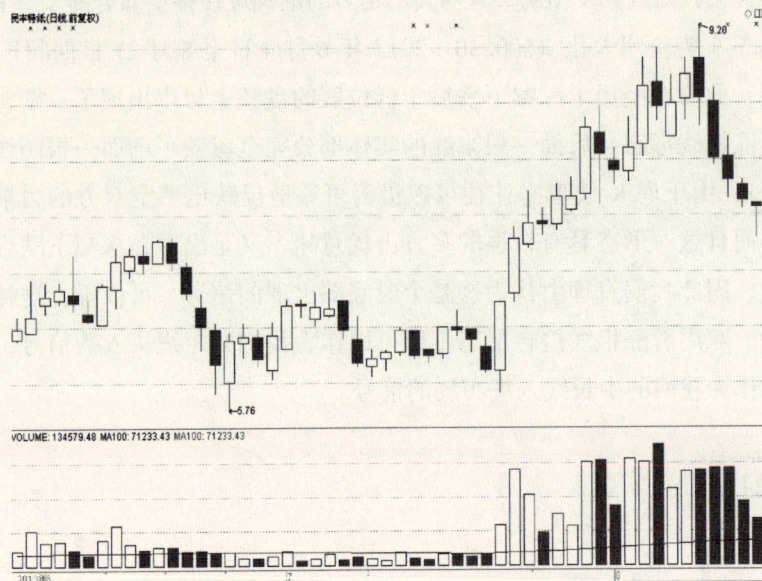

图 5-10　民丰特纸日 K 线阳孕线示意图

第三招　朝阳初升，紫气东来
——利用红三兵形态买股

朝阳是红色的，红色有着冉冉向上的蕴意，在股市中，我们用阳线来表示价格当日的上涨状态，而阳线正是用红色来表示的。在 K 线组合形态中，有一种预示股价将要上涨的"红三兵"形态，它是一种典型的价格看涨信号，也是我们常见的买入信号。本招式中，我们就来详细地讲解一下如何利用红三兵形态实施短线买股操作。

"红三兵"是一种常见的 K 线组合形态，它的出现频率较高，红三兵由三根实体、影线都相对短小的红色阳线构成，故得名"红三兵"。红三兵是多方力量占据一定优势的表现形态，在运用红三兵形态进行实盘操作时，我们一定要注意并非每一种由三根阳线构成的 K 线组合形态都可以称为"红三兵"，只有出现在一波深幅回调之后，或是在相对低位区盘整后出现的由三根实体、影线均较为短小的阳线构成的 K 线组合形态才可以称为红三兵形态，也只有在这种背景下出现的红三兵才预示了价格短期内极有可能出现上涨走势，这才是我们的短线买股信号。

我们可以这样理解红三兵的形成过程：当价格经一波快速下跌后，或是累计大幅下跌后的低位区出现止跌走势时，此时前期空方占优的局面已经发生了转变，但其力量对比的转变往往有一个循序渐进的过程，特别是如果此时大盘走势未见明显的止跌回升势头，则多方是没有必要急于大量买入的，但此时空方力量已近枯竭，难以再次大幅打低价格，多空双方此时处于一种胶着状态。随着交投的进行，多方开始占据一定优势，于是出现了这种连续三根实体、影线均较为短小的阳线形态，这就是红三兵，它预示了多方力量开始占据优势，是价格将要出现上涨的信号。

图 6-1 为双象股份（002395）2013 年 5 月 15 日至 7 月 11 日期间走势

图，此股在深幅下跌后低位平台区出现的这种连续三根实体、影线均较为短小的阳线组合形态是红三兵形态，它是多方力量开始占据优势的典型表现形态，预示了价格随后将在多方的进攻下出现上涨。

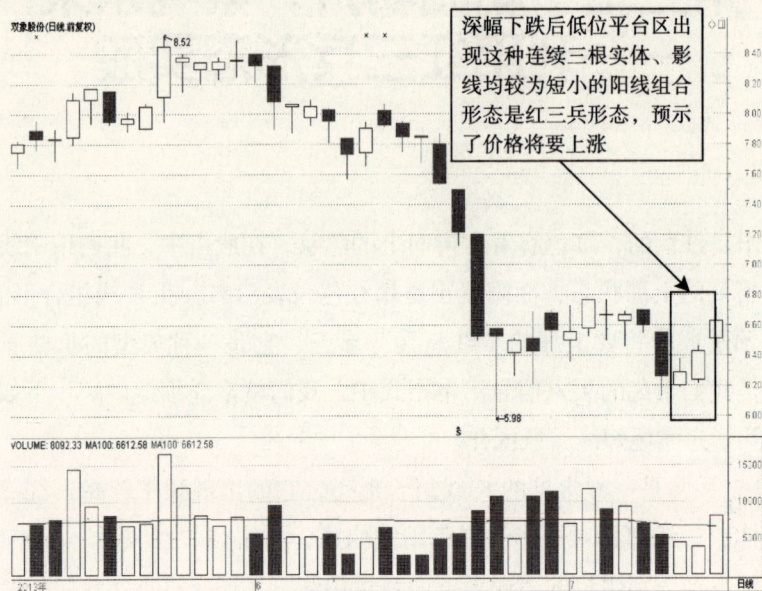

图 6-1　双象股份红三兵示意图

图 6-2 为双象股份低位区红三兵组合形态出现后走势图，从图中可以看出，在红三兵形态出现后，此股就步入了稳步上升的阶段，可见红三兵是可靠的多空双方力量转变的信号，也是我们可靠的买入信号，在应用红三兵形态时，我们可以结合价格的前期具体走势来展开买卖策略，当价格前期下跌幅度巨大，并在红三兵形态出现前有明显的止跌走势出现时，往往说明多空双方力量已发生了实质性的转变，此时的红三兵形态既可以作为短线买入的信号，也可以作为中长线入场布局的信号；反之，若个股前期的累计涨幅较大，此时的红三兵仅是出现在一波深幅回调走势之后，则我们可以将红三兵看作是个股多空双方力量阶段性转变的信号，此时的红三兵形态是更适合当作我们短线买入的信号的。

图 6-3 为宝光股份（600379）2009 年 7 月 16 日至 9 月 3 日期间走势图。图 6-4 为宝光股份 2009 年 7 月 16 日之前的走势图，从图中可以看出，此股前期已出现了一定的累计涨幅，股价在一个相对高位区间处于横盘震荡走势

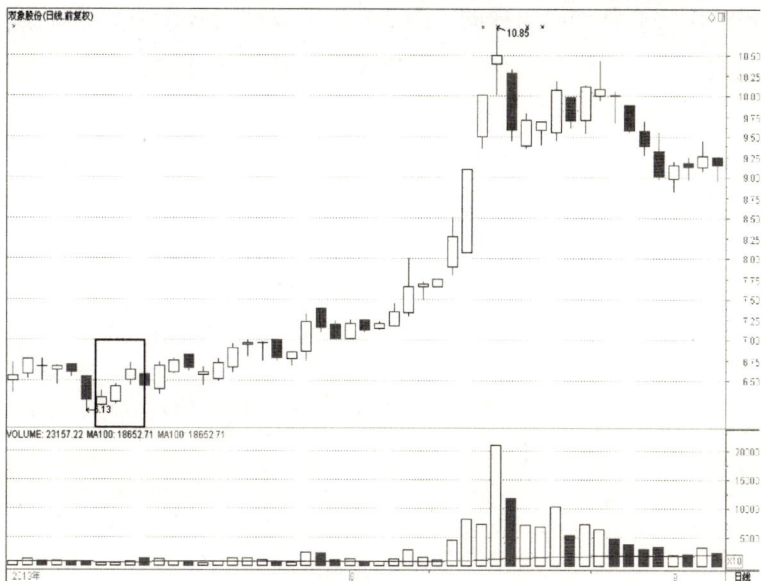

图 6-2　双象股份低位区红三兵出现后走势图

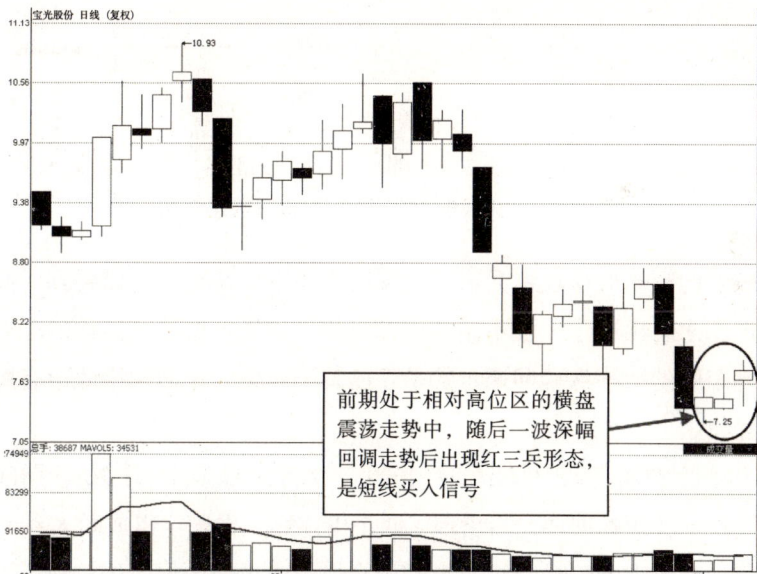

前期处于相对高位区的横盘震荡走势中，随后一波深幅回调走势后出现红三兵形态，是短线买入信号

图 6-3　宝光股份深幅回调后的红三兵示意图

之中。从图 6-3 中可以看出，此股在横盘震荡后出现了向下快速回调的走势，股价迅速向下跌破盘整区，随后，在短期的深幅回调之后出现了一个红三兵形态，虽然这个红三兵形态并非出现在个股深幅下跌后的底部区间，但它却

是在阶段性深幅调整之后出现的，因此我们可以把它看作是多空双方力量阶段性转变的标志，在红三兵形态出现之前的快速下跌过程是空方抛压沉重且持续释放的过程，随着红三兵形态的出现，空方的阶段性抛压也趋于枯竭，预示了随后一波反弹上涨走势的出现。至于反弹上涨走势的升幅如何，我们则要结合具体个股的情况来实地分析。

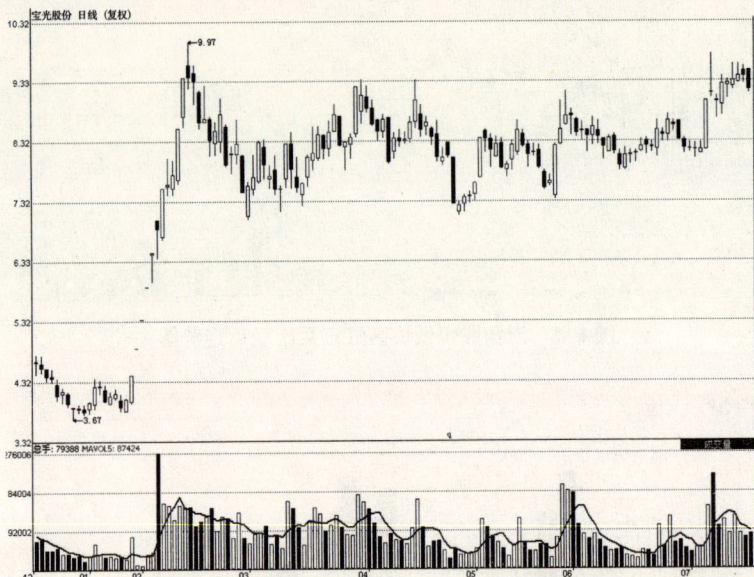

图6-4　宝光股份2009年7月16日前走势图

　　图6-5为宝光股份红三兵形态出现后走势图，从图中可以看到，此股在红三兵形态之后出现了一波不错的反弹走势，投资者通过红三兵形态可以有效地识别个股的短期深幅回调走势是否已趋于结束，从而利用此形态展开实盘买股操作。

　　图6-6为宏图高科（600122）2009年7月8日至11月20日期间走势图，此股在一波深幅回调之后出现了两个由连续三根阳线组成的K线组合形态，但第一次出现的三根阳线的K线组合形态由于前两根实体较长，因此并不是标准的红三兵形态，但这一形态也足以说明空方力量正趋于枯竭，后面出现的红三兵形态极为标准，是可靠的短线买入信号。

　　我们除了关注日K线走势图中的红三兵形态，还应关注周K线走势图中的红三兵形态，周K线作为时间跨度较为理想的一种K线形态，它不仅

图6-5 宝光股份红三兵形态出现后走势图

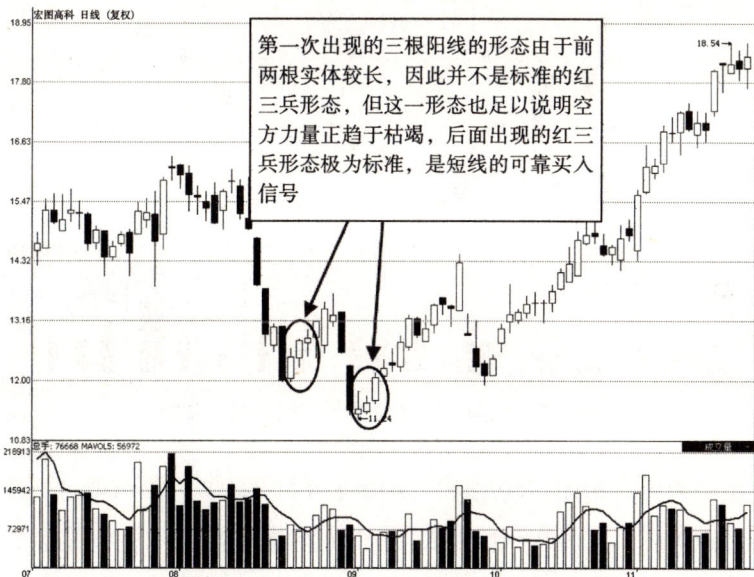

第一次出现的三根阳线的形态由于前两根实体较长，因此并不是标准的红三兵形态，但这一形态也足以说明空方力量正趋于枯竭，后面出现的红三兵形态极为标准，是短线的可靠买入信号

图6-6 宏图高科红三兵形态示意图

可以有效地屏蔽主力的操纵痕迹，也可以屏蔽市场上的偶然因素，从而可以较为准确地反映多空双方力量的真实转变情况，红三兵形态仅由三根K线组合而成，因此这种简单的K线组合形态完全可以在时间周期为"周"的周K

线走势中展示出来。此时它所具有的含义与日 K 线的相应形态具有完全相同的含义，而且其发出的买入与卖出信号的准确度往往要显著高于日 K 线。一般来说，周 K 线走势图中的红三兵形态更多地出现于累计深幅下跌后的相对低位区间，它是价格由前期跌势或低位盘整走势转为升势的可靠反转信号，既可以作为我们短线买入的信号，也可以作为我们中长线入场布局的信号。

图 6-7 为红阳能源（600758）2008 年 6 月至 2009 年 7 月期间周 K 线走势图，此股在深幅下跌后于低位盘整区出现了一个由连续三根中小阳线组成的红三兵形态，这是价格上升走势即将展开的可靠信号，它既可以作为我们短线买股的信号，也可以作为我们中长线入场布局的信号。

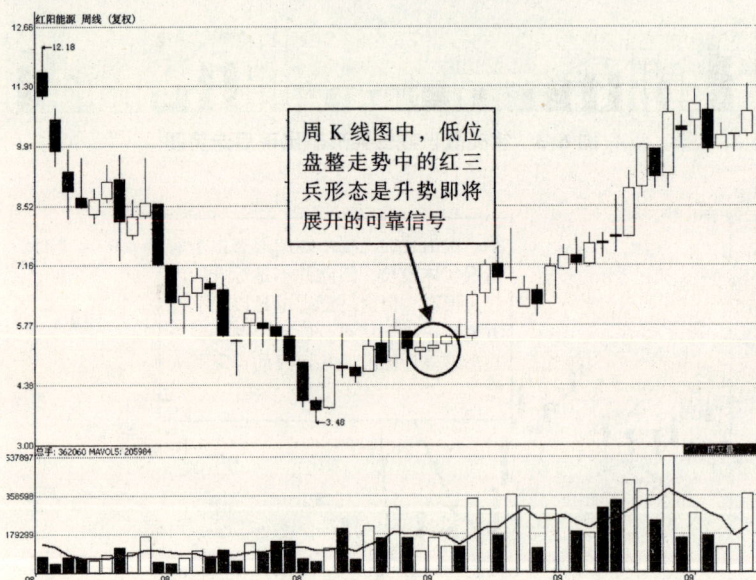

图 6-7 红阳能源周 K 线图中红三兵示意图

图 6-8 为建研集团（002398）2012 年 8 月 14 日至 2013 年 3 月 14 日期间日 K 线走势图，此股在深幅下跌后于低位盘整区出现了一个由连续三根中小阳线组成的红三兵形态，这是价格上升走势即将展开的可靠信号，它既可以作为我们短线买股的信号，也可以作为我们中长线入场布局的信号。投资者在使用红三兵形态开展实盘操作时，有三点值得注意：一是要注意红三兵的形态构成，红三兵由连续的三根实体、影线都相对不长的阳线构成，若实体过长，则说明价格短期涨幅过大，过长的实体往往也会在短时间内过度地

消耗多方动能，在第三根阳线处介入很有可能买在阶段性的高点上，此时并不是介入的最好时机，我们更应等出现回调后再择机介入。二是要注意红三兵形态所出现的位置，只有出现在价格走势的一波深幅回调之后或是在相对低位区盘整后出现的由三根实体、影线均较为短小的阳线构成的 K 线组合形态才可以称为红三兵形态，也只有在这种背景下出现的红三兵才预示了价格短期内极有可能出现的上涨走势，才是我们的短线买股信号。三是要注意红三兵形态出现时的量能大小，红三兵形态如果出现在近期一波深幅下中走势之后，或是较长时间的横盘后，并且伴随着成交量的逐渐放大，则是价格走势反转向上或是突破盘整格局的强烈信号。

图 6-8 建研集团日 K 线图中红三兵示意图

第四招　凌波微步，踏雪无痕
——在极度缩量形态中买股

　　虽然股市中的投资者更多地关注于放量形态，但是缩量形态仍然不可小觑，缩量形态多是指近几个交易日的量能相对于之前的量能出现了较为明显的缩小。缩量是一种相对状态，它只有通过对比之前一段时间的量能效果才能得到明显的体现，缩量形态在表面上似乎只是反映了市场交投清淡这种现象，但是实际上它所反映的含义绝不仅限于此，缩量所具有的丰富含义往往正是在基于与之前的量能效果对比中得以体现的。

　　与放量形态相比，缩量形态往往更是市场真实交投的结果，因为放量形态很有可能是主力对倒所致的，主力由于其强大的控盘能力及持仓力度，可以很容易地通过"左手筹码倒入右手"的过程来人为制造放量效果，但是缩量却不是主力可以制造的。缩量可以出现在价格运行中的各个阶段，我们不能不顾价格实际走势来片面地解读缩量所蕴涵的市场含义，缩量形态有时主要是市场交投清淡的体现，有时却是主力锁仓的结果，例如出现在底部区与顶部区的缩量形态是市场交投较为低迷的表现，这时出现在上升趋势末期的缩量形态是买盘开始枯竭的信号，出现在下跌途中的多是买盘无意入场的表现，出现在上升途中的缩量或是出现在价格上涨初期的缩量形态多是主力控盘能力强且在上升途中积极锁仓的标志。投资者比较容易理解缩量形态可以反映市场交投清淡这一市场信息，但是对于缩量可以反映主力锁仓这一信息的理解却存在着一定的困难。我们知道，二级市场中的筹码数量是一个定数，当这些筹码散乱地分布于普通投资者手中时，由于普通投资者多是以一种短线的思维方式来操作个股，因此价格走势一旦有什么风吹草动，就很可能按捺不住，要么追涨买入，要么杀跌出局，筹码在普通投资者手中的锁定程度较低。但是，若主力介入并大量吸筹后，这一情况就会得到明显改观，主力以中长线的角度来控盘个股，在低位区大量买入筹码后就会使得二级市场中的浮筹大量减少，而主力又会积极地锁定已买入的低价筹码，这使得二级市场中的筹码大为减少，从而就出现了交投过程中的明显缩量形态，如果投资者无法有效地解读出这种信息，就很难运用缩量形态展开短线操作。从极度的缩量形态中，我们可以发现主力潜藏于此股之中，此时在结合股价前期走势的基础之上，我们就可以有效地展开短线买入操作，毕竟相对低位区的个股来说，本来就已风险较低，若是有主力潜伏其中，后期的上涨潜力往往更是惊人。

图 7-1 为浙江东方（600120）2008 年 10 月 14 日至 12 月 31 日期间走势图，此股在此期间正处于深幅下跌后的低位区震荡运行。图 7-2 为此股 2008 年 10 月 14 日前走势图，从这幅图中可以看到，此股前期出现了深幅下跌，股价的深幅下跌是风险大量释放的标志，也是我们展开短线买入操作最好的背景。在图 7-1 中的走势图上，我们可以看到此股在此低位区间出现了一波反弹走势，且量能在股价反弹走势时出现了较为明显的放大，价格上涨时的放量是正常现象，它不是此股引起我们关注的原因所在，我们所关注的是在这一波反弹上涨走势后的回调走势中，虽然出现了连续的阴线形态，但

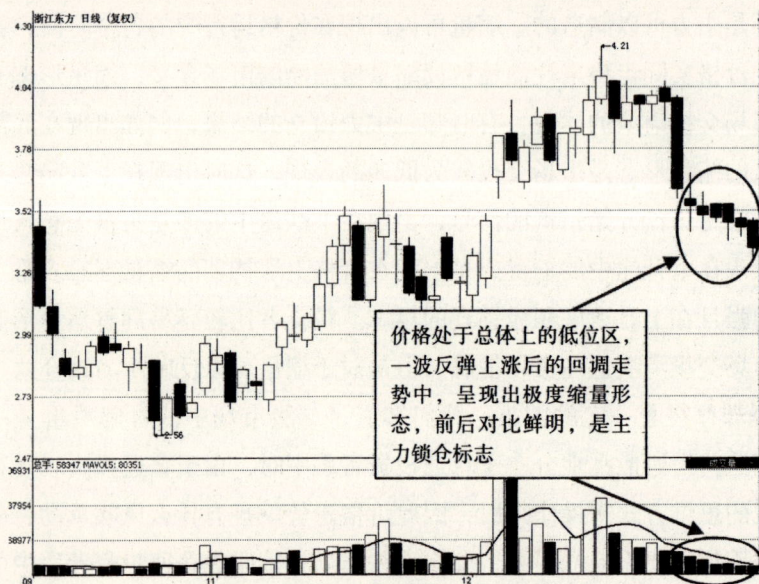

价格处于总体上的低位区，一波反弹上涨后的回调走势中，呈现出极度缩量形态，前后对比鲜明，是主力锁仓标志

图 7-1　浙江东方极度缩量形态示意图

是成交量相比之前上涨时量能出现的极度缩量形态，前后的量能效果对比鲜明，这种在前后量能鲜明对比中所呈现出来的极度缩量形态正是主力大力建仓、积极锁仓的标志，主力利用价格的快速反弹大力买入，导致二级市场中的浮筹大量减少，随后当股价出现回调走势时，由于主力的锁仓，大量的筹码处于锁定状态，没有参与二级市场中的交投过程，从而导致了此股出现这种放量上涨后的极度缩量回调走势。投资者在实盘操作中一定要格外关注这种形态，因为这种形态不仅是我们开展短线买入的信号，它同样是我们发现主力行为、捕捉中长线黑马的有效手段。

图 7-2 浙江东方 2008 年 10 月 14 日前走势图

图 7-3 为浙江东方极度缩量形态后的走势图，可以看到此股随后在主力的有效推动下，出现了一波强势上涨的走势，据笔者对这种极度缩量形态的研究，这种形态不仅是我们发现主力踪迹的有力标志，它同样是主力即将展开一波强势拉升的准确信号，因而这一形态可以成为我们有力的短线买入招式。

好的短线买入招式不仅能使我们在价格的相对低位展开操作，它应该同样能使我们在价格的相对高位区展开操作。因为，招式仅仅是表象，我们所要做的是理解招式所包含的市场含义，并结合价格的具体走势来进行实盘操作。在价格处于低位区时，我们的分析过程可以略为简单，因为价格的身处低位本身就是一种风险已大幅释放的信号，此时虽然短线收益并不明显，但是我们所承担的风险也相对较小；但是，当价格经过较长时间的上涨来到高位区时，我们就应系统、周全地进行分析，不仅要考虑极度缩量的市场含义，还要兼顾它之前的价格走势，只有这样，才能应付各种总体价格走势的背景，在任何市况下都开展成功的短线操作。

图 7-3　浙江东方极度缩量形态后走势图

　　图 7-4 为天兴仪表（000710）2009 年 2 月 19 日至 12 月 21 日期间走势图，此股在前期已出现了不小的累计涨幅，股价正处于相对高位区的震荡走势之中。如图标注所示，股价在震荡过程中的一波回调走势中出现了明显的缩量形态，这种过于明显的缩量形态究竟是市场交投不活跃的迹象还是主力锁仓的信号呢？此时，我们应结合价格之前的走势及此股的具体情况来分析。

　　图 7-5 为天兴仪表（000710）2009 年 10 月 26 日分时图。当日此股因公布重大资产注入事项（天兴仪表：拟以 10.68 元/股定向增发不超 7000 万股购买灯塔矿业 100%股权）而出现涨停板开盘的走势。对于一个总股本只有 1 亿多股的小盘股来说，这一资产注入行为无疑意味着上市公司的重大转型，属于重大利好消息，但此股当日的涨停板并没有封死，很快就被打开，从而

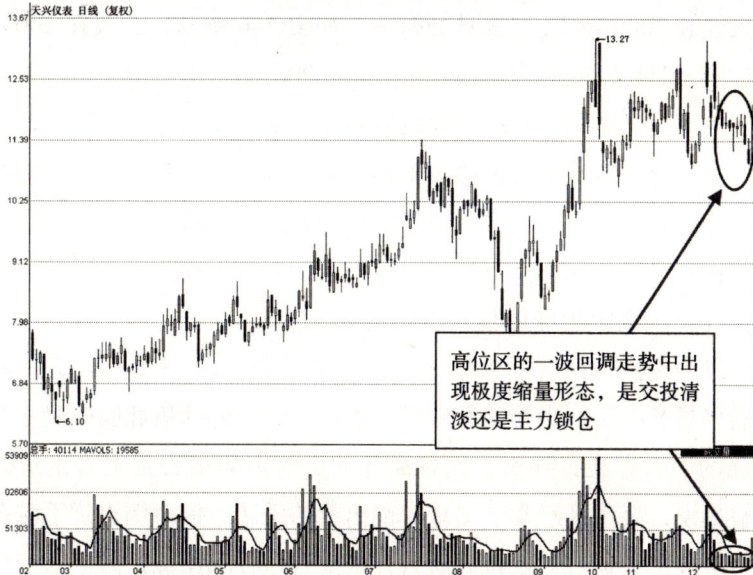

图 7-4 天兴仪表极度缩量形态示意图

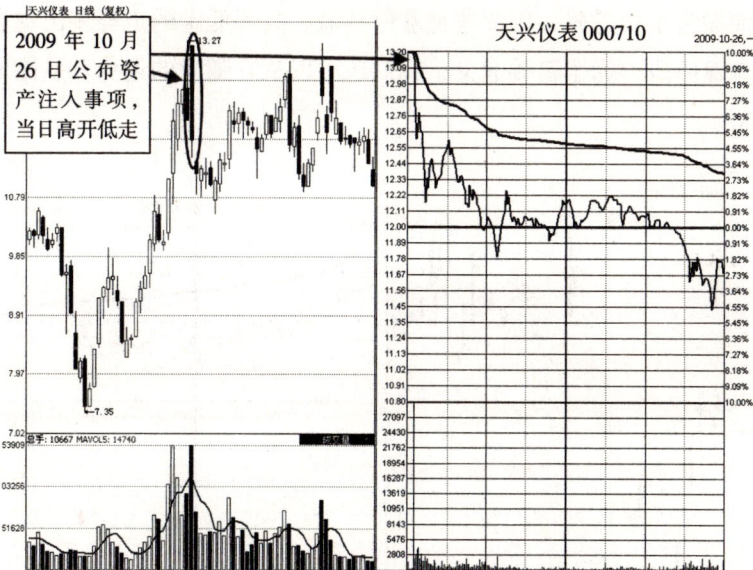

高位区的一波回调走势中出现极度缩量形态，是交投清淡还是主力锁仓

2009 年 10 月 26 日公布资产注入事项，当日高开低走

天兴仪表 000710

图 7-5 天兴仪表 2009 年 10 月 26 日分时图

出现了高开低走的走势，对于这种走势出现的原因，我们不必过于关注，它既可能是主力借利好出货导致，也有可能是主力控盘能力不强且并没有急于拉升此股的意图所致，因而，我们仍需仔细观察它随后的走势才能作出买卖决策。

　　天兴仪表 2009 年 12 月 3 日分时图，如图 7-6 所示，此股在 2009 年 10 月 26 日之后出现了高位区的震荡走势，在 2009 年 10 月 26 日至 12 月 3 日这段时间的震荡走势中，此股的阳线居多并出现明显的涨时放量、跌时缩量的形态，由于这一区域是价格的历史相对高位区，因此若是主力在此期间有明显的出货行为，那么在主力出货与散户获利抛出的双重抛压下，股价是不会出现这种走势的。如图 7-6 所示，2009 年 12 月 3 日此股在没有任何消息刺激的情况下再次出现涨停板开盘的走势，价格接近了 2009 年 10 月 26 日涨停板开盘的价位，这给了 2009 年 10 月 26 日至 12 月 3 日期间介入的投资者以获利出局的机会。当日的涨停板开盘可以让我们确信此股中确实有控盘能力较强的主力存在，那么，这种高开低走的走势是否是主力出货的手法呢？一般来说，高位区经常会出现对倒出货的手法，但对倒出货手法多是在盘中运行阶段主力通过对倒拉升所致，很少有这种利用涨停开盘来进行出货的，涨停开盘而不封死、股价节节走低，只会引发更多的获利散户因持股信心不足而抛售手中筹码，因此这种涨停开盘、高开低走的走势多出现在主力建仓或洗盘阶段。为了稳妥起见，我们还可以从它随后的走势及量能形态来着手分析。

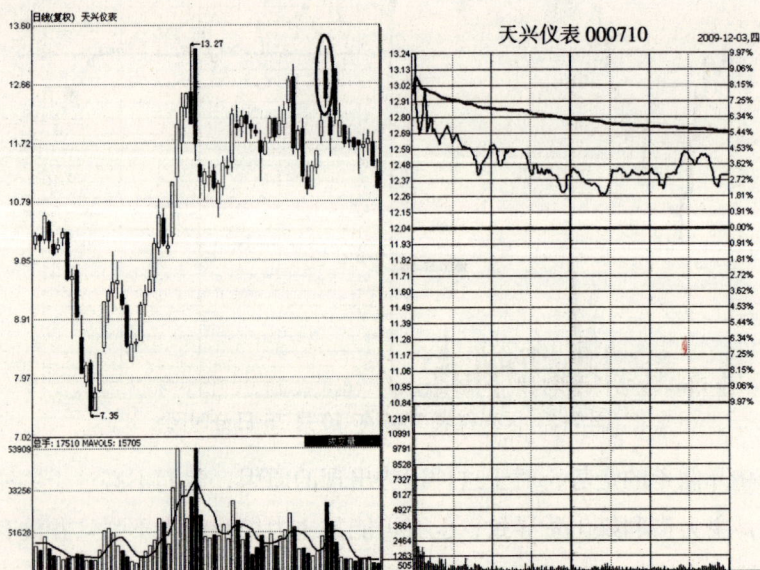

图 7-6　天兴仪表 2009 年 12 月 3 日分时图

让我们再回到图 7-6 中，如图 7-6 标注所示，在 2009 年 12 月 3 日之后的一小波回调走势中，我们可以看到其回调走势中的成交量处于极度缩量形态，主力出货虽然不一定会引起放量形态，但是却绝对不会出现这种极度缩量的形态，因为极度缩量形态会大大限制主力的出货行为。因此，我们可以推断，即使股价目前仍处于相对高位区，但主力仍旧有较强的锁仓意图，并没有急于出货，而且此股有重大的利好消息来支撑股价，其随后的反弹上涨走势是值得期待的。通过高位区的这种极度缩量形态，再结合个股的基本面改善情况，我们就可以在极度缩量形态出现后，股价处于盘整走势中的相对低位处积极买入，进行短线操作。图 7-7 为此股极度缩量形态出现后的走势图，此股随后在控盘主力的带动下出现了一波凌厉的上涨走势，而这波涨势已在之前的极度缩量形态中得以预示，正是主力在高位区的大力锁仓及强控盘能力才促使股价的升势再上一层。

图 7-7　天兴仪表极度缩量形态出现后走势图

图 7-8 为中电远达（600292）2012 年 12 月 25 日至 2013 年 5 月 2 日期间走势图，此股在前期出现了不小的涨幅，于此期间出现了高位区的震荡盘整走势，那么，这一盘整区间是否是个股上升走势见顶的标志呢？在大盘同期走势较为稳健的前提下，主力的控盘意图无疑是决定此股随后走势的关

键，如图7-8标注所示，此股在2013年4月17日之前的一波回调走势中成交量极度低迷，明显小于前期回调走势中的量能，这说明主力并没有杀跌出货的意图，因此在回调后，盘整区的相对低点就是我们短线介入的好时机。

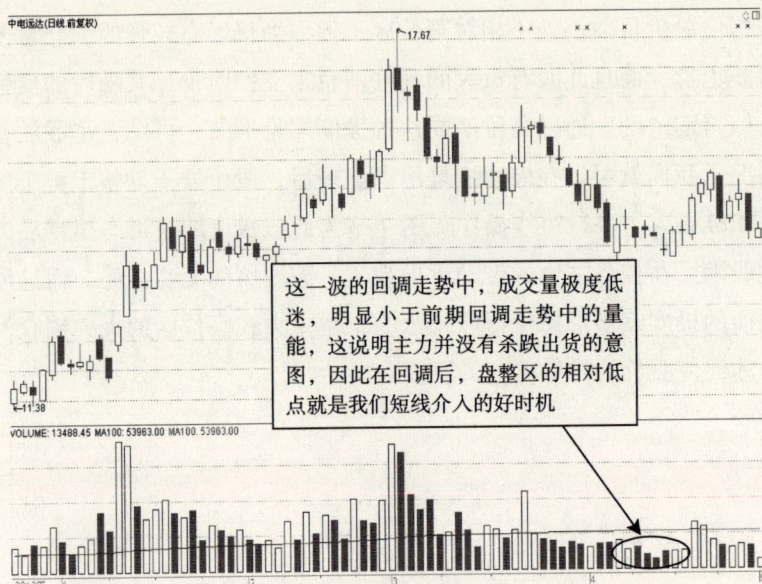

图7-8　中电远达极度缩量形态示意图

图7-9为中电远达极度缩量形态出现后的走势图，此股随后再次出现了一波强势上涨的走势，股价再升一层，而这波涨势已在之前的极度缩量形态中得以预示，正是主力在高位区的大力锁仓及强控盘能力才促使股价的升势再上一层。

图 7-9　中电远达极度缩量形态出现后走势图

第五招 步履盘升，凌锋一击
——关注涨势初期的巨幅放量点

价格的上升走势往往会经历一个由缓升到急升的过程，之所以会出现这种走势，一方面是源于市场人气的汇聚过程不是一蹴而就的，另一方面也是源于主力要在相对低位区进行时间相对较长的建仓操作，无论是市场人气的汇聚过程，还是主力的建仓行为，其本质都是为后期的升势积蓄充足的做多动能，只有在相对低位区聚集了充足的多方能量，股价的后期上涨行情才值得期待，其走势才能明显强于同期的大盘。主力的建仓、市场人气的汇聚势必促使个股的交投呈现出较为活跃的迹象，因此这时的量能会出现一定的放大，股价在量能放大的情况下也多出现缓升的走势，这说明是充足的买盘推动了价格的上涨。但是在稳步上涨之后的阶段性高点，往往会出现成交量再次巨幅放出的形态，同时在成交量巨幅放出的单日或几日内价格也呈直线上涨走势，这种走势及量能形态是值得我们关注的，因为它暴露了个股中有主力存在这样的信息，那么，这种低位区的阶段性高点放出的巨量是主力的建仓行为，还是出货行为呢？

其实，只要我们稍加思索，就可以理解它所蕴含的市场含义。首先，在巨幅放量出现的当日，价格处于上涨走势中且多会出现涨停板走势，这说明个股中有主力资金介入。其次，这种大幅放量出现在个股的相对低位区间，且之前出现了放量缓升的走势，因此我们可以推测，当日涌出的卖盘更有可能是那些阶段性获利的散户投资者，毕竟散户投资者有见利就走的习惯，而当日涌入的买盘则更多地来自于主力资金，因为只有那些有组织，可以形成合力的主力资金才有能力在个股当日如此之强的短期抛压下大力推高股价。最后，这种巨幅放量上涨的走势虽然出现在个股的相对低位区（从价格的整体走势中来看），但由于它多出现在一波快速上涨走势之后，因此当日的大幅放量也是个股短期内抛压较为沉重的表现，从另一个侧面也说明主力的持仓力度仍稍显不足；而且，主力也多会有在随后相对低位区继续建仓的意图，我们可以预期它随后将会出现一波回调走势。通过分析可知，巨幅放量上涨当日是以主力建仓为主导的，因此价格回调之后就是我们绝佳的短线买入时机，在回调过程中的缩量保证了主力的真实意图并非拉高出货，随后几日在少量卖盘的打压下，主力正好可以借此进行再次拉升前的洗盘，由于主力为了确保建仓资金的安全，多不会让股价出现过深的回调，依笔者经验来说，在价格回调至 10%~20% 的幅度内就是我们回调后的绝佳短线介入时机。

图 8-1 为红豆股份（600400）2008 年 9 月 8 日至 2009 年 1 月 5 日期间走势图，此股在深幅下跌之后出现了反转走势，股价稳步上涨，量能出现了稳步放大，这说明有资金在这一低位区持续买入此股。在股价的缓升走势持续了近两个月之后，我们就应意识到这时的价格走势已出现反转，目前正处于涨势初期，我们可以依据价格走势情况、量能形态、同期大盘走势等多方面因素来综合判断此股的总体走势情况，这对于价格总体走势的判断较为重要，它是我们开展短线操作的背景。

图 8-1　红豆股份涨势初期的巨幅放量点示意图

如图 8-1 标注所示，在放量缓升之后，红豆股份于 2008 年 12 月 22 日出现一个巨幅放量且股价创出阶段性的高点，这说明当日的交投较为激烈，考虑到此股正处于阶段性的高点，因此短线买入的普通投资者是有较强的获利出局的意图的，那么当日的买盘是否是主力资金呢？

图 8-2 为澳柯玛 2013 年 1 月 21 日分时图，当日此股强势上封涨停板，这说明此股中确有主力资金介入，而且其实力较强，由于主力只有在个股出现了明显的获利区间后才会进行出货操作，在 2013 年 1 月 21 日的放量上冲之后，此股出现了明显的缩量回调走势，在"第四招凌波微步，踏雪无痕——极度缩量形态中买股"中，我们知道，这种形态出现在低位区是主力利用放量形态进行建仓，并在随后的回调走势中积极锁仓而导致的，因此回调之后就是我们较好的短线介入点。

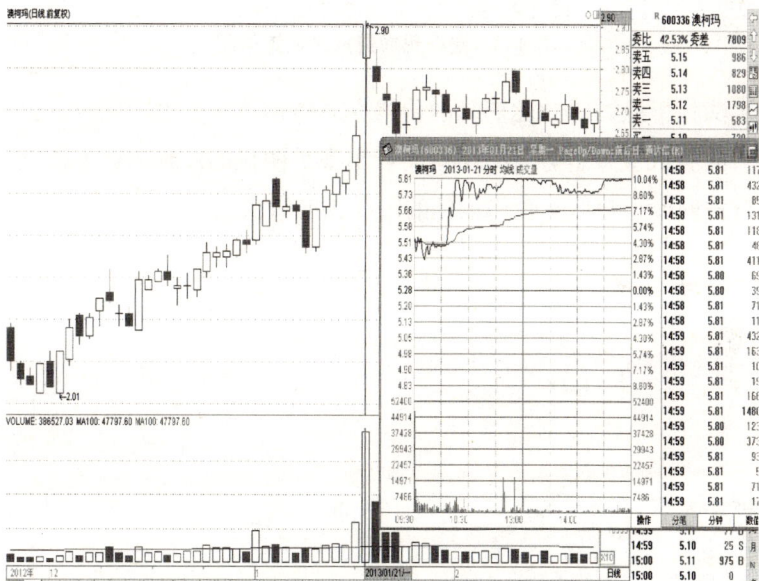

图 8-2　澳柯玛 2013 年 1 月 21 日分时图

图 8-3 为澳柯玛涨势初期放量点之后的走势图，此股在涨势初期的缓升后出现了明显的巨幅放量上冲走势（图中标注），其随后的回调阶段就是我们短线介入的最好时机。

图 8-4 为亚宝药业（600351）2012 年 9 月 17 日至 2013 年 4 月 9 日期间走势图，此股在此期间处于震荡缓升走势中，股价在 2012 年 12 月 4 日之

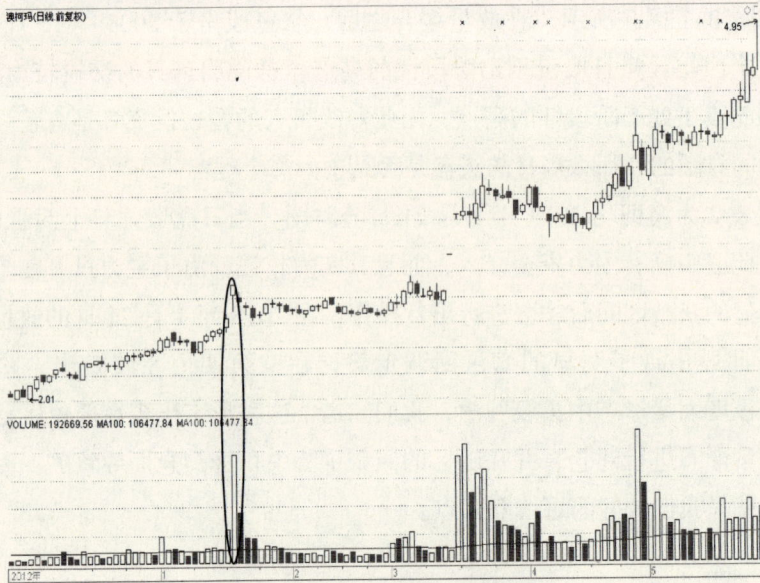

图 8-3　澳柯玛放量点之后走势图

前出现了深幅下跌，因此此期间的价格在总体走势图中处于低位区。如图标注所示，在股价缓升走势后的相对高点出现了明显的巨幅放量上冲点，随后出现的价格回调走势就是我们绝佳的短线买股时机。

图 8-4　亚宝药业涨势初期的巨幅放量点示意图

图 8-5 为亚宝药业放量点之后走势图，在价格缓升走势之后的巨幅放量点如图标注所示形成之后，股价在经过一段的盘整走势后就出现了一波回调走势，而这一波的回调就是我们绝佳的短线买入时机。

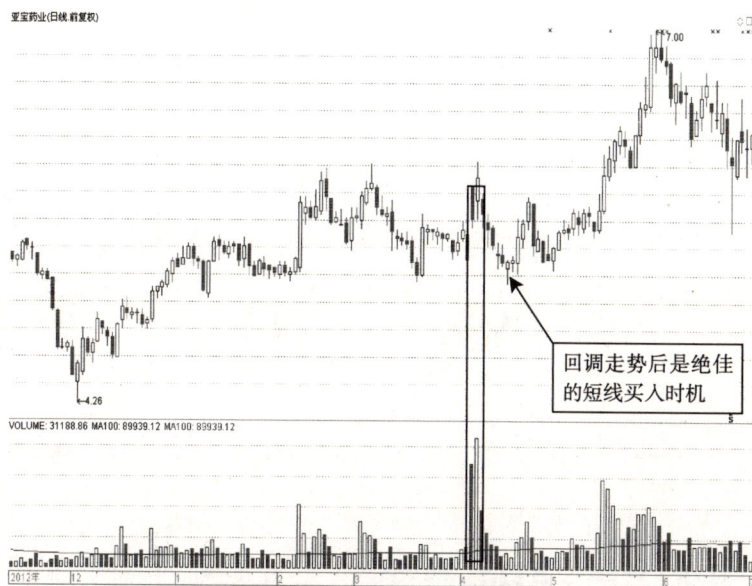

图 8-5　亚宝药业放量点之后走势图

图 8-6 为宏达股份（600331）2008 年 9 月 2 日至 2009 年 1 月 8 日期间走势图，此股在深幅下跌后的低位区出现反转走势，在持续的放量缓升走势已正式形成后（价格处于涨势初期已确立的情况下），出现了涨势初期的巨幅放量上冲点，通过前面的讲解，我们可以知道它随后的回调走势就是绝佳的短线买入时机，图 8-7 为此股巨幅放量点之后走势图。

图 8-8 为新世界（600628）2008 年 10 月 30 日至 2009 年 3 月 6 日期间走势图，如图标注所示，此股在涨势初期出现了一个明显的巨幅放量上涨点，但与前几个例子不同，此股在这一巨幅放量上涨点出现之后并没有明显的回调走势，而是出现了持续的上涨。虽然对于大多数个股来说，在涨势初期的巨幅放量点之后多会出现明显的回调走势，但情况也并非千篇一律地完全如此，当价格走势与众不同时，我们也应随机应变作出具体分析，对于此股而言，由于借涨势初期的巨幅放量点走势之后有一定的升幅，因此我们选择的短线买入价位也要相应地提高。如图 8-9 所示，当价格经一波回调走势

使得股价达到之前出现的巨幅放量点当日的价位水平时，我们就可以做短线
买入操作了。巨幅放量点之后的不同走势是决定我们短线介入价位、短线介
入时机的主导因素，在变幻莫测的股票市场中，只要我们明确这种"涨势初

图8-6　宏达股份涨势初期的巨幅放量点示意图

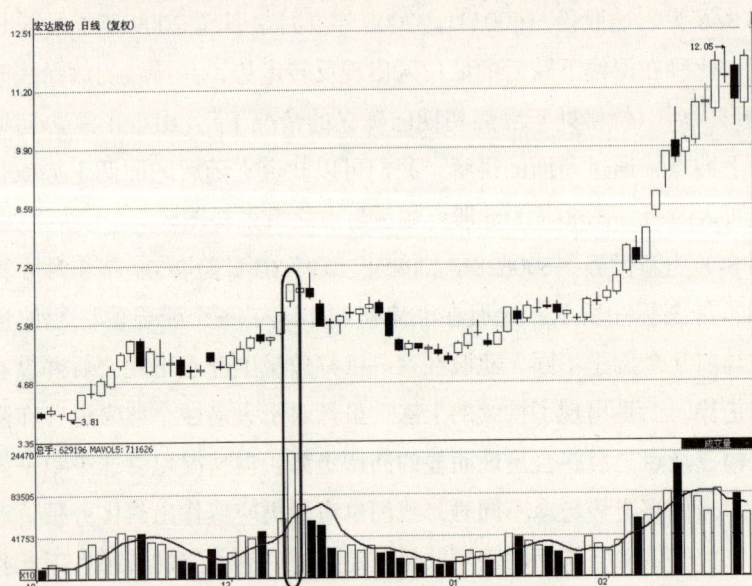

图8-7　宏达股份放量点之后走势图

图 8-8　新世界涨势初期的巨幅放量点示意图

由于巨幅放量点之后的价格走势是持续上涨的，因而当这一波回调走势使股价达到前期的放量点的价位时，我们就可以短线介入

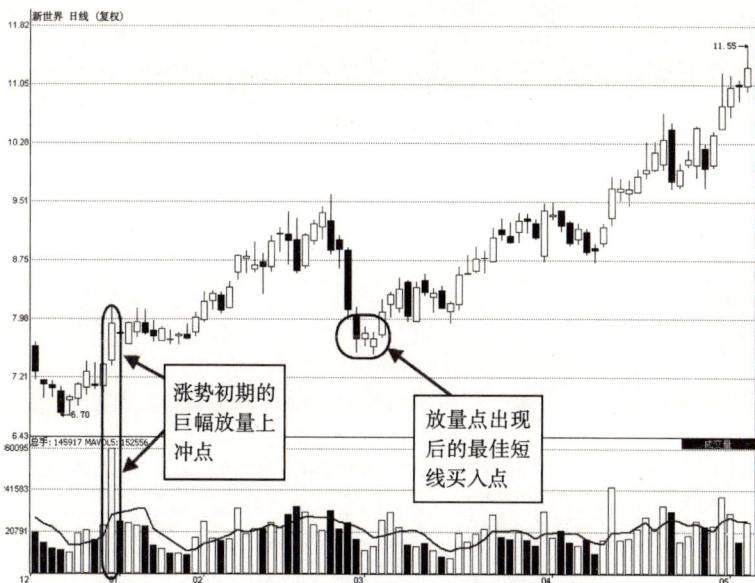

图 8-9　新世界放量点之后走势图

涨势初期的巨幅放量上冲点

放量点出现后的最佳短线买入点

期的巨幅放量点"所蕴涵的市场含义，就可以灵活应对各种情况，并在适当的时机实施短线买入操作。

第六招　柳叶飞刀，回旋舞动
——成果吞噬下的买入时机

柳叶飞刀的最大杀伤力在于其出手后可以回旋一击，此时飞刀的行进方向分为前后两个方向，往往令人防不胜防。同样，股市中的价格走势也有两个方向，即向上与向下。飞刀在出手后至旋转飞回是一个完整的过程，价格的一波上涨走势至下跌并回到前期上涨启动初期也是一个完整的过程；飞刀在出手后的一瞬间飞行力度最大，而价格在一波上涨走势开始时的力度是最大的；发出飞刀的人可以在飞刀旋转飞回之后将其接住，因为此时飞刀的速度已明显下降，同样我们也可以在股价跌回至一波上涨走势启动时的价位将其接回。因为此时空方的抛压正处于阶段性的枯竭阶段，当价格出现了这种吞噬前期上涨成果的走势时，我们就可以将其称为"成果吞噬"走势，这一形态多是我们的短线买入时机。

在应用"成果吞噬"这一买入时机时，还应注意以下三点：一是应注意价格的总体走势特征，一般来说，只有价格走势在前期处于稳定的上升通道，"成果吞噬"形态体现为价格在上升走势中创出新高后的大幅回调走势时，我们才可以在"成果吞噬"形态出现后积极地展开短线买入操作；反之，若个股前期处于下跌走势中，"成果吞噬"形态体现为价格在下跌途中的一波反弹走势后的再次下跌走势，则我们就不宜介入此股了。二是应注意价格前期的累计涨幅，若价格前期的累计涨幅较小，"成果吞噬"形态既可以作为我们的短线买入信号，也可以作为我们中长线布局的信号。三是注意"成果吞噬"形态的时间跨度，我们在本招式中所讲解的"成果吞噬"形态是指时间跨度相对较长的一种形态，其持续时间往往达到一个月以上，若时间太短（如只有数个交易日），则这仅仅是一种回调走势，并不是我们所讲的"成果吞噬"形态。

图 9-1 为旭光股份（600353）2012 年 6 月 27 日至 2013 年 6 月 26 日期间走势图，如图 9-1 标注所示，此股在震荡缓升之后的盘整走势之后出现了一波较为凌厉的上涨走势，但是这一波的上涨走势成果并没有得以保存，在空方的持续抛售下，股价再次跌回到了这一波上涨行情的启动位置处，此时就出现了我们本招式中所讲的"成果吞噬"形态。这一形态的出现是以价格前期的稳健上涨，股价的累计涨幅不大为背景的，因此当价格经过一轮上涨行情后再次跌回到突破启动点的位置时，多意味着空方的抛压已近枯竭，因此是我们的短线买股好时机。

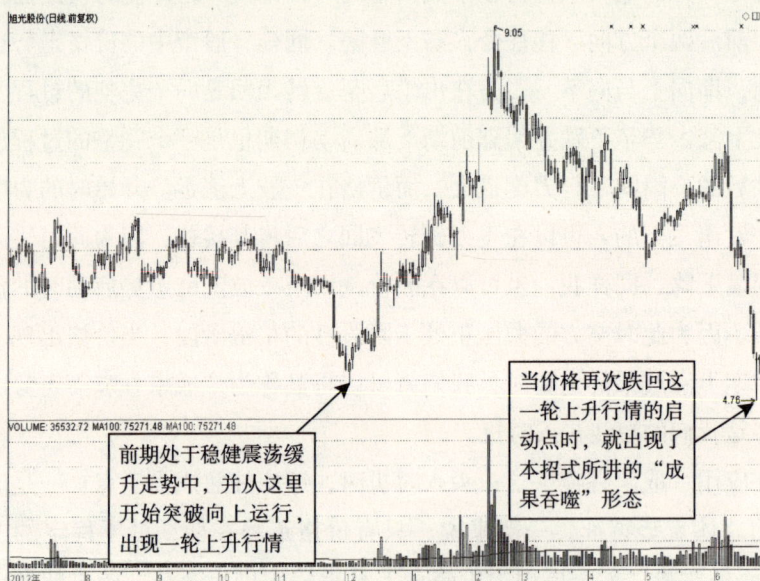

图 9-1　旭光股份"成果吞噬"形态示意图

图 9-2 为旭光股份"成果吞噬"形态后的股价走势图，在"成果吞噬"形态中所包含的一轮上涨行情的启动点处就是最好的短线买股时机。

图 9-3 为达安基因（002030）2009 年 2 月 4 日至 8 月 21 日期间走势图，此股在 2009 年 2 月 4 日之后处于稳健的上升走势中，在这种稳健上涨走势的背景下，此股开始了一轮快速上涨走势，从第一启动平台至这一轮上涨行情的顶点，股价在短时间内出现了翻倍行情，这种阶段性过大的涨幅也使得我们应用"成果吞噬"形态时应结合具体情况，即股价的下跌走势很难使得它吞噬这之前所出现的一倍涨幅，因此我们可以在股价回调至第二启动平台

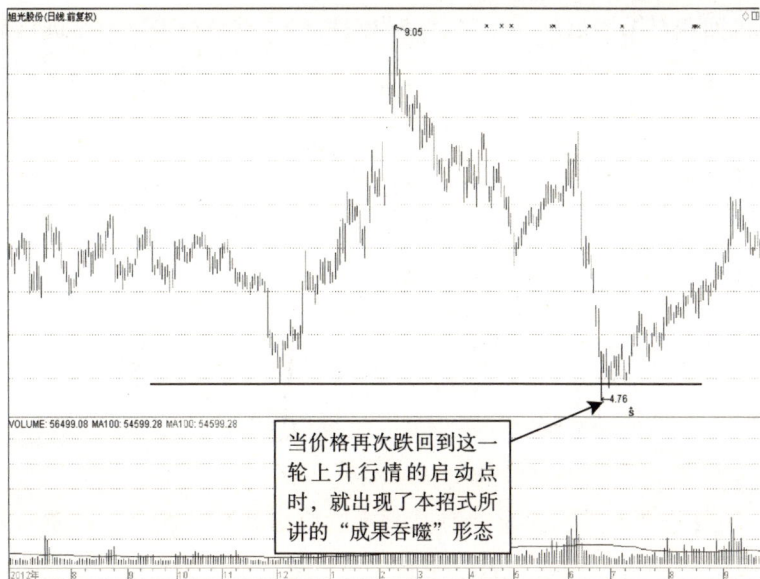

当价格再次跌回到这一轮上升行情的启动点时，就出现了本招式所讲的"成果吞噬"形态

图9-2　旭光股份"成果吞噬"形态后走势图

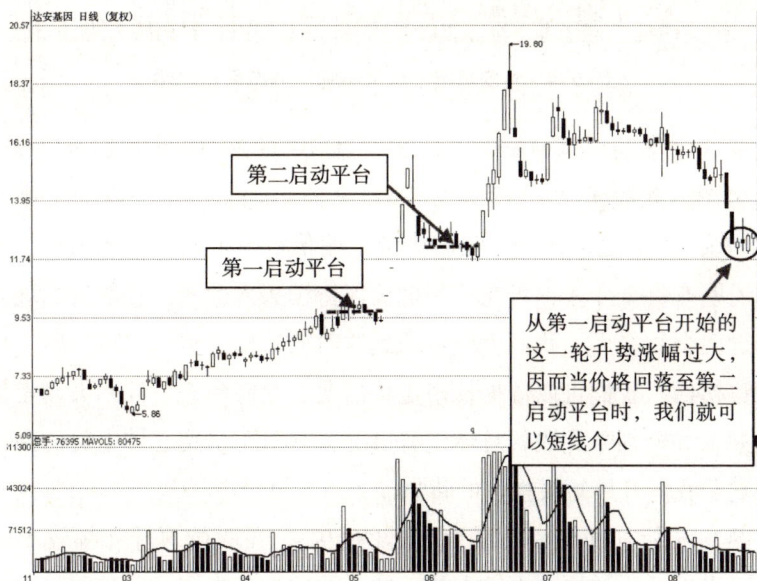

第二启动平台

第一启动平台

从第一启动平台开始的这一轮升势涨幅过大，因而当价格回落至第二启动平台时，我们就可以短线介入

图9-3　达安基因"成果吞噬"形态示意图

处（此时已吞噬了大部分的上涨成果）积极介入，展开短线买股操作。图9-4 为达安基因出现"成果吞噬"形态后走势图，从图中走势可以看出，当股价回调至第二启动平台处后，价格随后展开了一波强有力的反弹上涨走势，

而当股价回调至第二启动平台时就是我们利用"成果吞噬"形态进行短线买入的最好时机。

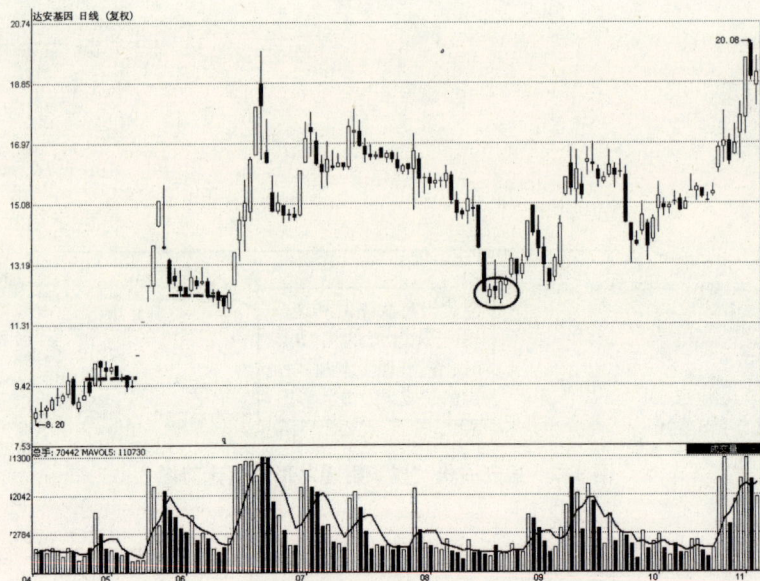

图9-4 达安基因"成果吞噬"形态后走势图

图9-5为华菱星马（600375）2012年10月30日至2013年4月15日期间走势图，此股于2013年4月15日之前出现了深幅下跌的走势，而在2013年4月15日之后出现了反转走势，股价稳步上涨，量能出现了稳步放大，这说明有资金介入，可在这一低位区持续买入此股。在股价的缓升走势持续了近两个月之后，我们就应意识到这时的价格走势已出现反转，目前正处于涨势初期，我们可以依据价格走势情况、量能形态、同期大盘走势等多方面因素来综合判断此股的总体走势情况，这对于价格总体走势的判断较为重要，它是我们开展短线操作的背景。

如图9-5标注所示，在震荡缓升的途中，在股价累计涨幅较小的情况下，此股出现了一波快速上涨走势，这一波的上涨出现了明显的量能放大形态，说明有资金在持续大力介入此股。这种良好的放量上涨形态多是源于主力资金的快速介入。但此股随后在大盘快速回调的带动下并没有保住这一波上涨走势的成果，出现了"成果吞噬"。通过前面的分析讲解，我们知道，对于此股来说，由于它此时的累计涨幅较小，因此这种"成果吞噬"形态既可以当作短线买股的时机，也可以当作中长线入场布局的信号。

图9-5　华菱星马"成果吞噬"形态示意图

图9-6为华菱星马"成果吞噬"形态后走势图，从图中可以看到，此股后期出现了良好的上涨走势，在"吞噬点"处买入不仅是很好的短线买股时

图9-6　华菱星马"成果吞噬"形态后走势图

机，也同样是很好的中长线买股时机。

图9-7为新疆天业（600075）2008年12月2日至2009年9月9日期间走势图，此股在震荡缓升的总体价格走势中出现了长期横盘震荡的走势。如图中标注所示，一波的快速上涨使得股价向上突破盘整走势，随后在空方的打压下，这一轮的上涨成果并没有得以保存，在价格达到吞噬点的位置时，投资者可以积极地展开短线买入操作。对于前面所讲解的例子来说，当价格达到吞噬点的位置时，就很难再次出现创近期新低的走势，然而，此股的走势有所不同，了解同一形态下的更多不同走势情况有助于我们灵活应对各种复杂的局面。此股在价格达到"吞噬点"后，于随后的2009年8月31日出现了一个跌停板的创新低走势（图9-8为新疆天业2009年8月31日分时图），跌停板的出现说明空方的抛压仍较为沉重，但投资者也不可因为这一个跌停板就盲目杀跌出局，因为在我们买入个股后，它出现一定的上下浮动是完全正常的，况且在"成果吞噬点"进行买股，由于成果吞噬点这一位置本身就是空方力量趋于枯竭的位置，因此我们切不可因为这一随后出现的跌停板走势就盲目割肉出局，此时最好的策略便是观察此股随后的走势，看看是否有更好的加仓时机。

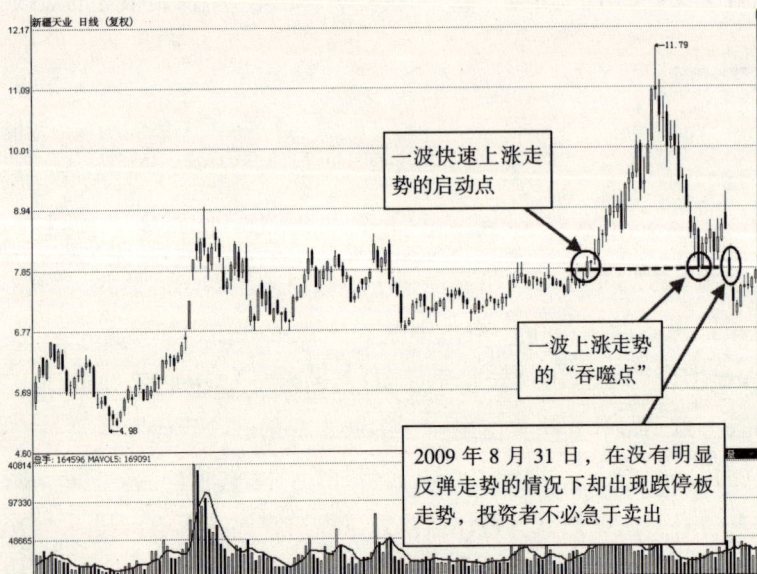

图9-7　新疆天业"成果吞噬"示意图

新疆天业 日线（复权）

新疆天业 600075　　　　　2009-08-31,一

2009 年 8 月 31 日

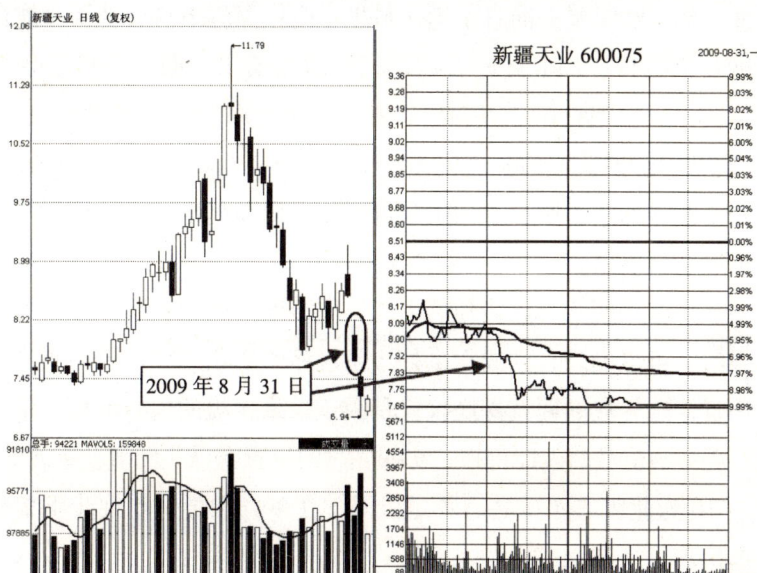

图 9-8　新疆天业 2009 年 8 月 31 日分时图

图 9-9 为此股 2009 年 8 月 31 日跌停板后的走势图，此股在 2009 年 8 月 31 日的跌停板后出现了一波反弹上涨走势，这一波的反弹上涨使得我们前期在成果"吞噬点"买入的股票处于解套状态，由于前期的快速下跌使得此股

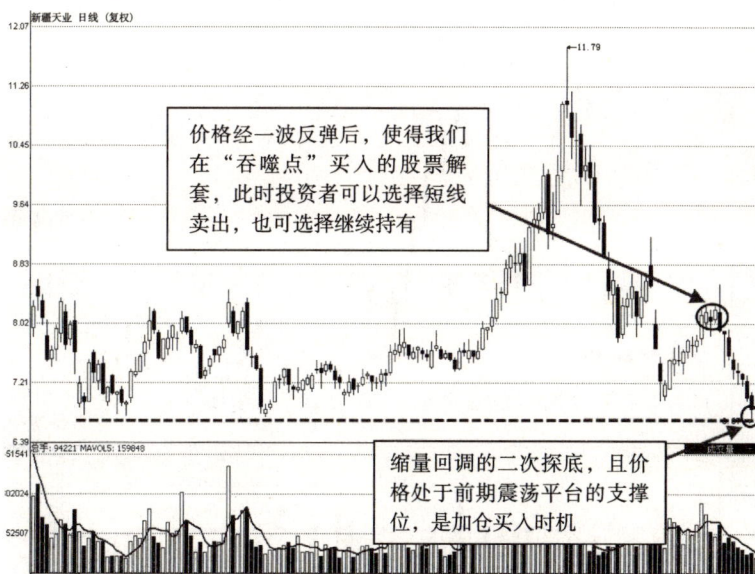

新疆天业 日线（复权）

价格经一波反弹后，使得我们在"吞噬点"买入的股票解套，此时投资者可以选择短线卖出，也可选择继续持有

缩量回调的二次探底，且价格处于前期震荡平台的支撑位，是加仓买入时机

图 9-9　新疆天业成果"吞噬后"的二次探底走势

很难快速汇集买盘人气，而且主力一般也不会在深幅下跌后的第一波反弹走势就大幅拉升股价，因此此时我们可以暂时先卖出个股，若投资者担心踏空，可以卖出一半的仓位，以备随后股价再度回调后好在相对低位区买入，这便是我们的短线操作策略。不追涨杀跌，而要在相对合适的时机介入个股、减仓个股或加仓个股，好的策略可以使我们即使出现了短期浮亏，也一样可以最终获利出局。

如图 9-9 标注所示，此股随后出现一波再度探底的走势，这一波的回调走势出现时，可以发现它的成交量处于明显缩小的状态，这说明主力资金没有杀跌出货，这一波的回调探底仅仅是源于少量卖盘的信心不足，是空方力量阶段性耗尽的信号，因此价格二次探底时的位置就是我们加仓买入的时机。

图 9-10 为此股二次探底后的走势图，在多方能量开始逐步汇集的情况下，此股出现了一波强有力的上涨走势，运用"成果吞噬"这一买入招式并灵活地结合个股的实际走势，将使我们很好地把握一波短线行情。通过此例的分析，我们也可以得出一个结论，即各种买入或卖出招式虽然较为固定，但只要投资者理解了这一招式所蕴涵的市场含义，就可以灵活应对价格的不定走势，做到心中有数、稳中求胜。对于本招式来说，当我们在"成果吞

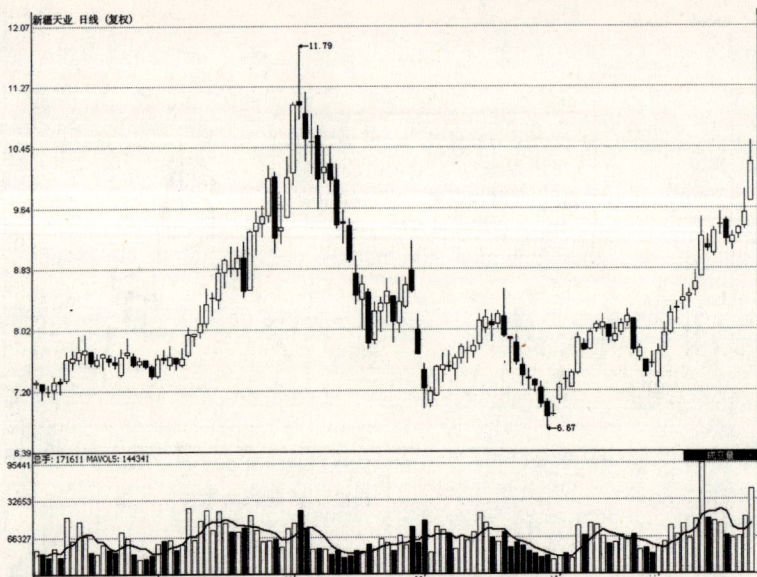

图 9-10　新疆天业二次探底后走势图

噬"形态下的"吞噬点"买入个股后，就应知道这一点位已是阶段性空方力量趋于枯竭的点位，因此在随后的价格震荡走势中，即使个股再次出现了一波下跌走势，我们也没必要出现不安的情绪，而应积极分析股价下跌的原因及量能等盘面信息，从而为随后展开减仓、加仓等买卖策略作出理性选择。

第七招　借力用力，太极推手
——利用均线展开短线买入操作

武学领域博大精深，太极更是其中一门玄妙高深的功夫，其最大的魅力在于它的借力用力，当对手全力一击后，利用太极可以顺势化解并反作用于对手自身，对手的这一击就如同打在了有弹力的物体之上。同样，在价格处于明显的上升或下跌走势中时，也存在着这种弹力，上升趋势中的弹力体现在一波回调走势后所出现的支撑力，下跌趋势中的弹力则体现为一波反弹走势中的阻力。很明显，当价格处于上升趋势中时，在其回调走势中受到支撑力的位置处就是很好的短线买入时机，因为趋势一旦形成就具有极强的惯性，当价格处于明显的上升趋势中时，股价会在支撑力的不断反弹作用下向上运行，那么，我们如何把握上升趋势中具有支撑力的位置呢？或者说，我们应如何把握上升趋势中的回调买入良机呢？当价格处于明显的下跌趋势时，股价在短期快速下跌后也会因抄底盘、做反弹盘的介入而反弹上涨，那么，我们如何把握上升下跌趋势中的反弹点呢？或者说，我们该如何把握下跌趋势中的反弹买入良机呢？其实，这种上升趋势中的"上涨—回调—再上涨"的走势、下跌趋势中的"下跌—反弹—再下跌"的走势在周期长短不一的移动平均线系统中得到了全面的体现。前面我们讲解了如何利用均线形态识别价格的总体运行趋势，本招式中，我们将结合周期长短不一的移动平均线所具有的"分离—聚合—再分离"来展开短线买入操作。

我们知道，上升趋势是一个市场平均持仓成本不断走高的过程，且周期较短的市场平均持仓成本位于周期相对较长的市场平均持仓成本上方，表现在移动平均线上的形态就是：周期相对较短的移动平均线运行于周期相对较长的移动平均线上方，整个均线系统处于向上运行的发散状态，我们称这种形态为"移动平均线的多头排列形态"。这种多头形态仅仅是移动平均线对于上升趋势的一种直观反映。此外，移动平均线形态还可以细致地刻画上升趋势的价格运行特点，虽然上升趋势是一个市场平均持仓成本不断走高的过程，但通过观察我们可以发现，短期的市场平均持仓成本往往会在短时间内出现快速上升（体现为短期均线快速向上运行并脱离中长期均线），但由于中长线的市场平均持仓成本对于短期的市场平均持仓成本有着较强的"吸引力"，因此短期平均持仓成本有再次向下靠拢中长期平均持仓成本的倾向（体现为短期均线向下再次靠拢中长期均线）。而当短期均线回调至中长期均线附近时，由于上升趋势的巨大惯性、买盘的逢低介入等原因，中长期均线就如同一个跳板一般再次将短期均线向上弹起，因此当短期均线经一波回调至中长期均线附近时就是我们在上升趋势中最好的买入时机。

与上升趋势刚好相反，下跌趋势则是一个市场平均持仓成本不断走低的过程，周期较短的市场平均持仓成本位于周期相对较长的市场平均持仓成本下方，表现在移动平均线上的形态就是：周期相对较短的移动平均线运行于周期相对较长的移动平均线下方，且整个均线系统处于向下运行的发散状态，我们称这种形态为"移动平均线的空头排列形态"。这种空头形态仅仅是移动平均线对于下跌趋势的一种直观反映。此外，移动平均线形态还可以细致地刻画下跌趋势的价格运行特点，虽然下跌趋势是一个市场平均持仓成本不断走低的过程，但通过观察我们可以发现，短期的市场平均持仓成本往往会在短时间内出现快速下降（体现为短期均线快速向下运行并脱离中长期均线），但由于中长期均线的市场平均持仓成本对于短期的市场平均持仓成本有着较强的"吸引力"，因此短期平均持仓成本有再次向上靠拢中长期平均持仓成本的倾向（体现为短期均线向上再次靠拢中长期均线）。可以说，当短期均线快速下降并远离中长期均线时，由于短期内空方力量的枯竭、买盘的逢低介入等原因，短期均线就如同受到了中长期均线的"吸引"一般再度向上反弹，因此当短期均线快速下降并远离中长期均线时就是我们在下跌趋势中最好的买入时机。

图10-1为上海金陵（600621）2009年1月16日至7月13日期间走势图，图中由细到粗的三条均线分别为5日移动平均线MA5、30日移动平均线MA30、60日移动平均线MA60，其中MA5为典型的短期移动平均线。据笔者经验来说，MA30及MA60可以较好地反映市场的中期平均持仓成本分

布情况，故 MA30、MA60 可以称为中期移动平均线。长期移动平均线如 MA120、MA240 由于周期时间过长，对于短线买卖操作意义不大，因此在图中未作标示。如图所示，此股在此期间处于上升趋势中，均线呈多头形态排列。如图标注所示，当短期均线在买盘的推动下快速向上脱离中期均线后，由于中期均线对短期均线有较强的吸引力，随后短期均线有再次向下靠拢中期均线的倾向，当短期均线经一波回调再次靠拢中期均线时就是我们在上升趋势中最好的短线买入时机。

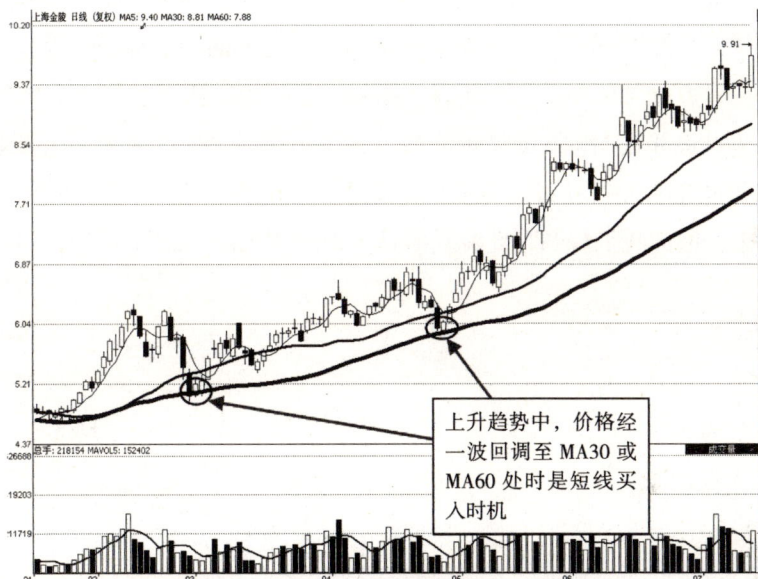

图 10-1 上海金陵上升趋势均线买入示意图

　　至于是在股价回调至 MA30 处买入还是等股价回调至 MA60 处买入，依笔者经验来说，我们可以从两方面着手考虑。一是考虑个股的实际回调走势情况，一般来说，只有当一波回调走势后出现短期一两个交易日的企稳形态时，才是我们短线介入的最好时机，此时这种企稳形态多会以深幅下跌后的小阳线形态呈现出来。二是考虑上升趋势的角度，一般来说，当上升的角度较为陡峭时，MA5、MA30、MA60 三条均线相互之间的分离程度会较大，当 MA5 经一波回调至 MA30 附近时，就代表个股的短期回调幅度已经很大，MA30 即可对股价形成良好的支撑作用，此时若非有重大利空导致趋势转向，股价是难以回调至 MA60 处的，于是我们可以考虑在股价回调至 MA30 处时短线介入。当上升趋势的角度较为平缓时，MA5、MA30、MA60 三条均线相互之间的分离程度较小，MA30 与 MA60 之间的距离也较短，股价经短期的一波回调至 MA30 附近时很有可能出现股价回调幅度并不大的情况，短期均线完全有可能在一波回调走势中接近 MA60，此时投资者不妨结合股价的具体走势，等股价回调至 MA60 附近处再做短线买入操作。

图 10-2 为双钱股份（600623）2008 年 12 月 19 日至 2009 年 8 月 12 日期间走势图，此股在此期间处于上升趋势中，均线呈多头排列形态。在明确了上升趋势这一大背景后，我们所要展开的短线操作策略就是在回调后的相对低点买入。如图标注所示，在第一次的一波明显回调走势中，当股价回调至 MA60 附近时才出现了一个明显小阳线企稳形态，因此我们就应结合此时它的具体走势并在 MA60 处做短线买入操作；从图中标注的第二次回调及第三次回调走势中可以看到，当股价回调至 MA30 附近时就出现了明显小阳线企稳形态，因此我们应结合此时它的具体走势在 MA30 处做短线买入操作。

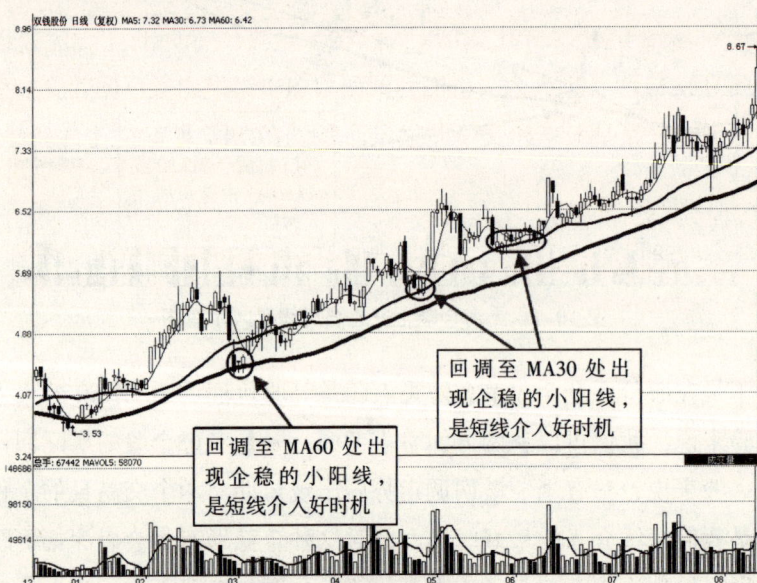

图 10-2 双钱股份上升趋势均线买入示意图

图 10-3 为民生银行（600016）2008 年 7 月 10 日至 2009 年 3 月 30 日期间走势图，此股前期处于下跌趋势中，均线呈空头排列形态，随后在股价止跌企稳及回升的走势下，均线开始呈现出多头排列形态。这种均线排列形态

的改变暗示着市场的趋势已悄然转变，但在价格运行趋势由跌势转为升势之初，市场中还存在着一定的做空动能，因而我们不必在均线的多头排列形成之初就急于介入，我们可以等到多头排列形成后且股价再次出现一波回调，股价向下接近 MA30 或 MA60 附近时再择机介入，此时可以买在近期的相对低点上，既降低了短期被套的风险，又保证了我们的短期利润空间。

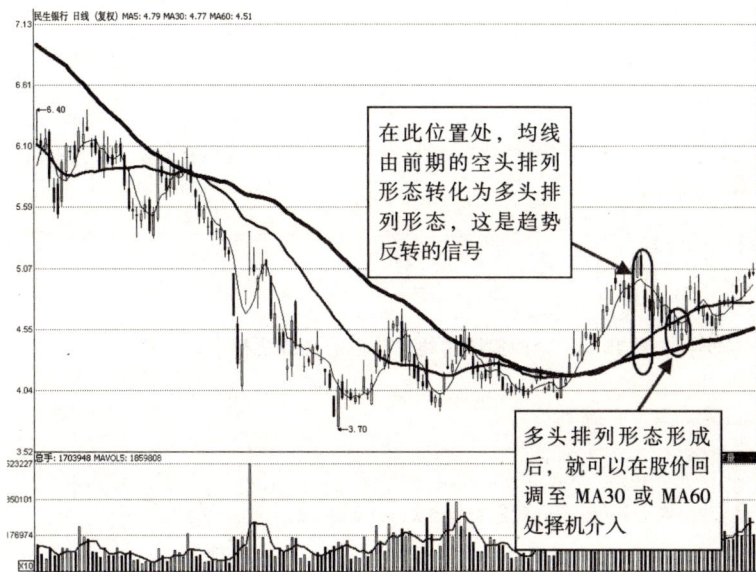

图 10-3　民生银行均线多头形态形成之初买入示意图

图 10-4 为金地集团（600383）2012 年 7 月 16 至 11 月 30 日期间走势图。图 10-5 为此股随后走势图，在均线开始呈多头排列的背景下，如果我们可以在随后的一波回调走势中于 MA30 附近处介入，就可以分享此股随后的一波短期强势上涨行情。

图 10-6 为宝钢股份（600019）2009 年 1 月 12 日至 7 月 31 日期间走势图，此股在此期间处于上升趋势中，均线呈多头形态排列。如图标注所示，当短期均线在买盘的推动下快速向上脱离中期均线后，由于中期均线对短期均线有较强的吸引力，因此随后短期均线有再次向下靠拢中期均线的倾向，当短期均线经一波回调再次靠拢中期均线时就是我们在上升趋势中最好的短线买入时机。

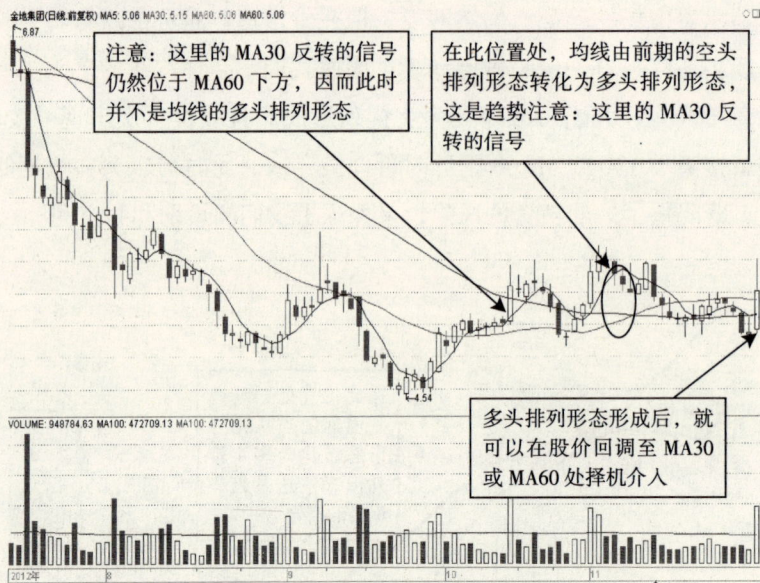

注意：这里的 MA30 反转的信号仍然位于 MA60 下方，因而此时并不是均线的多头排列形态

在此位置处，均线由前期的空头排列形态转化为多头排列形态，这是趋势注意：这里的 MA30 反转的信号

多头排列形态形成后，就可以在股价回调至 MA30 或 MA60 处择机介入

图 10-4　金地集团均线多头形态形成之初买入示意图

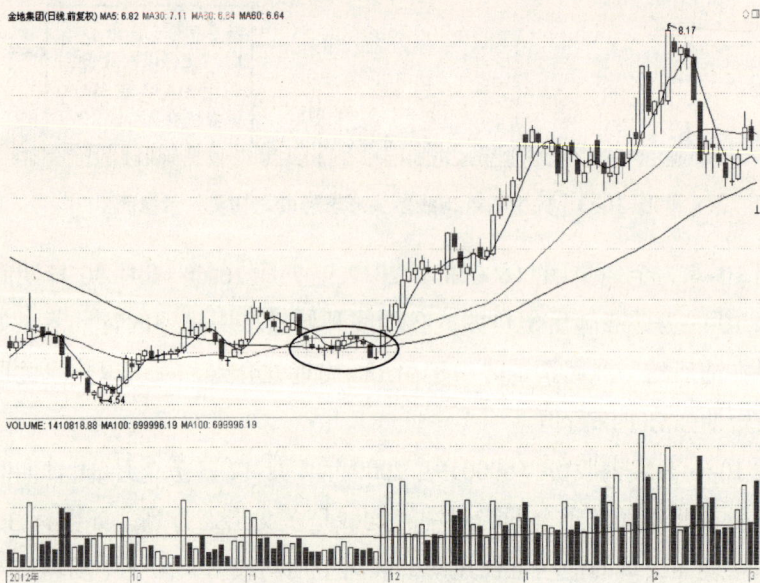

图 10-5　金地集团后期走势图

图 10-7 为敦煌种业（600354）2012 年 2 月 17 日至 2013 年 2 月 18 日期间走势图，此股在此期间处于下跌趋势中，周期长短不一的均线呈现空头排列形态。在这一背景下，我们所要展开的短线操作策略就是博取反弹行

图 10-6　宝钢股份上升趋势均线买入示意图

情。我们知道，下跌趋势是一个市场平均持仓成本不断走低的过程，短期的市场平均持仓成本往往会在短时间内出现快速下降（体现为短期均线快速向下运行并脱离中长期均线），但由于中长线期的市场平均持仓成本对于短期

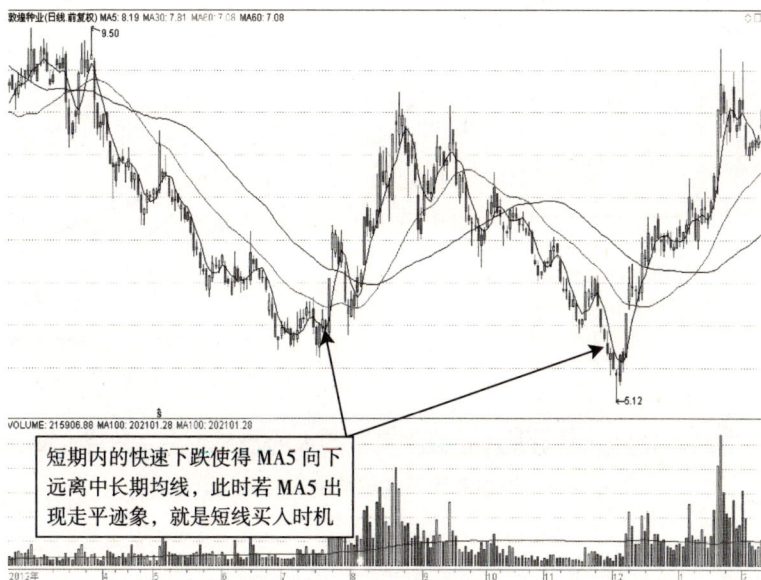

短期内的快速下跌使得 MA5 向下远离中长期均线，此时若 MA5 出现走平迹象，就是短线买入时机

图 10-7　敦煌种业下跌趋势中均线买入示意图

的市场平均持仓成本有着较强的"吸引力"，因此短期平均持仓成本有再次向上靠拢中长期平均持仓成本的倾向（体现为短期均线向上再次靠拢中长期均线）。可以说，当短期均线快速下降并远离中长期均线时，由于短期内空方力量的枯竭、买盘的逢低介入等原因，短期均线就如同受到了中长期均线的"吸引"一般再度向上反弹。在实盘操作中，当短期均线 MA5 在短期内向下快速脱离中期均线 MA30 及 MA60 后，此时如果 MA5 出现走平迹象，就是我们在下跌趋势中博取反弹行情的最佳买入时机。

图 10-8 为亚盛集团（600108）2008 年 3 月 14 日至 11 月 4 日期间走势图，在此期间此股的均线呈空头排列形态，价格走势处于下跌趋势中，我们能做的短线操作就是逢低介入，博取反弹行情。下跌趋势是一个市场平均持仓成本不断走低的过程，短期的市场平均持仓成本往往会在短时间内出现快速下降，如图标注所示，当短期均线 MA5 在短期内向下快速脱离中期均线 MA30 及 MA60 后，此时如果 MA5 出现走平迹象，就是我们在下跌趋势中博取反弹行情的最佳买入时机。

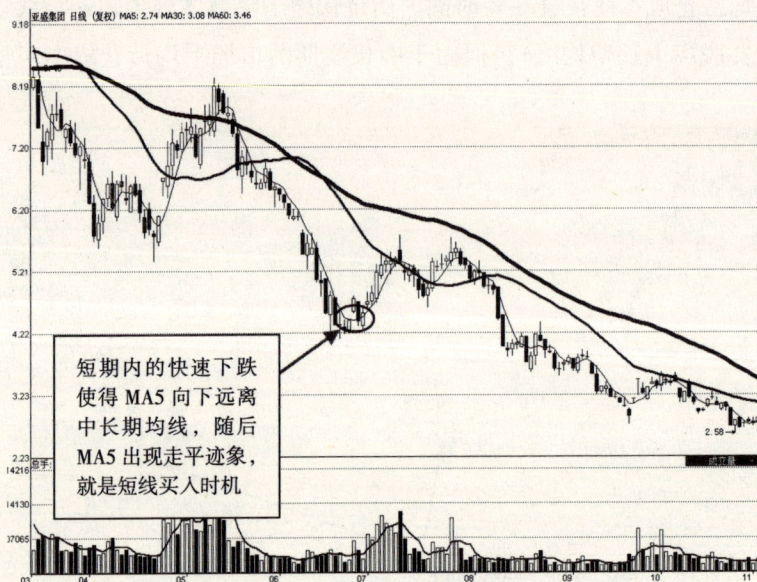

图 10-8　亚盛集团下跌趋势中均线买入示意图

第八招　势冲云霄，比翼双飞
——B 股异动下的 A 股启动信号

内地的股票市场分为 A 股与 B 股，所谓 A 股就是内地普通投资者参与的股市，A 股的正式名称是人民币普通股票，它是由我国境内的公司发行，供境内机构、组织或个人（不含台、港、澳投资者）以人民币认购和交易的普通股股票。如我们常说的上证 A 股、深证 A 股，它们分别指在上海证券交易所上市交易的 A 股市场、在深圳证券交易所上市交易的 A 股市场。除了在这两个交易所上市的 A 股市场外，在这两个交易所上市的还有相应的 B 股市场。

B 股的正式名称是人民币特种股票，是以人民币为股票面值，以外币为认购和交易币种的股票。B 股公司的注册地和上市地都在境内，其上市交易的场所是上海、深圳证券交易所，它的投资人限于：外国的自然人、法人和其他组织，香港、澳门、中国台湾地区的自然人、法人和其他组织，定居在国外的中国公民，中国证监会规定的其他投资人。现阶段 B 股的投资人，主要是上述几类中的机构投资者。现阶段，国内投资者只要有美元也可以开户投资 B 股。值得注意的一点是，B 股的单日涨跌幅限制也为 10%，但其实行T+3 的交易制度，深市挂牌的 B 股则以港元计价，沪市挂牌的 B 股以美元计价，故两市股价差异较大，投资者在查看 B 股的股价时可以将其换算成人民币单位，这样就可以了解 A 股与它们的差价情况。

B 股与 A 股看似是两个相对独立的交易市场，实则不然，在 B 股市场中上市交易的很多股份公司往往也同时在 A 股市场中上市交易（如 A 股中的中集集团 000039 与 B 股中的中集集团 B200039 相对应，A 股中的万科A000002 与 B 股中万科 B200002 相对应），因此相应的 A 股与 B 股均指代同一家上市公司，这就使得相应 A 股与 B 股之间的股价、走势等因素存在着较多的共性，但由于两个市场的投资者群体并不相同，故两个市场往往会形成一定的差价，这个差价正好体现了两个市场中的投资者对于股价的认可度。一般来说，这个差价会维持在一个较为稳定的状态，因此当某一个市场中的个股股价在短期内出现大幅上涨或下跌时，必然会导致另一个市场中相应的个股受到牵动，对于内地的投资者来说，我们更应关注当 B 股大幅上涨所带动的相应 A 股随后出现的补涨走势，这是一个风险较低、获利较大的短线良机。下面，我们就结合实例来分析一下这种 B 股大涨所带来的 A 股上涨的短线机会。

图 11-1 为耀皮 B 股（600819）股在 2013 年 1 月 10 日前的走势图，此股在 2013 年 1 月 10 日前已大幅度地向上突破盘整区，走势极为强劲，但与 B 股的强势形成鲜明对比的是其相应的 A 股深华发 A（000020）却仍在盘整区震荡运行。图 11-2 为耀皮玻璃在 2013 年 1 月 10 日前的走势图，基于 A 股与 B 股之间应存在着较为稳定的差价这一判断，我们可以预计随后的深华发 A 股将会在耀皮 B 股的带动下出现补涨走势，因而此时即是我们短线介入的好时机。图 11-3 为耀皮玻璃 2013 年 1 月 10 日后的走势图，可以看到，此股随后出现大幅上涨走势，这种走势一方面源于对相应 B 股的补涨需求，另一方面也源于当日较好的大盘推动及个股利好。

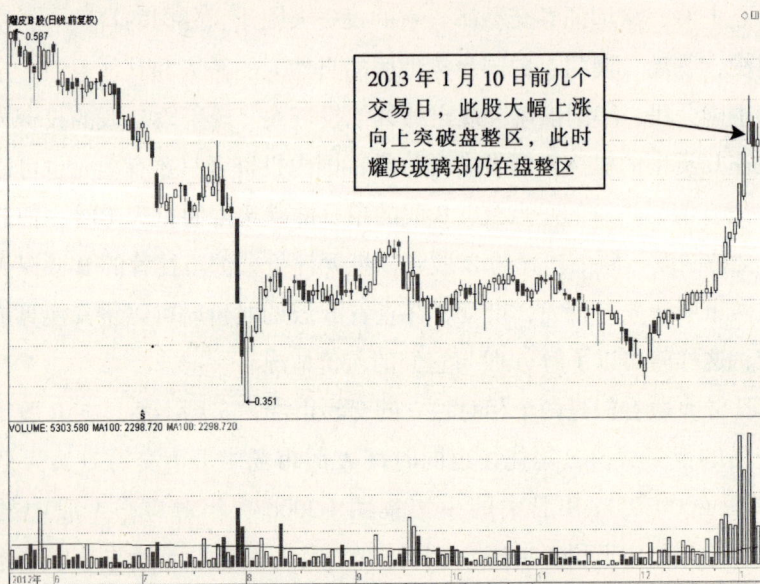

2013 年 1 月 10 日前几个交易日，此股大幅上涨向上突破盘整区，此时耀皮玻璃却仍在盘整区

图 11-1　耀皮 B 股 2009 年 11 月 18 日前走势图

耀皮玻璃(日线,前复权)

6.66

2013 年 1 月 10 日，此
股仍在盘整区震荡运行

←4.72

VOLUME: 26318.53 MA100: 15137.84 MA100: 15137.84

2012.12年　　　10　　　　11　　　　12

图 11-2　耀皮玻璃 2013 年 1 月 10 日前走势图

耀皮玻璃(日线,前复权)

6.80

2013 年 1 月 10 日

←4.72

VOLUME: 11869.03 MA100: 18573.66 MA100: 18573.66

2012.12年　　　10　　　　12

图 11-3　耀皮玻璃 2013 年 1 月 10 日后走势图

图 11-4 为中集集团 B（200039）股在 2009 年 6 月 1 日前的走势图，此
股在 2009 年 6 月 1 日前已大幅度地向上突破盘整区，且在 2009 年 6 月 1 日
及前一交易日共两个交易日内出现了大幅上涨走势。但与 B 股的强势形成鲜

明对比的是其相应的 A 股中集集团（000039）却仍在盘整区震荡运行。

图 11-5 为中集集团 A 股在 2009 年 6 月 1 日前的走势图，基于 A 股与 B 股之间应存在着较为稳定的差价这一判断，我们可以预计随后的中集集团 A 股将会在 B 股的带动下出现补涨走势，此时即是我们短线介入的好时机。图 11-6 为中集集团 A 股 2009 年 7 月 14 日前的走势图，可以看到，此股随后出现了一波补涨走势，值得注意的是，中集集团 B 股在经历了 2009 年 6 月 1 日这几日的上涨后，于 2009 年 7 月 14 日前出现了持续横盘震荡的走势，而在 2009 年 7 月 14 日前这段时间的中集集团的 A 股股价却是稳步攀升，可见两者之间的走势并不同步，也正是这种不同步性，我们才可以更好地把握两者之间的联动效应所带来的补涨走势下的短线机会。

有的时候是 B 股的率先上涨带动相应 A 股的上涨，也有的时候是 A 股的上涨带动 B 股的上涨，如果投资者可以参与 B 股市场的话，那么一定要对两者之间的这种彼此互动的关系加以关注，不能顾此失彼，因为这种机会并不常出现，但是只要它一出现，就是绝佳的短线买入机会，它会使我们处于无风险的套利位置。

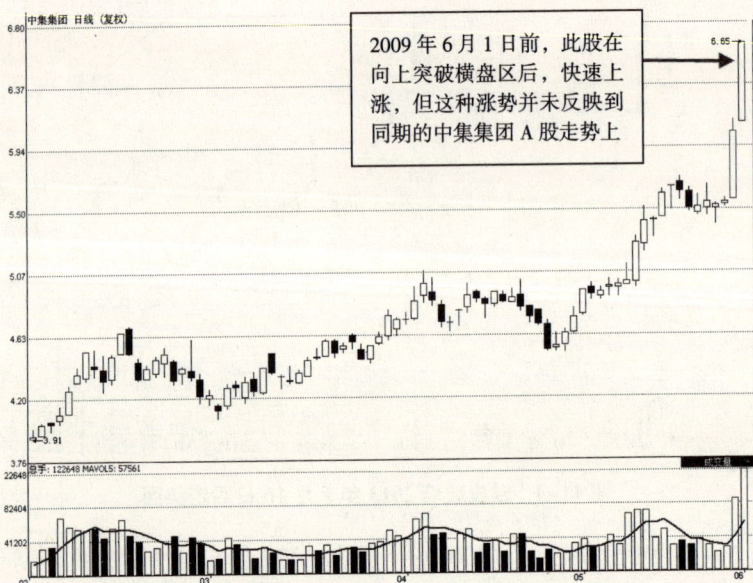

2009 年 6 月 1 日前，此股在向上突破横盘区后，快速上涨，但这种涨势并未反映到同期的中集集团 A 股走势上

图 11-4　中集集团 B 股 2009 年 6 月 1 日前走势图

2009年6月1日前，此股仍在盘整区震荡运行

图 11-5 中集集团 A 股 2009 年 6 月 1 日前走势图

2009 年 7 月 14 日

2009 年 6 月 1 日

图 11-6 中集集团 A 股 2009 年 7 月 14 日前走势图

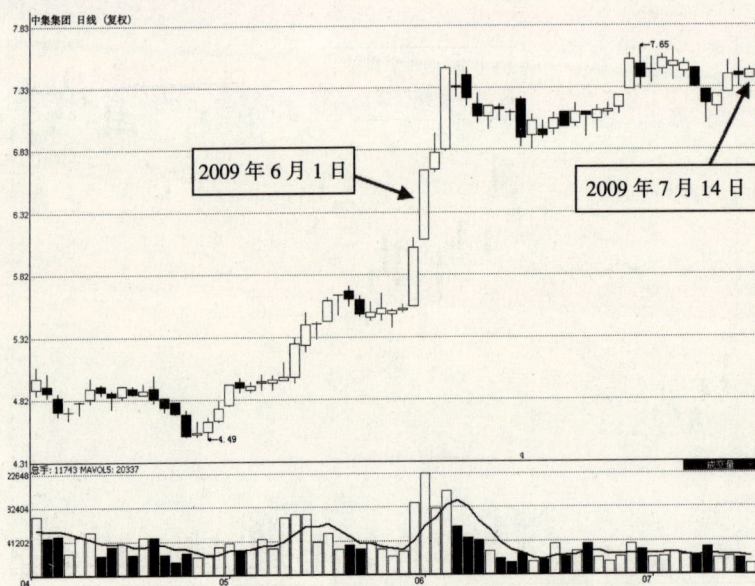

图 11-7　中集集团 B 股 2009 年 7 月 14 日前走势图

　　图 11-8 为双钱股份 A 股（600623）2009 年 10 月 9 日前走势图，图 11-9 为双钱股份 B 股（900909）在 2009 年 10 月 9 日前走势图，对比这两张走势图，我们可以看到虽然 B 股也出现了一些上涨，但是其涨幅远远落后于同期的双钱股份 A 股，同一只个股的 A 股与 B 股之间的股价之差往往会维持在一

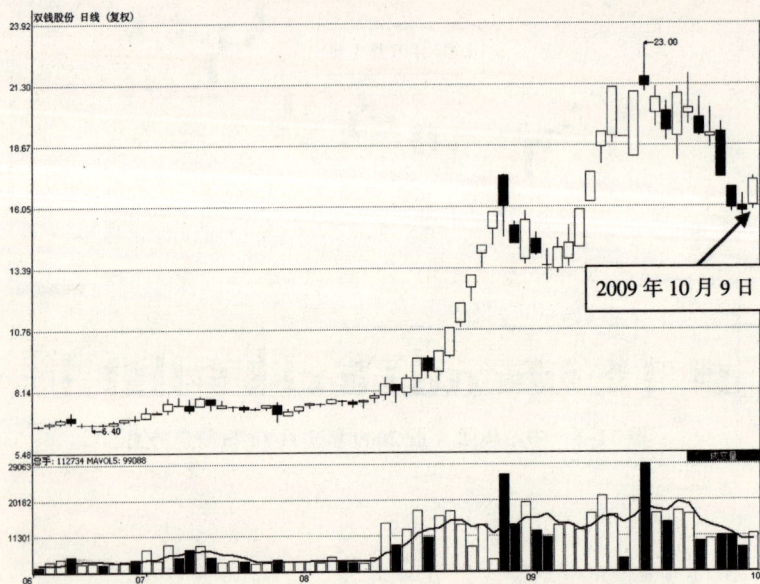

图 11-8　双钱股份 A 股 2009 年 10 月 9 日前走势图

图 11-9　双钱股份 B 股 2009 年 10 月 9 日前走势图

个相对稳定的状态，但是由于双钱 A 股的强势和大力上涨，使得两者之间的差价快速增加，因此我们可以预计，随后双钱 B 股会有很强的补涨动力。

图 11-10 为双钱股份 B 股 2009 年 11 月 23 日前走势图，图 11-11 为双钱股份 A 股在 2009 年 11 月 23 日前的走势图，如图所示，在 2009 年 10 月

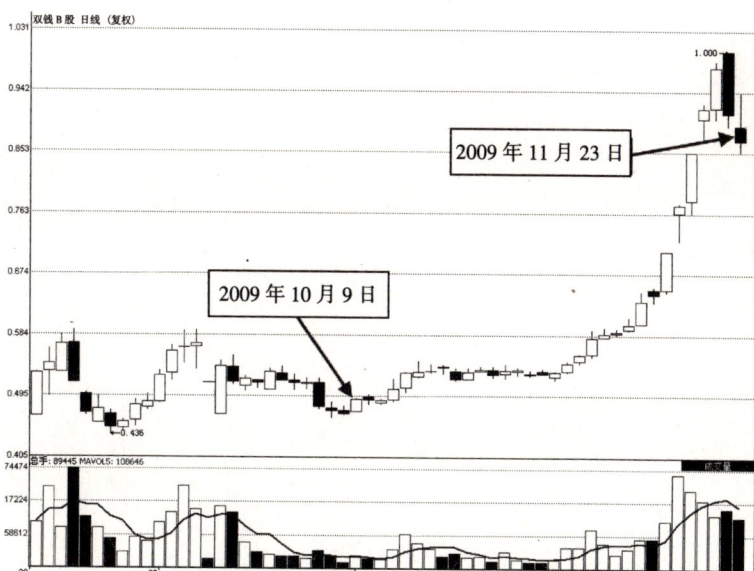

图 11-10　双钱股份 B 股 2009 年 11 月 23 日前走势图

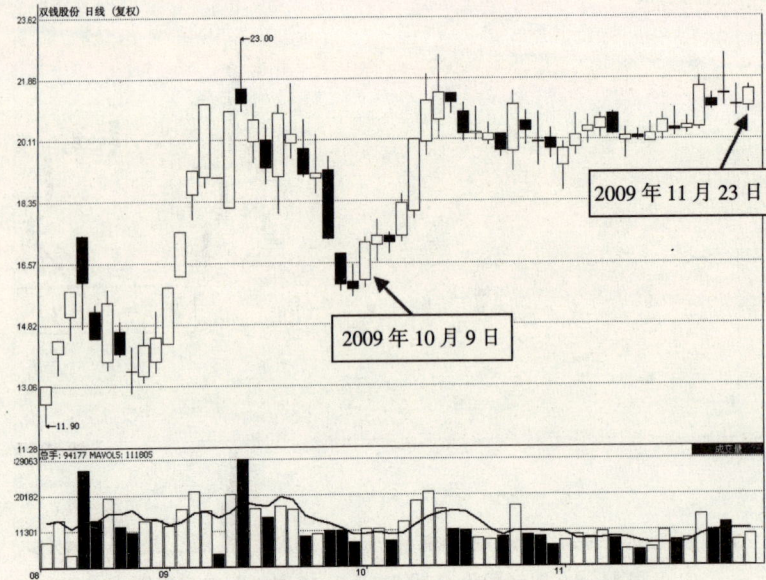

图 11-11　双钱股份 A 股 2009 年 11 月 23 日前走势图

9 日至 2009 年 11 月 23 日期间，双钱股份 B 股出现了大幅上涨走势，而同期的双钱股份 A 股由前期涨幅过大，在 2009 年 10 月 9 日至 11 月 23 日期间仅维持着高位横盘震荡走势，可见两者之间的走势并不同步，也正是这种不同步，才使我们可以更好地把握两者之间的联动效应所带来的补涨走势下的短线机会。

第九招　势如破竹，乘胜追击
——向上突破缺口是短线追涨信号

我们知道，趋势一旦形成就具有极强的惯性，当趋势有向上加速迹象时往往是市场买盘最为充足的时候，这时一些个股由于强大的买盘推动很可能出现向上的突破缺口。可以说，向上的突破缺口是价格涨势加快的最为典型的信号之一，于是此时是我们绝佳的追涨买入时机。缺口理论是股市形态分析法中的一种极重要的分析方法，对股价的运行有着重要的指导预示作用，在详细介绍"向上突破缺口是短线追涨信号"这一短线买入招式前，让我们先来了解一下缺口理论。

在通常的情况下，由于买盘与卖盘力量的转变往往有一个平缓的过渡过程，因而其K线的运行轨迹是连贯的，这种连贯的走势体现为相邻两个交易日的价格走势不存在跳跃现象。但有的时候情况并非如此，当买盘与卖盘力量对比在相邻两个交易日之间的停盘期间出现了明显的变化时，快速增强的买盘或卖盘往往就会促使第二个交易日开盘的价位出现明显的跳空高开或跳空低开，使得开盘价高于上一交易日的最高价（上涨缺口）或是低于上一交易日的最低价（下跌缺口），这样在这两个交易日的股价的走势图中就留下空白区域，这种空白区域就称为缺口。当缺口出现后，在上涨缺口出现的情况下，若买盘的力量可以使得股价回落至这一空白区域，则当日收盘后这一上涨缺口就得以保持住；反之，在下跌缺口出现的情况下，若卖盘的力量可以使得股价回升至这一空白区域，则当日收盘后这一下跌缺口也会得以保持住。这就是缺口的形成过程，一般来说，仅仅凭开盘价的跳空高开或低开我们并不能确认这一缺口是否成立。只有在当日收盘后，我们才可以确认这一缺口，我们通常所讲的缺口也都是指在日K线图中出现的缺口，是以"日"为时间单位来论述缺口形态的。从上述内容可以看出，缺口是指股价在连续的波动中有一段价格区域没有任何成交、在股价的走势图中留下空白的价格区域，在 K 线图上表现为相邻两条线高低价位之间的空白。如果当天的最低价高于前一交易日的最高价，这样就形成了一个上涨缺口；如果当天的最低价低于前一交易日的最低价，这样就形成了一个下跌缺口。当股价出现缺口后，若在随后的一段时间内，股价反转过来，回到原来缺口的价位时，称为缺口的回补。

很明显，缺口是由于买盘与卖盘之间力量的显著变化而引起的，但这种力量的转变是一时性，还是阶段性的呢？这种力量的转变是偶然的，还是有备而来的呢？为了更好地理解缺口所反映的市场多空含义，我们有必要来详细地了解一下缺口的类型，因为缺口的类型往往可以很好地反映出当时市场多空力量转变情况。

我们除了可以依据缺口出现时价格的波动方向将缺口分为上涨缺口与下跌缺口外，还可以依据其他的标准对缺口进行分类，例如我们在考虑缺口的跳空方向时，可以根据这一跳空方向与价格的整体走势是否相一致而将缺口分为正向缺口与反向缺口两种。正向缺口是指缺口的跳空方向与价格的前期走势方向相一致，反向缺口则是指缺口的跳空方向与价格的前期走势相反。正向缺口的出现往往预示着原有的价格走势正处于加速阶段，而反向缺口的出现多预示着原有的价格走势目前受到了较大的阻力。

上涨缺口、下跌缺口、正向缺口、反向缺口这几种类型的划分较为笼统，它们并没有较为全面地顾及价格的前期走势、趋势运行特点、前期涨幅与跌幅等情形，因此在此基础上，我们还可以从价格运行的趋势性特点出发，将缺口分为普通缺口、突破缺口、持续缺口、竭尽缺口，这四种缺口往往会鲜明地反映出价格所处的运行阶段，是我们分析价格走势的重要形态（注：价格的总体运行趋势可分为三种，它们是上升趋势、下跌趋势、横盘震荡趋势）。

普通缺口就是指出现在横盘震荡中的缺口，它的跳空方向既可以是向上，也可以是向下，普通缺口在出现后一般在随后会被回补。在分析普通缺口的意义时，我们可以结合价格的总体走势及普通缺口的跳空方向这两点因素进行分析，当价格经前期大幅下跌来到相对低位区，若此时出现盘整走势，且在盘整走势中多次出现向上跳空的普通缺口，则多说明多方力量已开始逐步占据主动，是阶段性底部出现的标志，也是个股随后上涨走势即将出现的标志；反之，价格经前期大幅上涨来到相对高位区，若此时出现盘整走势，且在盘整走势中多次出现向下跳空的普通缺口，则多说明空方力量已开始逐步占据主动，是阶段性顶部出现的标志，也是个股随后下跌走势即将出现的标志。

在缺口理论中，最为重要的缺口形态就是突破缺口，突破缺口是指打破盘整走势具有突破意义的缺口。突破缺口是由大规模资金集中做多或做空所造成的，因此一旦一个向上的突破缺口出现，往往意味着一轮较大的行情即将开始。本招式中，我们主要讲解向上突破缺口，即预示着一波涨势即将展开的向上突破缺口。这种突破缺口多出现在相对低位盘整走势之后，是个股脱离盘整区开始步入上升通道的信号，也是我们可以短线追涨买入的信号；此外，上升途中盘整之后的向上突破缺口往往预示了新一轮上涨走势的开始，此时我们可以结合价格的具体走势展开短线性操作。

持续缺口是价格在上涨途中出现的向上跳空缺口或下跌途中出现的向下跳空缺口，一般来说，持续缺口的出现多说明价格沿原有趋势的运行速度在加快，是价格走势加速的表现。因此，当上升途中的持续缺口出现时，我们的操作策略应是持股不动；而当下跌途中的持续缺口出现时，我们的操作策略应是持币观望。上升途中的持续缺口出现时，一般来说价格的总体涨幅已经不小，因而投资者此时不宜盲目追涨买入，应结合价格的具体走势进行操作。

竭尽缺口多出现在个股大幅上涨之后的高位区的拔高走势中，这时价格上涨完全是由于市场中狂热的情绪所导致的，因此这时的缺口并不是买盘充足的表现。在竭尽缺口出现时，我们可以看到个股的盘面形态呈现出明显的量价背离关系，而这种关系出现在大幅上涨之后正是顶部出现的标志。

在较为系统地了解了各种缺口形态后，下面我们以向上突破缺口为核心，结合实例来详细介绍如何运用缺口来把握短线买入时机。

图 12-1 为上海物贸（600822）2012 年 11 月 15 日至 2013 年 7 月 4 日期间走势图，此股在经历了之前的深幅下跌走势后，在 2013 年 6 月 26 日至 7 月 4 日期间出现了止跌回升的走势，股价在这一低位区震荡缓升，期间向上跳空的普通缺口多次出现，而且价格走势也在成交量放大的推动下缓缓升

高，资金持续介入迹象明显，这说明个股中原有的空方占据主导地位的局面已经不复存在，当前正是多方积聚能量的过程。那么，个股何时为结束这种震荡盘整的走势而步入快速上升通道中呢？答案就体现在向上突破缺口形态上。如图标注所示，在2013年7月4日出现了一个高开高走的向上跳空缺口，这预示着原有的震荡格局也被打破，这是多方力量开始发动攻击的信号，也是个股即将步入快速上升通道的信号，是我们短线追涨买入的强烈信号之一。

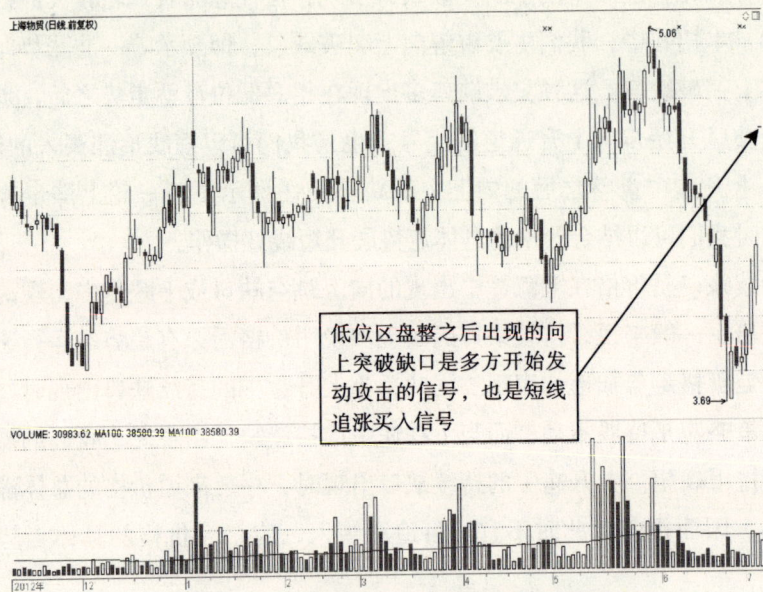

图12-1 上海物贸向上突破缺口示意图

图12-2为上海物贸2013年7月4日突破缺口出现后走势图，此股2013年7月4日突破缺口出现后就步入了快速上升通道之中，股价重心持续上移，如图标注所示，在2013年7月4日前此股处于上升途中的盘整走势之中，在这一盘整走势之后，2013年8月8日再次出现了一个向上突破缺口，这种出现在上升途中、盘整之后的向上突破缺口预示了多方仍完全占据主导地位且仍有发动攻击的意图，多是新一轮涨势即将展开的信号。如图12-3所示为上海物贸2013年8月8日突破缺口出现后的走势，此股在这一向上突破缺口形态出现后，又出现了一波急速上涨的走势，因此这种出现在上升途中、盘整之后的向上突破缺口也同样是我们短线追涨买入的信号。

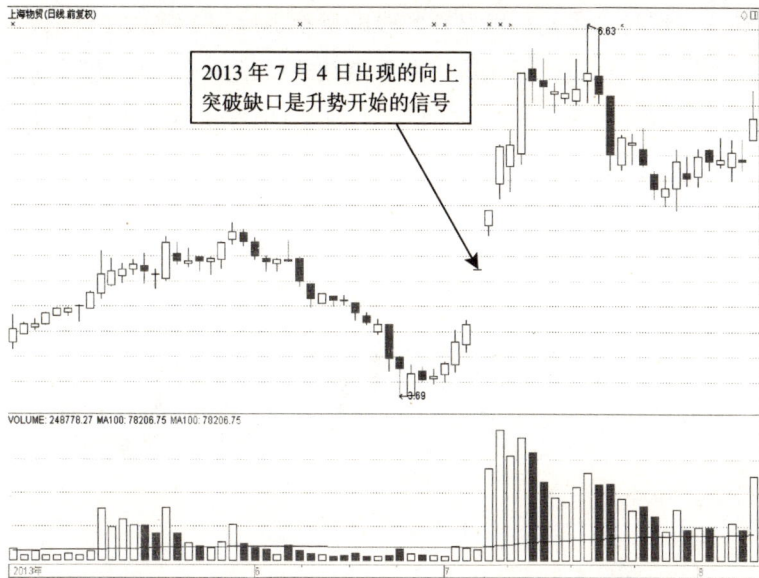

图 12-2　上海物贸 2013 年 7 月 4 日突破缺口出现后走势图

图 12-3　上海物贸 2013 年 8 月 8 日突破缺口出现后走势图

　　图 12-4 为精工钢构（600496）2008 年 10 月 6 日至 2009 年 1 月 13 日期间走势图，如图标注所示，此股经前期的一轮上涨走势后出现横盘震荡走势，并于 2009 年 1 月 12 日出现了一个向上突破缺口成功突破这一盘整区，

在突破缺口出现时，我们可以看到此股的量能也出现了放大，这说明了市场中的做多动能仍然充足，因此这一向上突破缺口是新一轮涨势即将展开的信号。图 12-5 为精工钢构 2009 年 1 月 12 日向上突破缺口出现后的股价走势图。

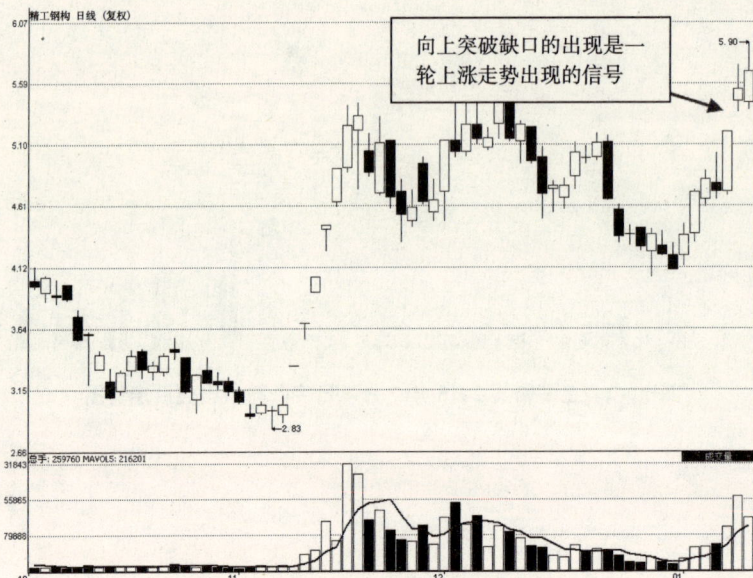

图 12-4　精工钢构向上突破缺口示意图

图 12-5　精工钢构 2009 年 1 月 12 日突破缺口出现后走势图

图 12-6 为驰宏锌锗（600497）2009 年 3 月 16 日至 7 月 20 日期间走势图，此股经历了 2009 年 3 月 20 日前的上涨走势后，于 2009 年 3 月 20 日之后开始长时间的盘整走势，这种盘整走势后的股价选择方向如何呢？在盘整走势仍在进行且没有明确的信号时，我们难以作出准确判断。股市的操作最讲究顺势而为，个股的随后走势往往是以典型的形态出现在投资者面前，一旦这种典型的形态出现，投资者就应果断出击，否则很可能错失良机。如图标注所示，此股上升途中遏制长期盘整形势之后，于 2009 年 7 月 20 日出现了一个放量向上的突破缺口形态，这一形态正是个股结束盘整走势，再度选择向上运行的强烈信号，也是我们短线追涨买入的信号。如图 12-7 所示为驰宏锌锗 2009 年 7 月 20 日向上突破缺口出现后走势图，可以看出，在这一向上突破缺口出现后，此股步入了短期快速上涨走势中。

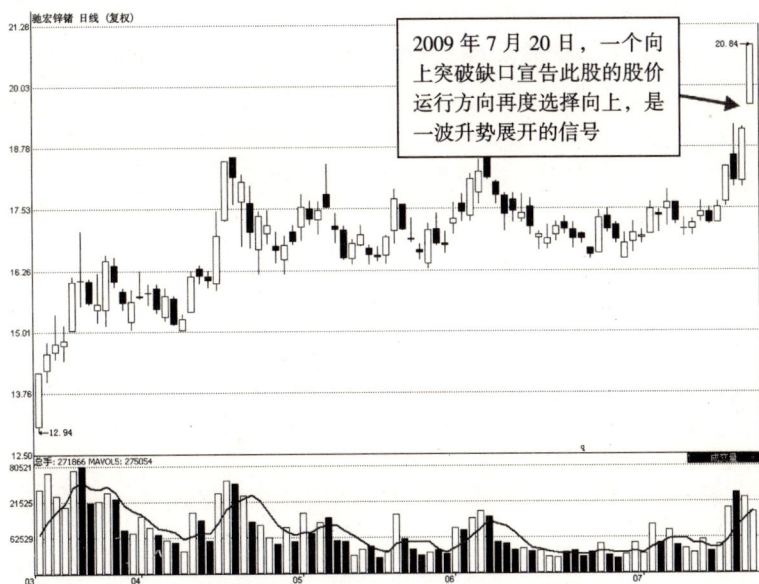

图 12-6　驰宏锌锗向上突破缺口示意图

图 12-8 为上海能源（600508）2009 年 3 月 3 日至 7 月 6 日期间走势图，如图标注所示，此股经前期的一轮上涨走势后出现横盘震荡走势，并于 2009 年 7 月 6 日出现了一个向上突破缺口成功突破这一盘整区。在突破缺口出现时，我们可以看到此股的量能也出现了放大，这说明市场中的做多动能仍然充足，因此这一向上突破缺口是新一轮涨势即将展开的信号。

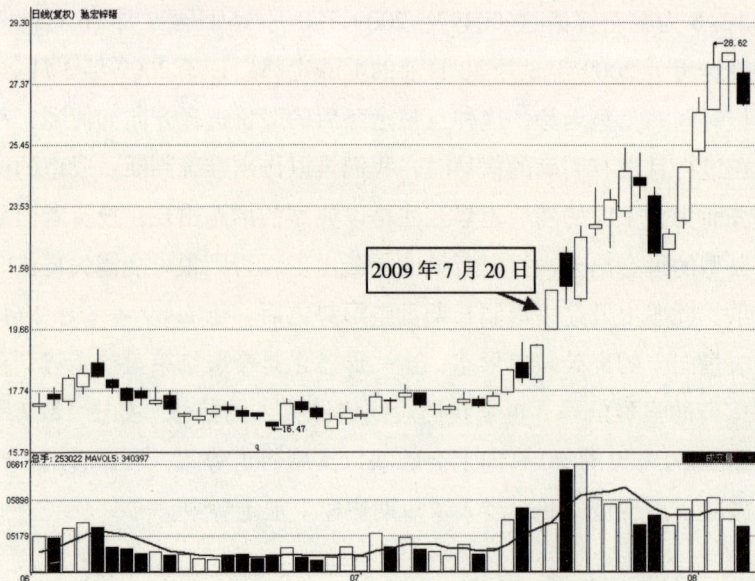

图 12-7　驰宏锌锗 2009 年 7 月 20 日突破缺口出现后走势图

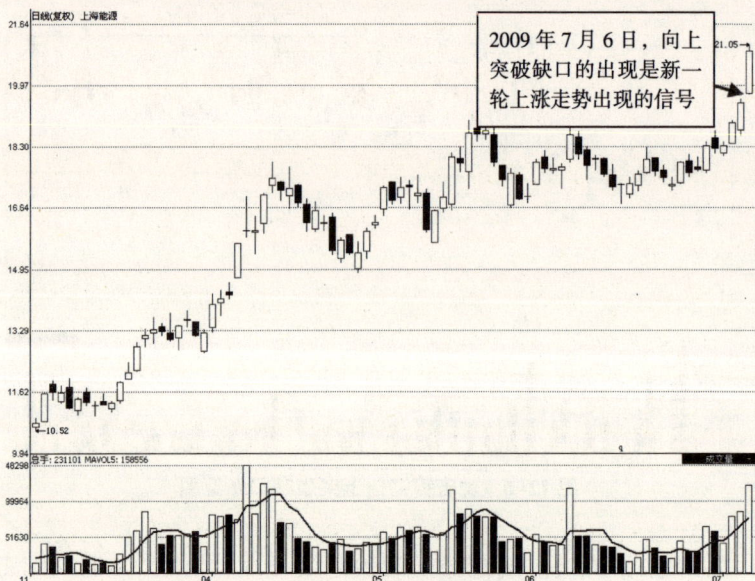

图 12-8　上海能源向上突破缺口示意图

第十招　风助火势，绵延不绝
——稳健上升走势中的回调买入良机

我们的预见能力往往取决于"势"的发展潜力大小，这种势就是指趋势。大风天，当山脚下起火时，我们可以清晰地预见大火将向山上蔓延，"风"无疑是推动火势发展的动力。同样，在股市中，当个股从低位区开始向上攀升时，我们一样可以预见到后期的继续上涨走势，这时我们所借助的是买盘量能大小。股市中的买盘量能就相当于助长火势的"风"，低位区的稳步上涨走势及量能持续放大是我们预知此股后期仍有上升空间的重要依据，在这一背景下，我们就可以积极地展开回调买入操作。本招式中，我们将以低位区的稳步上涨走势及量能关系为着手点，来看看如何开展稳健上升走势中的回调买入操作。

图 13-1 为光明乳业（600597）2012 年 1 月 19 日到 2013 年 6 月 28 日期间走势图，如图所示，此股在经历了 2012 年的大幅下跌后，于深幅下跌后的低位区开始走出反转形态，股价缓慢向上推升、量能逐步加大，考虑到当前股价所处的低位区（图 13-2 为此股 2013 年 6 月 28 日前走势全景图），我们有理由认为这是买盘开始持续介入、跌势反转成前走势全景图），我们有理由认为这是买盘开始持续介入、跌势反转成升势的标志。此时，我们就应改变原有的做空思维，利用此股在上升途中的回调进行积极的短线买入。即使它出现一波较为明显的回调走势，我们也不宜盲目介入，此时仍需结合量能的特征来进行综合分析。如图 13-1 标注所示，可以看到此股在一波明显的深幅回调后出现了快速的缩量形态，结合前期的走势特点（涨时放量且上涨走势较为稳健）及当前股价所处的位置区间（虽然此股有一定幅度的上涨，但从中长期的走势图来看，此时仍处于较低的价位），我们可以认为这一波的缩量仅仅是少量的获利抛盘抛出所致，这一波的回调走势是一个消化

获利回吐压力的过程，回调后所出现的明显萎缩的量能形态也说明了空方的抛压也大为减弱，而前期长时间稳健的放量上涨走势又恰恰说明此股的上升趋势已经出现。我们知道，趋势一旦形成就具有极强的持续力，因此经过以

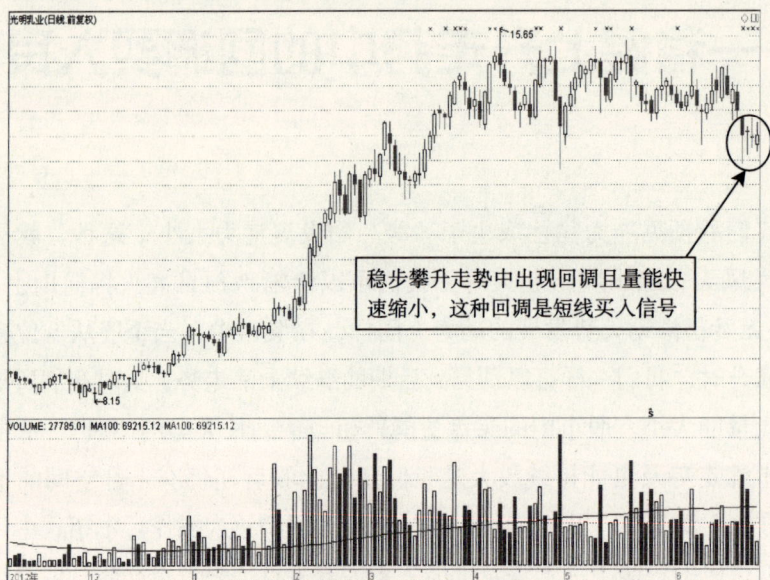

稳步攀升走势中出现回调且量能快速缩小，这种回调是短线买入信号

图 13-1　光明乳业稳健攀升走势中的回调买入示意图

图 13-2　光明乳业 2013 年 6 月 28 日前走势全景图

上的综合分析，我们有理由认为这仅是上升趋势中的一次回调走势，是我们短线买入的好时机，随着买盘的再次推动，股价走势仍将维持原有的上升形态。

　　光明乳业回调后走势图，如图13-3所示，在经历了这一波回调走势后，此股随后再次步入升势，并且出现了两波急速上涨的走势，这种前期缓长、后期急速上涨的走势也正是大多数个股在上升走势中经常出现的情况。前期由于主力手中筹码不多，为了可以更多地买入相对低位区的筹码，多会控制价格的上涨步伐，后期由于主力手中持有重仓，为了实现最大额度的获利多会快速拉升股价，使股价远远地脱离底部建仓区域。可以说，在升势刚刚形成的时候所出现的缩量回调也证明了主力的存在，正是由于主力在回调走势中的积极锁仓，才使得个股在已有较多获利盘存在的情况下出现了明显的缩量回调走势，而此时也正是我们应采取短线买入操作的时机。

图13-3　光明乳业回调后走势图

　　中国嘉陵（600877）2008年10月13日至2009年6月5日期间走势，如图13-4所示，此股在此期间处于深幅下跌后的反转向上走势中。从中长期的走势图中来看，虽然此股在2009年6月5日前已有一定的涨幅，但仍处于较低的价位区间。图13-5为此股2009年6月5日前的走势全景，如图所示，此股在 2008 年 10 月之后开始出现反转上行的走势，成交量在股价的稳步的攀升过程中也出现了同步放大形态，考虑到当前股价所处的低位区及此期间良好的量价齐升形态，我们有理由认为这是买盘开始持续介入、跌势反

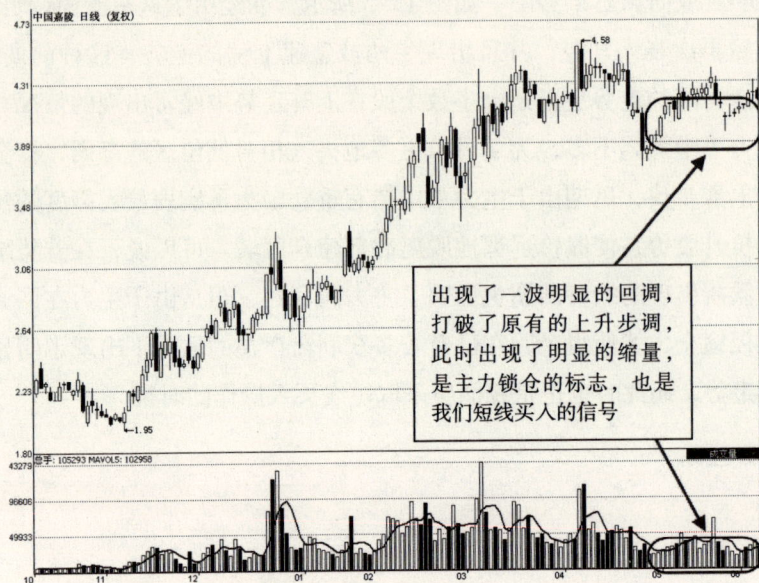

出现了一波明显的回调，打破了原有的上升步调，此时出现了明显的缩量，是主力锁仓的标志，也是我们短线买入的信号

图 13-4　中国嘉陵稳健攀升走势中的回调买入示意图

图 13-5　中国嘉陵 2009 年 6 月 5 日前走势全景图

转成升势的标志，此时，我们就应改变原有的做空思维，而应利用此股在上升途中的回调进行积极的短线买入。如图 13-5 标注所示，此股在 2009 年 6 月 25 日前出现了一波明显的回调走势图，且在回调过程中出现了明显的缩量形态。通过以上分析，此时的缩量回调就是我们短线买入的信号。

此股经历了这一波回调后的走势图，如图 13-6 所示，此股随后出现了一波急速上涨走势，这种随后出现的急速上涨走势也正是个股上升趋势中所呈现出的典型走势特点。先是缓慢的稳健上升走势，这一段上升过程是为了主力可以有机会买进更多的低位区筹码，随后是价格的快速拉升，这一段的上涨过程是为了主力在建仓后可以快速脱离其建仓成本区，是为主力后期可以逐步获利出局服务的。

图 13-6　中国嘉陵回调后走势图

图 13-7 为南京化纤（600889）2008 年 7 月 14 日至 2009 年 1 月 5 日期间走势图，如图标注所示，此股在经历了 2008 年的大幅下跌后，于深幅下跌后的低位区开始走出反转形态，股价缓慢向上推升、量能逐步放大，考虑到当前股价所处的低位区，我们有理由认为这是买盘开始持续介入、跌势反转成升势的标志。如图标注所示，这一段的上升走势持续了一个半月，时间较长、量价齐升、牛长熊短的走势说明反转走势已出现，随后的回调走势出

现明显的缩量，因此回调时就是我们短线买入的最佳时机。

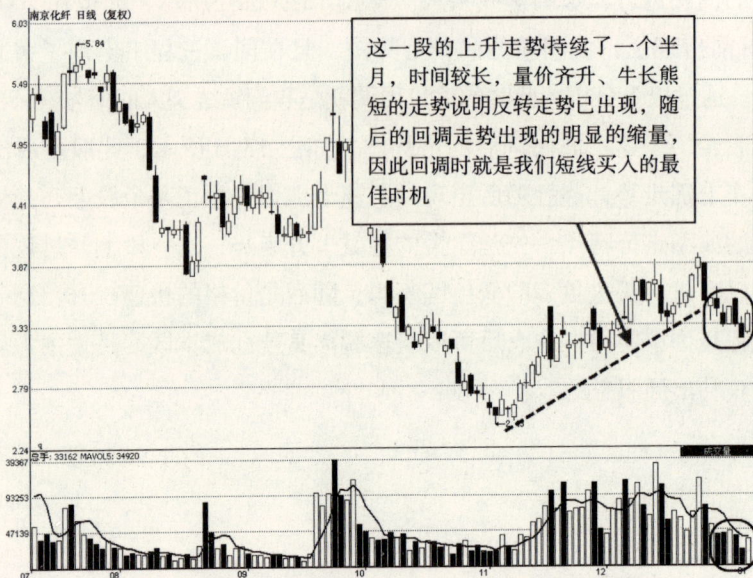

这一段的上升走势持续了一个半月，时间较长，量价齐升、牛长熊短的走势说明反转走势已出现，随后的回调走势出现的明显的缩量，因此回调时就是我们短线买入的最佳时机

图 13-7 南京化纤稳健攀升走势中的回调买入示意图 1

图 13-8 为南京化纤 2008 年 10 月 10 日至 2009 年 3 月 16 日期间走势图，如图标注所示，此股在经历了 2009 年 1 月 5 日前的一波回调走势后，

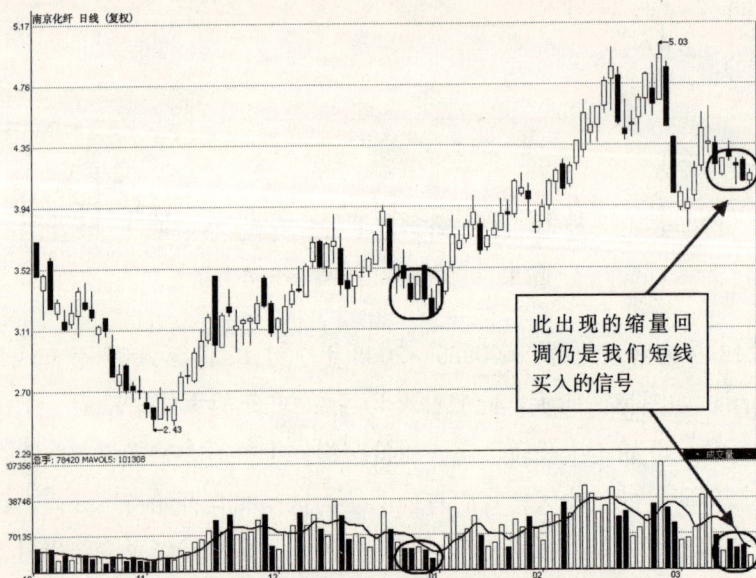

此出现的缩量回调仍是我们短线买入的信号

图 13-8 南京化纤稳健攀升走势中的回调买入示意图 2

继续步入升势，随后在 2009 年 3 月 16 日前再度出现了一波明显的缩量回调走势，由于此时股价的累计涨幅不大，这次出现的缩量回调仍是我们短线介入的信号。通过前面两个例子的分析可以知道，个股在上升趋势中多会出现一个有缓慢上涨或急速拉升的过程，在 2009 年 3 月 16 日介入，虽然买入的价位相对于 2009 年 1 月 6 日前要高一些，但是由于此时主力的持仓力度较大且很可能已处于建仓阶段末期，因而此时进行短线买入操作很可能会有更好的短线获利回报。

图 13-9 为南京化纤在经历了 2009 年 3 月 16 日前的这一波回调后的走势图，如图标注所示，此股随后在主力的推动下，其涨势明显加快。

图 13-9　南京化纤回调后走势图

第十一招 气撼九天，柳絮飘零
——从放量与缩量的变化中寻找买点

个股的成交量在短期内出现急速放大形态说明其中必有主力参与，一般来说，在急速放大的量能支撑下，个股往往也会在短期内出现快速上涨走势，我们可以用四个字来形容这种量价快速齐升的强劲势头——气撼九天。但这种急速放量与快速上涨走势往往维持时间较短，随后个股很有可能出现快速的缩量并伴以股价的回调走势，对于这种缩量回调走势我们也可以用四个字来形容——柳絮飘零。涨时的走势是气撼九天，回调时的走势是"柳絮飘零"，两者形成鲜明的对比，那么，从这种前后截然不同的走势中，我们可以得到什么有用的信息呢？

"气撼九天"的走势说明有主力参与其中，那么主力的意图何在呢？个股正处于主力控盘中的哪一个阶段呢？主力可以通过对倒放量的方式来制造个股交投人气旺盛的气氛，但主力却无法掩饰个股当前所处的价位区间，当个股经历了大幅下跌后，于低位区出现这种"气撼九天"的走势时，我们还能将它理解为主力对倒出货的标志吗？如果仅从"气撼九天"的走势中我们还无法判断主力的意图，那么，我们可以继续跟踪此股，因为有主力参与的个股其后期走势是值得我们重点关注的。对于本招式而言，我们除了要关注个股是否出现"气撼九天"的走势外，还要关注此股随后是否有"柳絮飘零"的走势，因为，在这一短线买入招式中，"气撼九天"的走势是我们发现个股中是否存在主力的信号，而"柳絮飘零"的走势则是决定我们是否应短线买入的信号，"柳絮飘零"的走势是主力在大力建仓后的锁仓信号，也是个股在短期内走势看涨的信号。

图 14-1 为天宸股份（600620）2012 年 5 月 16 日至 2013 年 2 月 27 日期间走势，此股在前期大幅下跌后，于低位区出现止跌回升向上的走势。此股

前期跌幅巨大，后期的下跌空间有限，因而随时都有可能出现反转走势，但是导致个股出现反转走势的主导原因并非是个股的股价如何低，而是取决于主力资金是否已开始大力介入，主力资金介入的速度越快，则个股反转的力度越大，底部停留时间也就越短，此时，衡量个股是否有主力资金大力介入的标志之一就是个股是否会出现"气撼九天"的走势。如图标注所示，此股在低位区经数日的温和放量上涨后，出现了股价急速上涨、成交量急速放大的形态，考虑到此股目前所处的价位及前期的止跌回升走势，我们有理由认为这种量价急速齐升的走势正是主力资金在大力介入的表现。有主力介入的个股其后期走势无疑是更值得我们关注的，因此我们可以积极注意此股随后的回调走势。如图标注所示，此股在随后的回调走势中出现了成交量急速萎缩的形态，结合之前的分析判断，我们可以认为这种先是大幅度的放量上涨，随后出现量能急速萎缩的回调走势，是主力大力建仓后积极锁仓的信号，也正是由于主力前期买入了大量的筹码，导致市场浮筹大量减少，并在随后的回调走势中积极锁仓才使得此股出现这种量能急速萎缩的形态，于是此时就是我们最佳的短线介入机会。一般来说，此时股价所处的绝对位置越低（绝对位置：是指个股股价从中长线的角度来看所处的位置区间），则此

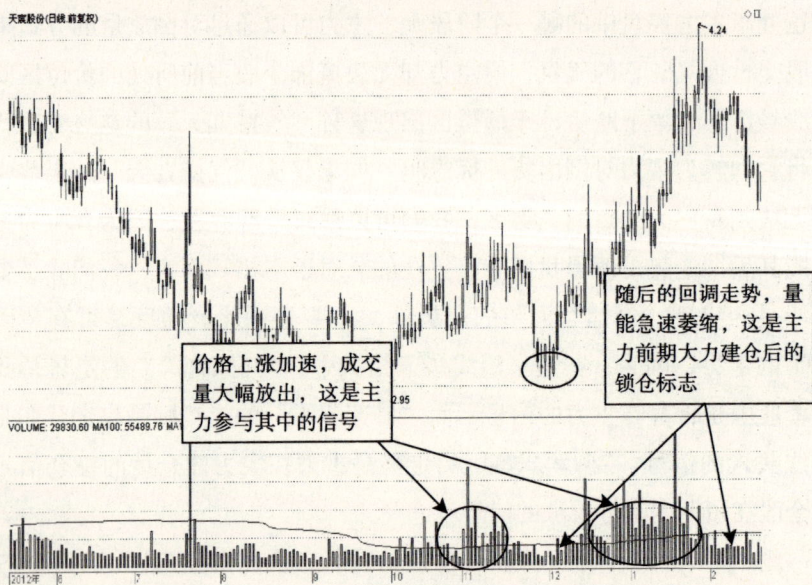

图14-1　天宸股份放量与缩量变化过程示意图

股后期上涨的力度越大，如果此股所处的绝对位置较高，则我们在参与短线的时候应注意风险，且要结合上期的价格走势情况来综合判断是否应参与短线交易。

图 14-2 为天宸股份后期的走势图，在经历了这种放量与缩量的变化之后，此股由于已经很好地消化掉了短期内的获利回吐压力，出现一波短线上涨走势自然就在情理之中。

图 14-2　天宸股份后期走势图

图 14-3 为电子城（600658）2008 年 7 月 30 日至 2009 年 1 月 21 日期间走势图，此股在深幅下跌后于低位区出现止跌反转走势。如图标注所示，在一波快速上涨过程中，此股的上涨走势凌厉，成交量也大幅放出，这是一种"气撼九天"的强劲势头，这一形态的出现将一个显而易见的事实摆在了我们面前——此股有主力资金参与，且主力资金介入力度强、速度快。在发觉到这一信号后，我们就应积极地关注此股，因为有主力参与的个股是更值得我们重点分析的。这样的个股其后期走势往往会在主力资金的运作下，出现明显强于同期大盘的走势，而且，短线参与这类个股，其获利幅度、获利概率都远远大于那些走势普通的个股。此股在这种"气撼九天"的上涨走势后出现了明显的缩量回调走势，结合之前的分析判断，我们可以认为这种先是

大幅度的放量上涨，随后出现量能急速萎缩的回调走势，是主力大力建仓后积极锁仓的信号，也正是由于主力前期买入了大量的筹码，导致市场浮筹大量减少，并在随后的回调走势中积极锁仓才使得此股出现这种量能急速萎缩的形态，此时就是我们最佳的短线介入机会。

图 14-3　电子城放量与缩量变化过程示意图

　　图 14-4 为此股回调后的走势图，缩量回调的走势不可能一直持续下去，当这一波的缩量回调走势可以有效地消化掉短期的获利回吐压力之后，个股就会在主力的推动下再次出现放量上涨走势，而之前的缩量回调阶段也正是我们最佳的短线介入机会。

　　图 14-5 为华鑫股份（600621）2013 年 4 月 17 日至 2013 年 8 月 21 日期间走势图，此股在前期大幅下跌后，于低位区出现止跌回升向上的走势。如图标注所示，此股在低位区经数日的温和放量上涨后，出现了股价急速上涨、成交量急速放大的形态，考虑到此股目前所处的价位及前期的止跌回升走势，我们有理由认为这种量价急速齐升的走势正是主力资金在大力介入的表现，有主力介入的个股其后期走势无疑是更值得我们关注的，因此我们可以积极注意此股随后的回调走势。如图标注所示，此股在随后的回调走势中出现成交量急速萎缩的形态，结合之前的分析判断，我们可以认为这种先是

大幅度的放量上涨，随后出现量能急速萎缩的回调走势是主力大力建仓后积极锁仓的信号，也正是由于主力前期买入了大量的筹码导致市场浮筹大量减少，在随后的回调走势中积极锁仓才使得此股出现这种量能急速萎缩的形

图 14-4 电子城后期走势图

图 14-5 华鑫股份放量与缩量变化过程示意图

态，此时就是我们最佳的短线介入机会。值得注意的一点是，由于这一阶段的反转走势出现在个股前期持续下跌走势之后。因此还有很多投资者可能仍存有做空思维。据笔者经验而言，投资者在分析个股走势时千万不可以有先入为主的思维方式（即如果前期走势是升势，则认为每一次下跌都属于短期回调的性质，而如果前期走势是跌势，则认为每一次下跌后的上涨都属于反弹性质），这种先入为主的思维方式不利于我们随行就市。在股市中，投资者只有不存有这种先入为主的思维方式，而只是以客观的数据、走势形态进行分析并及时发现市场当前的交易状况，才可能紧随市场步伐，在机会到来时张开双臂迎接机会，在风险到来时更好地紧闭门户将其拒之门外。

图 14-6 为华鑫股份后期走势图，在经历了这种放量与缩量的变化之后，此股由于已经很好地消化掉了短期内的获利回吐压力，因而出现一波短线上涨走势自然就在情理之中。而在图 14-5 中此股出现的由放量到缩量的过程也恰恰说明了此股的升势正在形成之中。在应用一种具体招式时，我们一定要注意它的出现背景，对于本招式来说，同样的一种"放量→缩量"形态当它出现前面的例子中时，它是买入信号，但是当它出现在下面的中华企业走势中时，它却并非是买入信号。为什么会出现这种差别呢？相信通过我们下面的讲解，读者会对本招式有一个更为透彻的理解。

图 14-6 华鑫股份后期走势图

图 14-7 为中华企业（600675）2007 年 10 月 12 日至 2008 年 6 月 4 日期间走势，可以看出此股在此期间处于明显的下跌趋势中。如图标注所示，在下跌途中此股也出现了放量与缩量的变化过程，但是与前面几个例子明显不同的是，此股在出现了这种"放量→缩量"的走势之后，股价重心非但没有出现一定的上移，反而出现了一定的下移，如果这种"放量→缩量"过程中的放量是主力大力建仓的信号，那么为何主力要在建仓后不积极地维护股价，而让股价处在一个比自己建仓成本更低的位置区间呢？由于此股前期一直处于下跌途中，因而杀跌气氛更浓，主力不积极地运作股价，则其后期势必要面临较大的被套风险，因此我们不可以把这种下跌途中昙花一现的放量上涨走势看作是主力建仓的标志，此时的放量上涨多是源于老主力对倒拉升的结果，其目的很明显，就是吸引散户投资者介入，而主力则借机减仓，降低仓位以迎接后期很可能仍将出现的系统性下跌风险的到来。

图 14-7　中华企业放量与缩量变化过程示意图

图 14-8 为中华企业后期的走势图，可以看到，此股在这一波的"放量→缩量"走势之后，再次步入了下跌走势中。

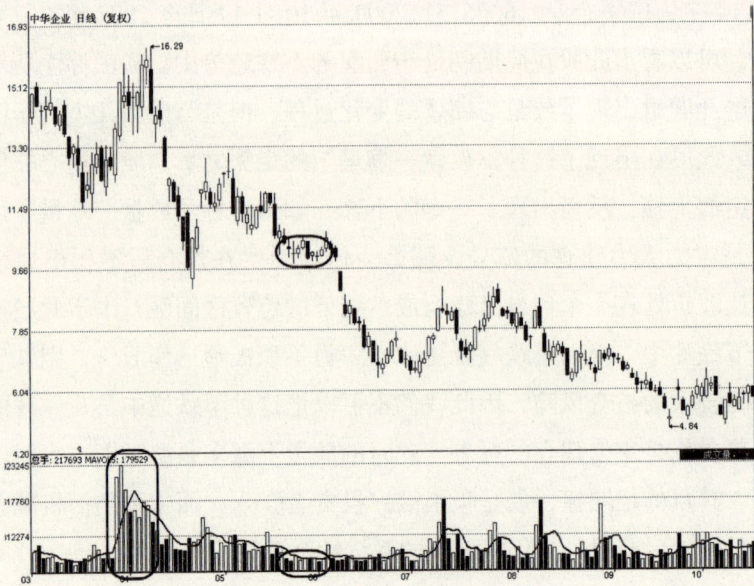

图14-8　中华企业后期走势图

图14-9为澳柯玛（600336）2008年6月3日至2009年2月2日期间走势图，此股在前期大幅下跌后，于低位区出现止跌回升向上的走势。此股前期跌幅巨大，后期的下跌空间有限，因而随时都有可能出现反转走势，但是导致个股出现反转走势的主导原因并非是个股的股价如何低，而是主力资金的大力介入。主力资金介入的速度越快，则个股反转的力度越大，底部停留时间也就越短。此时，衡量个股是否有主力资金大力介入的标志之一就是个股是否会出现"气撼九天"的走势。如图标注所示，此股在低位区出现了股价急速上涨、成交量急速放大的形态，考虑到此股目前所处的价位及前期的止跌回升走势，我们有理由认为这种量价急速齐升的走势正是主力资金在大力介入的表现，有主力介入的个股其后期走势无疑是更值得我们关注的，因此我们可以积极注意此股随后的回调走势。如图标注所示，此股在随后的回调走势中出现的成交量急速萎缩的形态，结合之前的分析判断，我们可以认为这种先是大幅度的放量上涨，随后出现量能急速萎缩的回调走势，是主力大力建仓后积极锁仓的信号，也正是由于前期买入大量的筹码导致市场浮筹大量减少，并在随后的回调走势中积极锁仓才使得此股出现这种量能急速萎缩的形态。于是此时就是我们最佳的短线介入机会。一般来说，此时股价所

处的绝对位置越低（绝对位置：是指个股股价从中长线的角度来看，所处的位置区间），则此股后期上涨的力度越大，如果此股所处的绝对位置较高，则我们在参与短线交易的时候应注意风险，且要结合上期的价格走势情况来综合判断是否应参与短线交易。

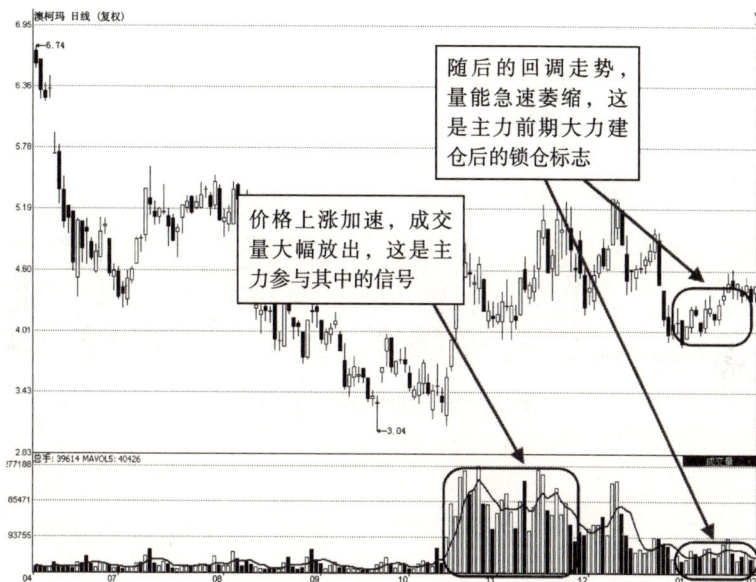

图14-9 澳柯玛放量与缩量变化过程示意图

图14-10为此股后期的走势图，在经历了这种放量与缩量的变化之后，此股由于已经很好地消化掉了短期内的获利回吐压力，因而出现一波短线上涨走势自然就在情理之中。而在图14-9中此股出现的由放量到缩量的过程也恰恰说明了此股的升势正在形成之中。如图14-10标注所示，可以看到此股随后再次出现了一个鲜明的"放量→缩量"的过程，由于此股在这之前已出现了良好的上升势头，因此这时的"放量→缩量"形态也是一个极好的短线买入时机。

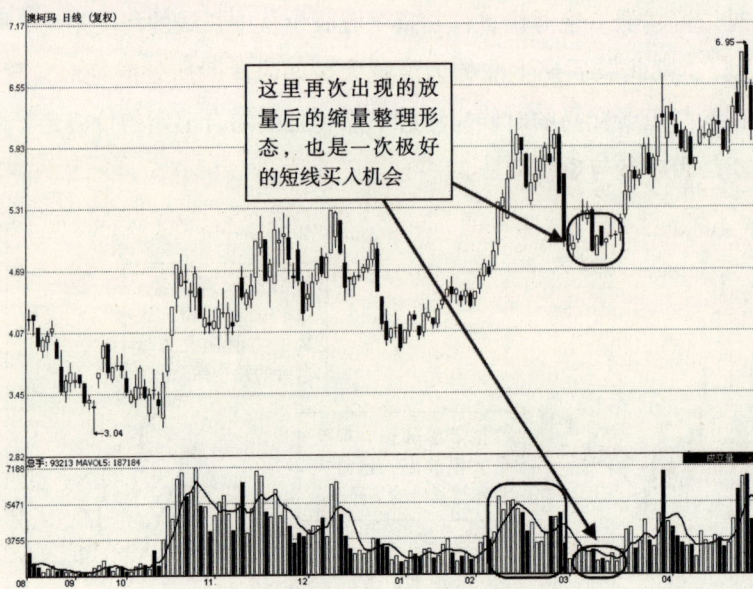

图 14-10　澳柯玛后期走势图

第十二招 日月交辉，刀剑齐鸣
——板块/题材之间的联动是
无风险套利机会

在国内的股市中，板块的概念深入人心，若同一板块中出现了强势上涨的龙头股，则其他个股很有可能也会受到主力资金的关注，从而出现极好的补涨行情，除了同一板块之间的个股具有这种联动效应外，具备了相似题材的个股之间往往也存在着这种联动效应。无论是板块内的个股之间，还是同一类题材下的个股之间，那些先涨的个股与后涨的个股之间往往会存在着明显的时间差，而这个时间差出现时，就是我们短线介入的最好机会。

我们可以把这种联动效应称为"龙头股的示范效应"。所谓龙头股，就是指在某一时期内，在主力对于股票市场的某一板块或某一题材的炒作中，对同类其他股票具有影响和号召力的股票。它的涨跌往往对本板块或本题材的其他个股的涨跌起引导和示范作用，龙头股会在上涨时冲锋陷阵在先，回调时抗跌，是能够起到稳定军心作用的"旗舰"。龙头股的上涨往往较为快速，势头强劲，有的时候只要我们稍不注意，它就很可能出现较大幅度的上涨，此时若再追涨则很可能面临着高位被套的风险。若我们没有及时切入龙头股，并不意味着机会就会丧失，此时，我们可以积极布局那些与龙头股主营业务相近、相似的同一板块或同一题材的其他潜力个股，这些个股在随后一般都会有较好的补涨行情出现。

板块联动形成我国股市的一大景观，读者要想很好地理解这一短线买入招式，就应对"板块"与"题材"这两个概念进行透彻的理解。股市中有一些股票会共同具备某种具有重大经济内涵的特殊性质，当这种共同性质被市场认同时，就会形成股市中的板块结构。这种个股之间所具有的共同经济内涵就是我们划分板块的分类标准，当我们依据某种分类标准准确地将具有相同特性的个股划分到一起时，这些个股就形成了一个板块，这个划分标准可以是行业或地域，也可以是题材与概念。比如以企业的所属行业为划分标准，我们可以将股票划分为银行板块、基建板块、煤炭石油板块、房地产板块等；以企业所处的地理位置为划分标准，我们可以将股票划分为上海板块、北京板块、西藏板块等，以企业所独具的题材或概念为划分标准，我们可以将股票划分为奥动板块、3G 板块、定向增发板块、稀缺资源板块等。

有的时候，一只个股因同时具有两个或两个以上的特征而被划进多个板块，这时板块的划分就出现重叠，即同一只股票按不同的标准可归属不同的板块。据笔者经验而言，当前国内股市中以行业为标准划分而来的板块及以题材概念为标准划分而来的板块最具市场号召力，这些板块内部一旦出现率先启动的龙头股，我们就可以将目光积极地投向那些仍没有出现上涨而又极具上涨潜力的个股，此时布局这些个股将面临无风险的套利机会。

在了解了板块的概念之后，我们还应了解"题材"这一概念。题材就是主力炒作个股的一种理由。当主力在短时间内炒高了个股之后，题材充当了解释个股大幅上涨的理由。当主力要炒作某些股票或已做好炒作准备时，他们就会利用宣传工具（股评、传闻、调研报告等其他传媒）为这些被炒的股票找出一些理由，从而引起散户的注意和兴趣。当散户踊跃跟进而抬高股价时，题材或板块的发起者便顺利出货，从而达到牟利的目的。主力炒作题材股既与股市浓郁的投机气氛有关，也和题材股所具备的预期效应有关。我们知道，股市中存在着大量的短线投资者，他们介入股市的目的并不是想分享业绩优秀的上市公司的分红，而是想赚取二级市场的差价。这些短线投资者最大的特点就是喜欢追涨一些强势个股，因此主力炒作题材股可以说是迎合市场需求的行为。主力通过其所具有的强大控盘资金在短时间内对题材股进行强势拉升，这种强势上扬的走势可以极大地激活投资者的做多热情，因此主力炒作题材股时会引发股票市场上的"羊群效应"。所谓的羊群效应是指主力通过率先发掘、炒作题材股从而起到导火索的作用，当市场看到"热点题材"已演变成了股价的强势上涨时，很多资金就会不顾一切地扑入其中，这就是所谓的"羊群效应"。这种羊群效应既方便了主力的拉升，也方便了主力的后期出货。可以说，炒作题材股是主力实现短期获取高额利润的重要方法之一。"羊群效应"只是主力炒作题材股的原因之一，"业绩"永远是股市的核心话题，但股市更注重预期业绩，由于享受这种题材的企业其未来业绩会实现增厚，这种题材股带来的对"预期业绩"期待会引起市场投资者的积极加入，具有很大的市场号召力。主力炒作这种具备预期业绩想象空间的个股自然会得到投资者的认可，炒作过程也是顺风顺水。

如图 15-1 所示为福田汽车（600166）2008 年 7 月 30 日至 2009 年 1 月 23 日期间走势图，此股于深幅下跌后走出了反转向上的走势，并且在 2009 年 1 月 23 日前出现了一波翻倍上涨走势（相对于之前所创出的最低点而言）；如图 15-2 所示为一汽轿车（000800）在 2009 年 1 月 23 日前的走势图，此股在此之前也出现了一波涨幅接近翻倍的走势；如图 15-3 所示为一汽夏利（000927）在 2009 年 1 月 23 日前的走势图，此股在此之前的涨势更为凌厉，出现了底部区的 V 形放量上涨走势，股价在短期内即实现了翻倍，也出现了一波涨幅接近翻倍的走势。这三只个股同属于汽车类板块，而且都是在 2009 年 1 月 23 日前出现翻倍上涨走势，它们的起涨时间最早、涨势最为凌厉，充当了汽车板块中的龙头股。通过分析这三只个股的走势，我们可以很明确地得出结论：主力资金正加速涌入汽车类个股，而这三只个股最先得到了主力资金的光顾，所以它们的上涨力度最大。基于板块之间个股所具有的联动效应，我们此时可以积极发掘那些仍没启动的汽车类个股。

图 15-1　福田汽车 2008 年 7 月 30 日至 2009 年 1 月 23 日期间走势图

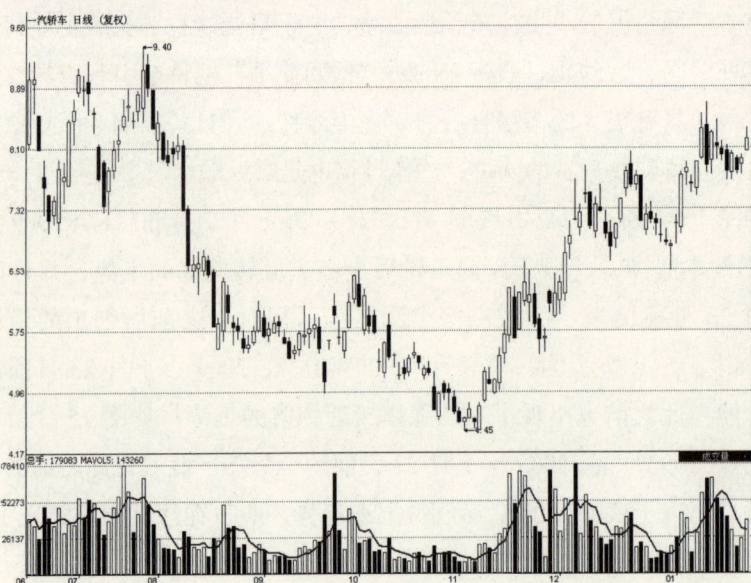

图 15-2　一汽轿车 2009 年 1 月 23 日前走势图

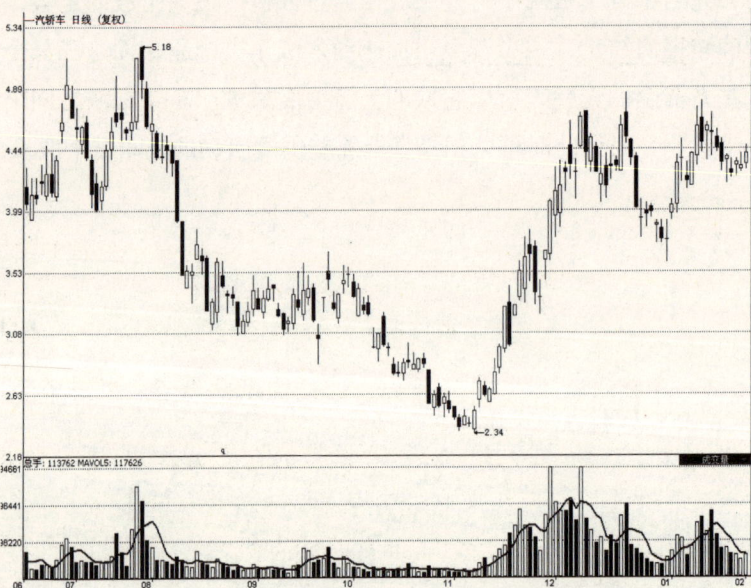

图 15-3　一汽夏利 2009 年 1 月 23 日前走势图

　　如图 15-4、图 15-5、图 15-6 所示分别为上海汽车（600104）、安凯客车（000868）、东风汽车（600006）三只个股在 2009 年 1 月 23 日前的走势图，可以看到在同期的福田汽车、一汽轿车、一汽夏利已实现翻倍走势的情况下，这三只正宗的汽车类个股却仍在底部区徘徊。上海汽车业绩优秀，但盘子较大；东风汽车与安凯客车虽然业绩一般，但它们的盘子较小。这三只个股互有优劣。由于它们都处于底部区的未启动阶段，因此都可以成为我们

图 15-4 上海汽车 2009 年 1 月 23 日前走势图

图 15-5 安凯客车 2009 年 1 月 23 日前走势图

图 15-6 东风汽车 2009 年 1 月 23 日前走势图

短线买入的个股，基于板块之间个股所具有的联动效应，随着福田汽车、一汽轿车、一汽夏利这三只个股所营造的汽车板块良好的上涨氛围，这些未启动的个股自然也会受到场外资金的关注，其后期也必将迎来极好的短线补涨行情。

在 2009 年 1 月 23 日后，股市因春季放假而停牌交易，随后于 2009 年 2 月 2 日开始复牌交易，图 15-7、图 15-8、图 15-9 分别标示了上海汽车（600104）、安凯客车（000868）、东风汽车（600006）三只个股在 2009 年 2 月 2 日前后的走势图。从图中可以看出，这三只个股在 2009 年 2 月 2 日后都出现了极好的短线上涨走势，其中安凯客车更成了短线主力爆炒的对象，这三只个股之所以在年后复牌后出现了如此强劲的上涨走势，正是缘于汽车板块中龙头个股前期的率先上涨示范效应，而这只龙头股由于在 2009 年 1 月 23 日前已出现了较大的上涨幅度，因此它们在 2009 年 2 月 2 日后的短期上涨走势中，其势头均不及这三只前期涨幅较小，此时才开始进入补涨走势的个股。

图 15-7　上海汽车 2009 年 2 月 2 日前后走势图

图 15-8　安凯客车 2009 年 2 月 2 日前后走势图

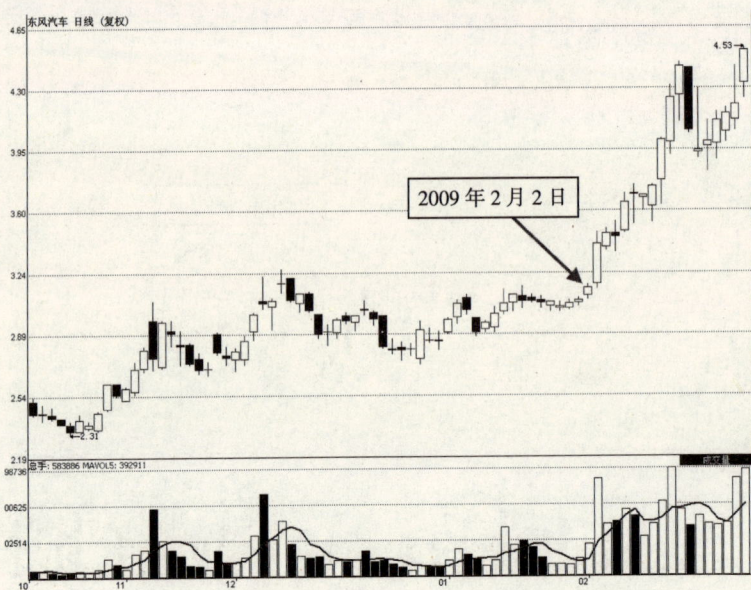

图 15-9 东风汽车 2009 年 2 月 2 日前后走势图

图 15-10 为中国软件（600536）2008 年 10 月 15 日至 2009 年 3 月 26 日期间走势图，此股在 2008 年 10 月之后开始出现了反转向上的走势，股价在成交量不断放大的支撑下出现了缓慢上涨的走势，这是主力资金持续流入的

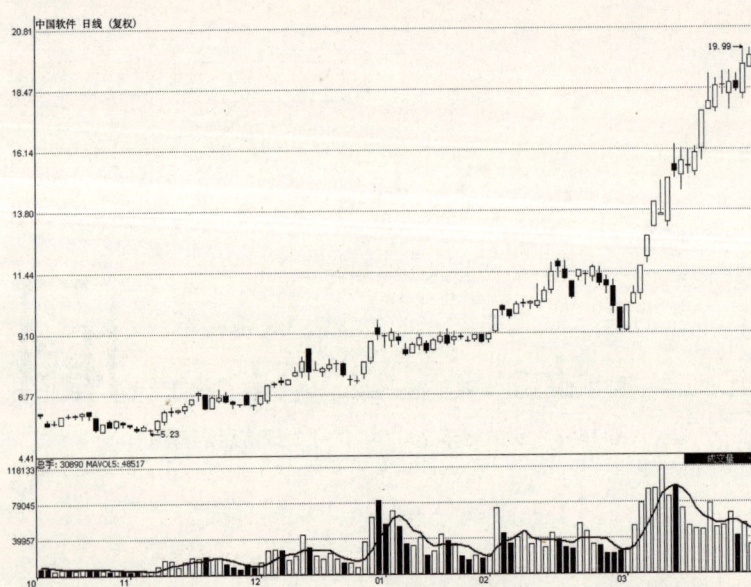

图 15-10 中国软件 2008 年 10 月 15 日至 2009 年 3 月 26 日期间走势图

迹象。由于此股在 2008 年 10 月后的反转上行走势中，不仅量价形态配合极好，而且走势也明显强于同期大盘，因此我们可以认为有主力在积极地运作此股，考虑到此股正处于深幅下跌后的反转上行走势中，且在深幅下跌后并无明显的筑底时间和空间，因此我们可以认为，即使此股有主力介入，也是通过这种缓慢推动股价上涨来实现建仓操作的。在经历了这种缓慢攀升的走势后，随着主力的建仓完毕及控盘能力的增强，我们可以看到此股步入了快速上升通道之中，过快的上涨及凌厉的涨势势必引起市场的关注，但此股的上涨既非源于预期的资产注入事项，也非源于业绩的大幅增长，经过分析，我们可以发现它的上涨是源于产业政策扶持题材——"核高基"题材。

　　什么是"核高基"题材呢？所谓"核高基"，是对"核心电子器件"、"高端通用芯片"及"基础软件产品"这三个名称的简称。2008 年 11 月，科技部正式发布了关于"核心电子器件、高端通用芯片及基础软件产品"科技重大专项 2009 年课题申报的通知，按照规划，政府对"核高基"重大专项扶持将持续至 2020 年，中央及地方政府平均每年的投入约为 40 亿元，总计将超过 400 亿元，这就是所谓的"核高基"题材，它是属于政策大力扶持的题材，是国家根据经济发展需要，为了改善我国电子信息产业相对落后的局面而制定的宏观战略规划，这一题材无疑为那些具有核高基概念的个股形成了推动作用。

　　"核高基"重大专项扶持政策的出台无疑会对相关企业的发展起到极大的推动作用，但这一题材隶属于一个前期已发布过的产业扶持政策，因此当前是否有主力资金炒作这一题材，我们只有结合实际的个股走势情况来分析才可以得出可靠的结论。很明显，中国软件这种强势的上涨无疑是主力资金正在大力炒作这一题材最为强烈的信号，当我们发现这一点时，此股已经出现了较大幅度的上涨，那么此时我们是追涨还是不追涨呢？基于同类题材个股之间具有明显的联动效应这一点，此时我们应仔细分析一下还有哪些个股具备核高基题材。通过分析可以发现，核高基项目是有选择地重点扶持那些科技含量高、有自主知识产权的高科技企业，只有那些项目申报成功的公司才能真正分享核高基政策扶持所带来的推动，但是中国软件的核高基题材并不比其他同类软件类上市公司清晰多少，它同样处在正在申报的朦胧状态下，基于这一分析结果，小盘绩优股浪潮软件、海隆软件进入了我们的视野。这两只个股与中国软件同处于一个板块中，且主营业务存在着较大的相似之处，而且它们的累计涨幅较小，极有可能成为主力资金炒作核高基题材下的强势补涨个股。

图 15-11 为浪潮软件（600756）2009 年 3 月 26 日前走势图，图 15-12

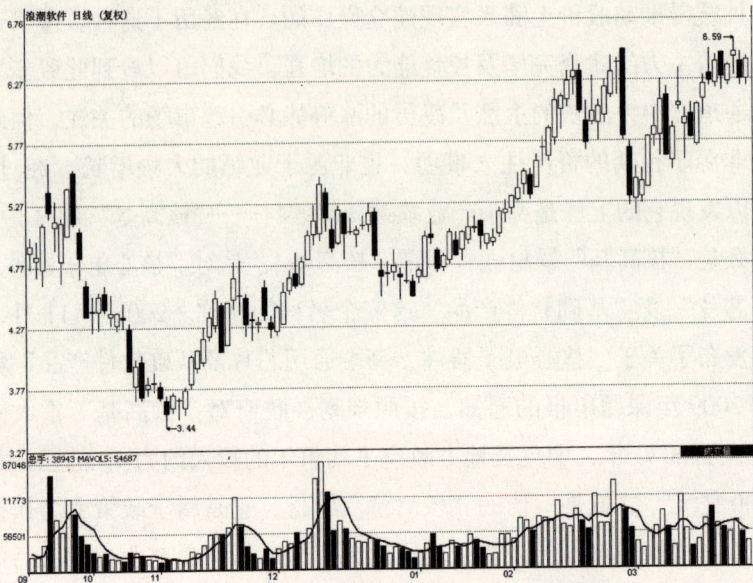

图 15-11　浪潮软件 2009 年 3 月 26 日前走势图

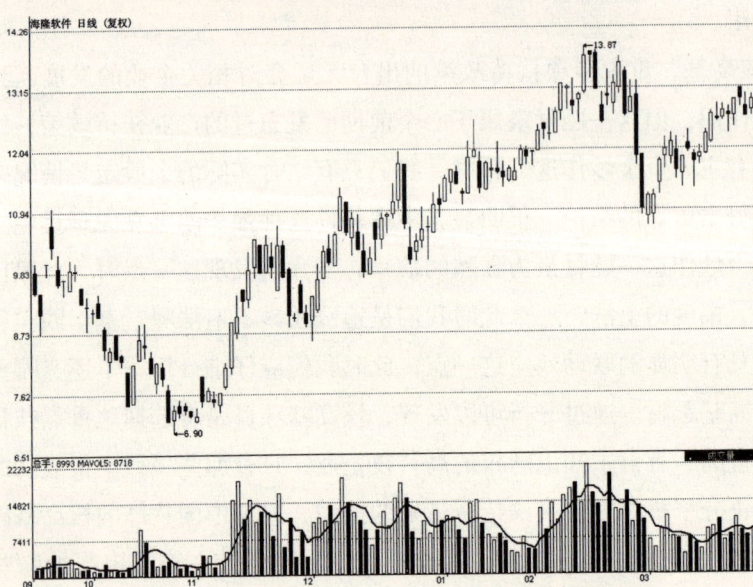

图 15-12　海隆软件 2009 年 3 月 26 日前后走势图

为海隆软件（002195）2009 年 3 月 26 日前后走势图，这两只正宗的软件类个股在同板块中的中国软件已出现大幅上涨走势后，仍处于低位区的震荡盘整走势中，依据本短线性买入招式所介绍的方法，我们可以认为它们存在着极好的短线补涨行情，因而可以积极地进行短线买入操作。

　　图 15-13 为浪潮软件 2009 年 3 月 26 日前后走势图，图 15-14 为海隆软件 2009 年 3 月 26 日前后走势图，这两只个股随后均出现了大幅上涨走势，而这种随后的大幅上涨走势也正是源于前期中国软件的大幅上涨使得核高基题材突然成了一个炙手可热的题材，从而引发了主力资金再次挖掘并炒作其他更有被涨潜力的个股，这两只个股由于前期累计涨幅较小，且与中国软件处于同一板块中，不仅主营业务存在着较大的相似之处，而且股票名称中都有"软件"二字。在当时市场炒作气氛浓郁的背景下，浪潮软件更是成了市场游资狙击的对象。

图 15-13　浪潮软件 2009 年 3 月 26 日前后走势图

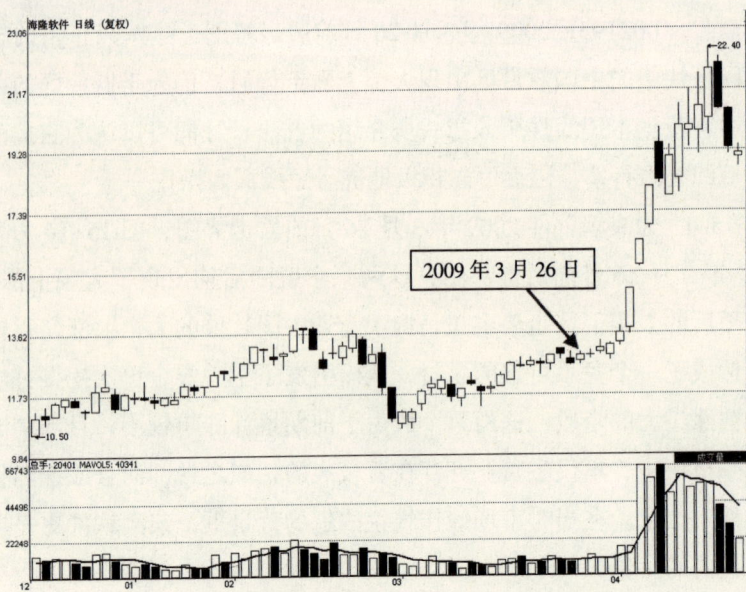

图 15-14　海隆软件 2009 年 3 月 26 日前后走势图

第十三招　势如破竹，强者恒强
——突破形态后的强势横盘是短线买入机会

　　个股的涨跌走势是由买盘与卖盘力量对比情况决定的，不同程度的买卖盘力量对比情况决定了个股的不同走势，当买盘力量稍占上风时，个股多处于出现缓慢上涨的走势，而当买方力量占据了明显的主导地位时，个股多会出现突破走势；有的时候，买盘的这种强劲势头不过是昙花一现，随着买盘一时的大力推动。个股虽然出现了短期的强势突破，但这种强势突破也往往引发了更多的获利筹码抛出，在多方力量无法承接的情况下，个股的突破走势也无果无终；但也有的时候，由于买盘不仅完全占据了一时的主导地位，而且在随后较长的一段时间内也能够完全占据主导地位，就会使得个股突破走势的成果得以良好地保存，即在突破了原有的盘升形态之后，个股的股价可以在突破后的阶段性高位区出现强势横盘走势，这种突破后的强势横盘走势既是买盘后继力量充足的表现，也往往是主力做多意愿坚决的表现。因此，它在随后的短期内继续保持强势上涨的势头也存在着极大的可能性，是我们短线买入的好时机，有一句谚语："强者恒强"即是对这一短线买入招式最好的表述。

　　图 16-1 为工大高新（600701）2012 年 8 月 30 日至 2013 年 2 月 21 日期间走势图，此股在经历了 2012 年的大幅下跌之后，于低位区出现了盘整震荡上行的走势，这说明市场中原有的空方力量占据主导地位的情况已经消失，当前市场多方力量开始占据一定优势，但此时虽然个股出现震荡攀升的形态，但股价重心上移速度较慢，这说明个股的做多动能并没有完全占据主动，或者我们也可以将其理解为这是主力此时仍没有发动攻击的意图。如图标注所示，随后此股出现了突破前期盘整形态的走势，在突破之后呈现出强

势的横盘走势，而且没有在获利抛盘的压力下出现回落，这是市场做多动能充足、买盘强劲且主力做多意愿坚决的信号，而且此时的个股的股价从中长线的角度来看仍处在一个较低的价位区，因而我们可以在此强势横盘走势中积极买入此股，参与短线操作。

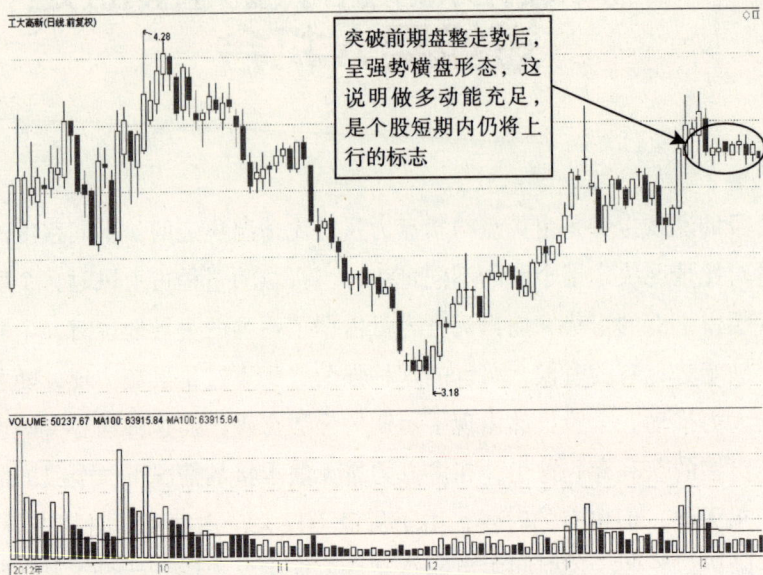

图 16-1　工大高新突破形态后强势横盘示意图

图 16-2 为工大高新强势横盘后走势图，从图中可以看出，此股随后在充足盘的介入和主力的推动下再次出现了上涨走势，对于这种强势的上涨走势，我们是可以从它之前出现的强势横盘形态中一窥端倪的。

图 16-3 为中金黄金（600489）2008 年 11 月 20 日至 2009 年 5 月 15 日期间走势图，此股在经历了前期的上涨及震荡回调走势之后，再度出现了一波强势突破上涨的走势，股价创出了阶段性的新高，但此时个股并没有在获利盘的抛压下出现明显的回调，而是在这个阶段性新高的区域出现了强势横盘的走势，虽然此时个股相对于前期的底部区而言已有不小的累计涨幅，但此时的股价从中长期的角度来看，仍处于一个相对较低的位置区间，图 16-4 为中金黄金 2009 年 5 月 15 日前走势全景图，可以说，从中长线的角度来看它后期仍有很大的上升空间，而且在 2009 年全球通胀预期十分强烈的背景下，作为一只概念纯正的黄金股，中金黄金的后期走势也是值得我们期待

图16-2　工大高新强势横盘后走势图

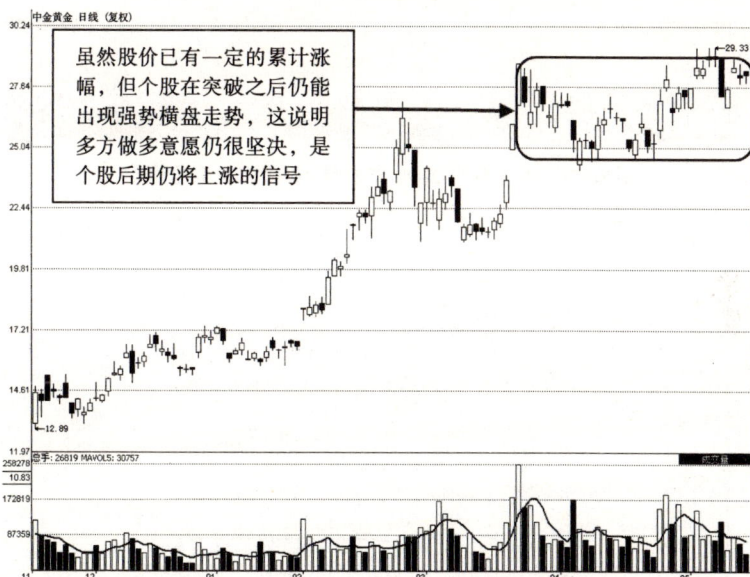

虽然股价已有一定的累计涨幅，但个股在突破之后仍能出现强势横盘走势，这说明多方做多意愿仍很坚决，是个股后期仍将上涨的信号

图16-3　中金黄金突破形态后强势横盘示意图

的。基于此股突破走势后的强势横盘形态这一技术分析结果及之前提到的几点要素，我们有理由认为主力此股仍有较强的做多的意愿，因而可以在这一强势横盘区域进行买入操作、积极地参与此股。

图16-5为此股强势横盘后的走势图，图中标注了此股突破形态后的强

势横盘区域，可以看到，在这一强势横盘走势之后，此股再次步入了快速上涨通道中，因此在这突破形态后的强势横盘区域进行买入操作，将是一次极好的短线机会。

图16-4　中金黄金 2009 年 5 月 15 日前走势全景图

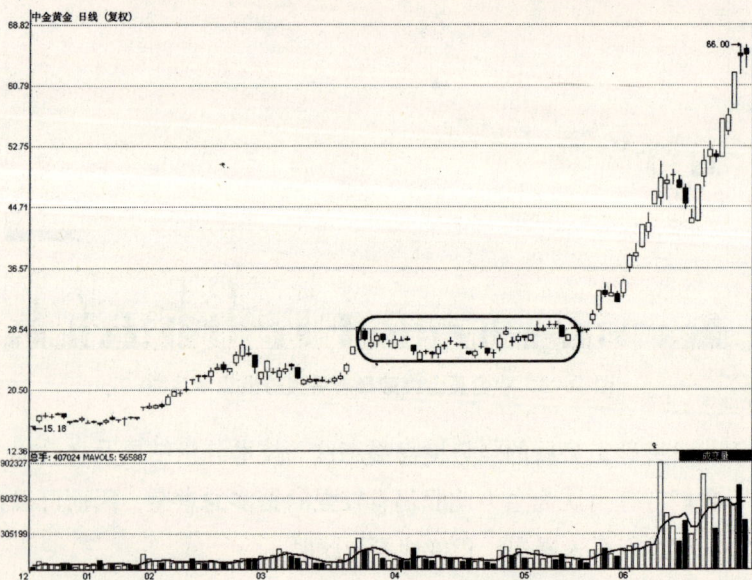

图16-5　中金黄金强势横盘后走势图

图 16-6 为龙元建设（600491）2008 年 10 月 6 日至 2009 年 7 月 10 日期间走势图，此股在经 2008 年的大幅下跌之后，于低位区出现了盘整震荡上行的走势，这说明市场中原有的空方力量占据主导地位的情况已经消失，当前是市场中多方力量开始占据一定优势。但此时虽然个股出现震荡攀升的形态，但股价重心上移速度较慢，这说明个股的做多动能并没有完全占据主动，或者我们也可以将其理解为这是主力此时仍没有发动攻击的意图。如图标注所示，随后此股在突破了原有的盘升形态之后，个股的股价可以在突破后的阶段性高位区出现强势横盘走势，这种突破后的强势横盘走势即是买盘后继力量充足的表现，也往往是主力做多意愿坚决的表现，因此，它在随后的短期内继续保持强势上涨的势头也存在着极大的可能性，是我们短线买入的好时机。

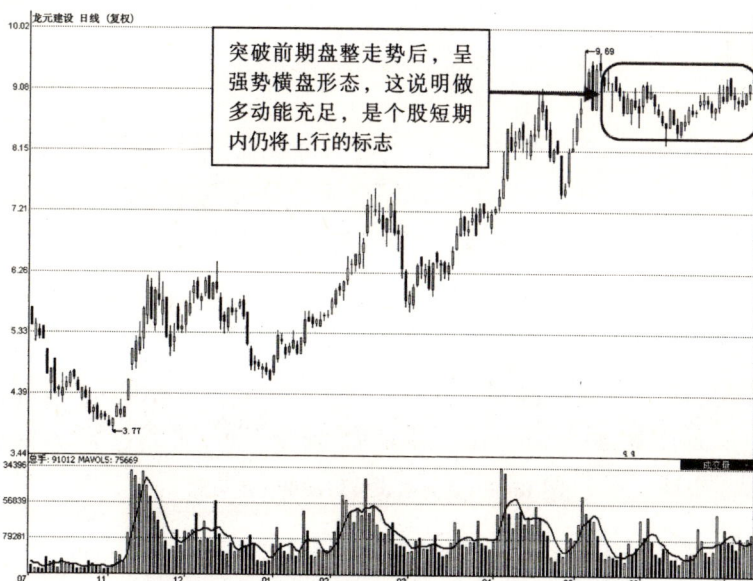

图 16-6　龙元建设突破形态后强势横盘示意图

图 16-7 为龙元建设强势横盘后走势图，从图中可以看出，此股随后在充足盘的介入下、在主力的推动下再次出现了上涨走势，对于这种强势的上涨走势，我们是可以从它之前出现的强势横盘形态一窥端倪的。那么，为什么这种突破后的强势横盘可以看作是一个极佳的短线买入信号呢？我们知道，个股的涨跌走势是由买盘与卖盘力量对比情况决定的，不同程度的买卖

盘力量对比情况决定了个股的不同走势，当买盘力量稍占上风时，个股多处于出现缓慢上涨的走势；而当卖盘力量占据了明显的主导地位时，个股多会出现突破走势。若个股在突破了原有的盘升形态之后，其股价可以在突破后的阶段性高位区出现强势横盘走势，则这种突破后的强势横盘走势即是买盘后继力量充足的表现，也往往是主力做多意愿坚决的表现，它在随后的短期内继续保持强势上涨的势头也存在着极大的可能性，这也正是"强者恒强"的表现，因此，这种突破形态后的强势横盘走势就是我们短线买入的绝佳时机。

图 16-7　龙元建设强势横盘后走势图

　　图 16-8 为驰宏锌锗（600497）突破形态后强势横盘示意图，此股在阶段性的高位区域出现了强势横盘的走势，虽然此时此股相对于之前的底部价位而言已有一定的累计涨幅，但从中长线的角度来说，它仍处于一个较低的价位区间，图 16-9 为此股 2009 年 7 月 13 日前走势全景图，可以说，从中长线的角度来看它后期仍有很大的上升空间，而且这种突破形态后的强势横盘走势正是主力做多意愿坚决、市场抛压较轻的标志，因此，我们可以在此区域进行较为积极的买入操作。

　　图 16-10 为此股强势横盘后走势图，图中标注了此股突破形态后的强势

横盘区域，可以看到，在这一强势横盘走势之后，此股再次步入了快速上涨通道中，于是在这突破形态后的强势横盘区域进行买入操作将是一次极好的短线机会。

图 16-8　驰宏锌锗突破形态后强势横盘示意图

图 16-9　驰宏锌锗 2009 年 7 月 13 日前走势全景图

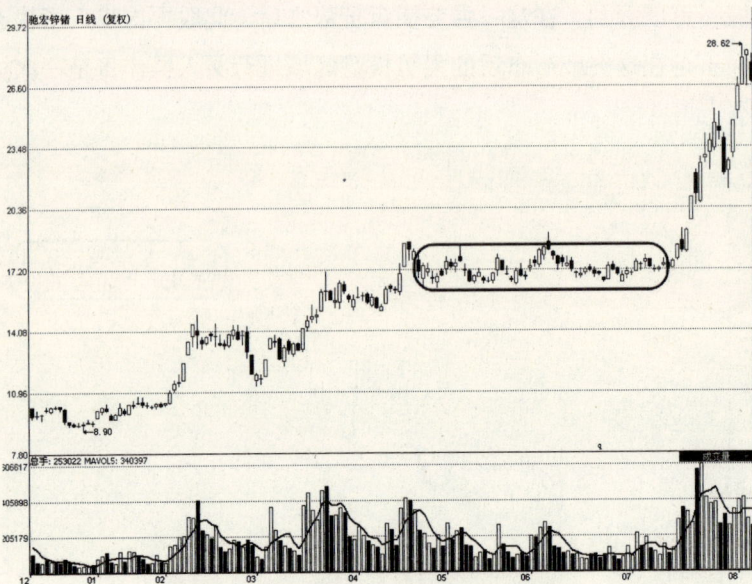

图 16-10　驰宏锌锗强势横盘后走势图

图 16-11 为 S 佳通（600182）突破形态后强势横盘示意图，从图中可以看出，此股在一波急速的上涨之后，股价并没有出现深幅回调，反而是在突破后的高位区出现了强势横盘形态，这说明主力做多意愿坚决，此区域即

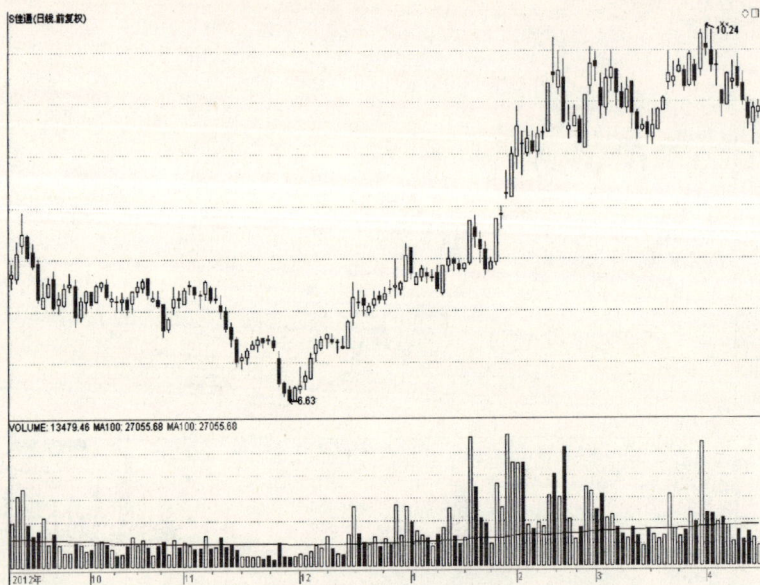

图 16-11　S 佳通突破形态后强势横盘示意图

是我们短线买入的区域。那么，为什么这种突破后的强势横盘可以看作是一个极佳的短线买入信号呢？我们知道，个股的涨跌走势是由买盘与卖盘力量对比情况决定的，不同程度的买卖盘力量对比情况决定了个股的不同走势。当买盘力量稍占上风时，个股多处于缓慢上涨的走势，而当买方力量占据了明显的主导地位处，个股多会出现突破走势，若个股在突破了原有的盘升形态之后，其股价可以在突破后的阶段性高位区出现强势横盘走势，这种突破后的强势横盘走势即是买盘后继力量充足的表现，也往往是主力做多意愿坚决的表现，因此它在随后的短期内继续保持强势上涨的势头也存在着极大的可能性，这也正是"强者恒强"的表现。这种突破形态后的强势横盘走势正是我们短线买入的绝佳时机。

　　图16-12为此股强势横盘后走势图，从图中可以看出，此股随后在主力的推动下再次出现了大幅上涨走势，对于这种强势的上涨走势，我们是可以从它之前出现的强势横盘形态中一窥端倪的，对于此股之前的强势横盘走势，我们完全可以将其理解为主力做多意愿坚决的信号。

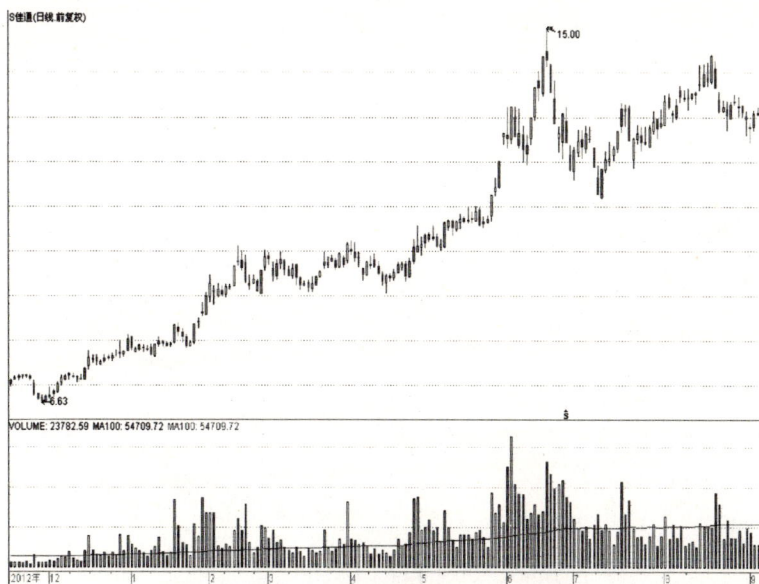

图 16-12　S 佳通强势横盘后走势图

第十四招　形影相似，貌合神离
——盘点经典底部反转形态下的短线买入机会

"底部"与"顶部"是一对相对概念，顶部是从底部涨上去的，而底部则是从顶部跌下来的。底部出现在下跌趋势的末期，代表市场走势已经见底，不会再次出现深度套牢的情况，底部的出现既是机会的预示，也是我们买入的好时机。

股票市场往往因非理性的暴涨或暴跌走势而呈现出严重背离实际价值的情况，这种暴涨暴跌走势也可以说，既是对于股市所具有预期性效应淋漓尽致的体现，也是投资者贪婪或恐慌情绪的展现，当股市的持续上涨使得其财富效应尽显时，投资者会有极高的做多热情，从而推动价格步步高升，严重偏离实际价值从而出现泡沫；反之，当股市的持续下跌使得其成为消失财富的代名词时，投资者的恐慌情绪也会随着股价的急泻而增强，从而推动股价节节走低，严重偏离实际价值从而出现低估。我们首先来看看底部是如何出现的。

假设市场经过轰轰烈烈的下跌，在某个相对的低位有跌不下去的现象，前期的大幅下跌使得市场人气骤减，此时，空方力量由于前期的持续暴跌走势已被消耗殆尽，但是多方力量基于前期的下跌的影响，也不敢盲目介入，因此在买盘没有快速大量介入的前提下，多空双方就开始了一场艰苦而漫长的拉锯战，价格在一个相对狭小的区间内来回震荡。我们可以把这一过程看作是多方积蓄能量的过程。通过分析股票市场的历史走势我们可以发现，深幅下跌后底部区往往难以出现 V 形反转的走势，这是因为在这个筑底的过程中，持怀疑态度的投资者占据了大多数，这样每一次小幅的上涨总伴随着投机客获利盘的减仓或者套牢盘的止损，在每个大多头的行情的初始阶段，都交织着勇敢介入的买盘与怀疑者之间的分歧斗争，在这个过程中，空方的筹码在不知不觉中落入那些坚定看多的多方手中，这为以后发动行情积蓄了力量。

底部区无疑是机会的象征，我们除了依据上面所分析的多空双方的交锋过程来理解底部的形成之外，还可以从底部区常见的经典形态来捕捉底部区的买入机会。一般来说，在底部区常见的经典形态有：圆弧底、双重底、头肩底、V 形底等，本招式中我们就来看看如何利用这些经典的底部形态展开短线性买入操作。

一、双重底

双重底也称为 W 底，是一种经典的底部反转形态，它由两个相同或相差不多的低点所组成，图 17-1 为标准的双重底示意图，在双重底形态中，股价经历了二次探底的走势，于是它是由两个相同或相差不多的低点所组成的，这两个低点的连线叫支撑线。如图标注所示，在双重底形态中有一条颈线，而这条颈线也是我们判断双重底形态重要的标志之一。一般来说，个股在形成右底并向上突破颈线位时会出现明显的放量，这说明个股在经历了二次探底后，是强烈的做多动能才使得个股出现了向上突破颈线从而形成完整的双重底形态。

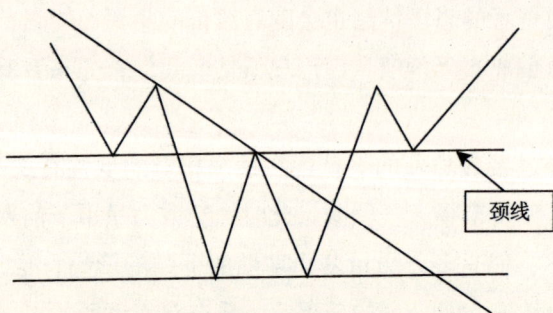

颈线

图 17-1　标准的双重底形态示意图

图 17-2 为老凤祥（600612）2013 年 3 月 18 日至 2009 年 3 月 16 日期间走势图，如图标注所示，可以看到此股在深幅下跌后于低位区出现了一个双底形态，且在股价向上突破颈线时出现了明显的放量，这说明双重底形态已形成，是个股由前期的跌势反转为升势的强烈信号，因此随后股价再次回

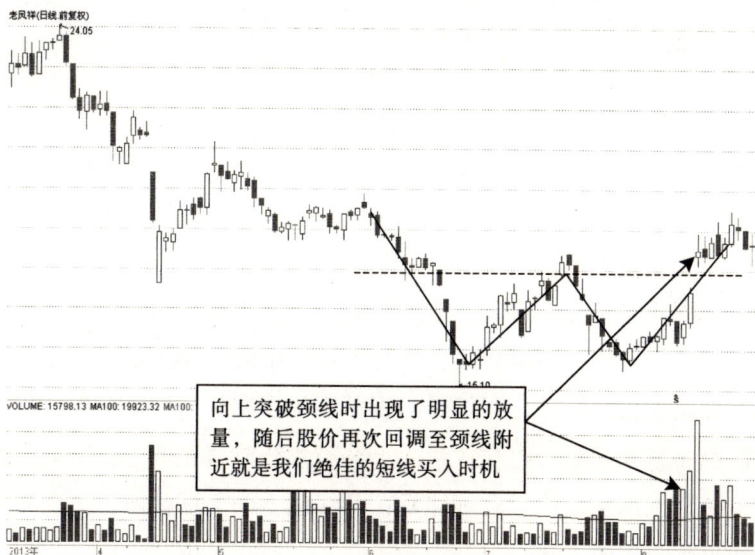

向上突破颈线时出现了明显的放量，随后股价再次回调至颈线附近就是我们绝佳的短线买入时机

图17-2　老凤祥双重底形态示意图

调至颈线附近就是我们绝佳的短线买入时机。

图17-3为老凤祥双底形态形成后走势图，如图标注所示，可以看到此股在双重底形成后，当股价再次回调至颈线附近就是绝佳的短线买入时机。

图17-3　老凤祥双重底形态形成后走势图

二、头肩底

头肩底的出现频率一般要高于双底形态，它也是一种极为常见的底部形态，头肩底的整体形成过程也是多空双方力量发生逐步转化的过程，因此我们有必要了解这一重要的底部反转形态。图 17-4 为标准的头肩底形态示意图，首先是个股在深幅下跌之后形成左肩，随后在市场恐慌性抛售下，个股出现了单针探底的走势，由于空方力量的枯竭及买盘的涌入使得股价出现较大的反弹，这一波反弹力度较大，但与下跌途中的反弹走势不同，股价在随后并没再度出现大幅回落，而仅是出现了小幅回调从而形成右肩。当个股经历了右肩的短暂休整后，再次放量向上突破颈线时就完成了整个头肩底形态的构筑。该形态形成后的上涨规律是：颈线以上的上涨幅度，至少为头部低点到颈线垂直距离的 1 倍。

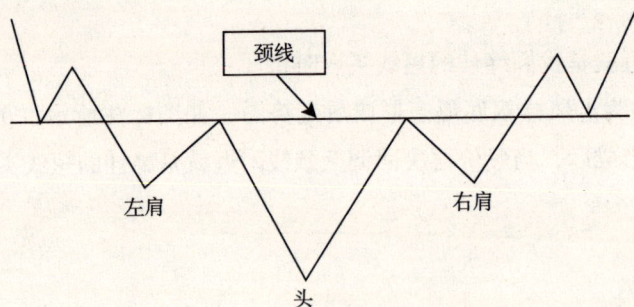

图 17-4 标准的头肩底形态示意图

图 17-5 为洪都航空（600316）2008 年 7 月 15 日至 2008 年 12 月 16 日期间走势图，此股在深幅下跌后形成了头肩底形态，在个股累计跌幅较大的情况下，这一头肩底形态预示着多方开始占据了市场主动。从图中可以看出，在头肩底形态的右边一半部分（即上涨部分）出现了较为明显的放量，这种放量预示着主力资金开始介入抄底，也预示着多方开始反攻，是市场见底的明确信号。在实盘操作中，如果我们能判定出这是一个底部区的头肩底形态，那我们就可以在头肩底形态形成右肩时进行短线买入操作，这是头肩底形态中的第一买点；此外，在股价随后向上突破颈线使得头肩底形态完全形成后，多会出现一个股价再度回调至颈线寻求支撑的走势，这是头肩底形

态中的第二买点。

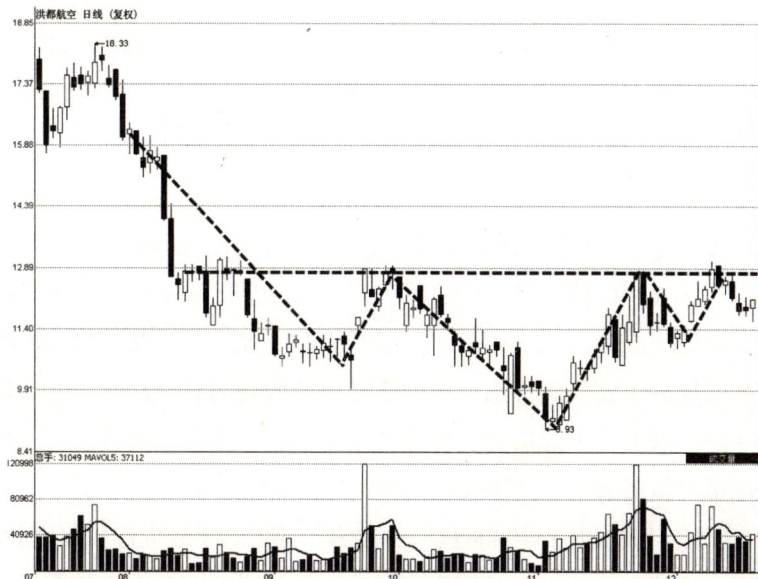

图 17-5　洪都航空头肩底形态示意图

图 17-6 为此股头肩底形成后的走势图，如图标注了头肩底形态的两个短线买点。

图 17-6　洪都航空头肩底形成后走势图

三、圆弧底

圆弧底形态是指 K 线连线呈圆弧形的底部形态，它清晰地显示了多空双方力量平缓过渡的全过程。个股在下跌途中的持续下跌使得股价越来越低，股价越来越低也使得卖方的意愿越来越弱，当股价跌至某一价位区时，主力或有远见的投资者见时机已到，便开始入场买进，买方力量渐渐增强，股价及成交量缓缓上扬，从而形成了圆弧底形态；圆弧底的形成过程也是一个由前期的以空方处于优势地位逐渐过渡到以多方处于优势地位的过程，随着更多的买方意识到趋势的见底而开始入场买入时，股价及成交量均会出现快速上扬，从而形成了圆弧底形态。圆弧底形态是明确的底部反转信号，后市有望持续向好。该形态形成后的上涨规律是：股价向上突破颈线位后，后市上涨的幅度至少是底部低点到颈线位垂直距离的 1 倍。

图 17-7 为华鑫股份（600621）2013 年 3 月 25 日至 7 月 22 日期间走势图，此股在深幅下跌后出现了圆弧底形态，并且股价在向上突破圆弧底形态时出现了放量现象，圆弧底形态出现个股深幅下跌后的低位区，是个股走势见底的信号，预示着趋势反转的出现。

图 17-7　华鑫股份圆弧底形态示意图

图 17-8 为此股圆弧底形成后的走势图，当此股放量上冲至颈线附近时，此时圆弧底形态正式形成，颈线附近也是我们最佳的短线买入时机。

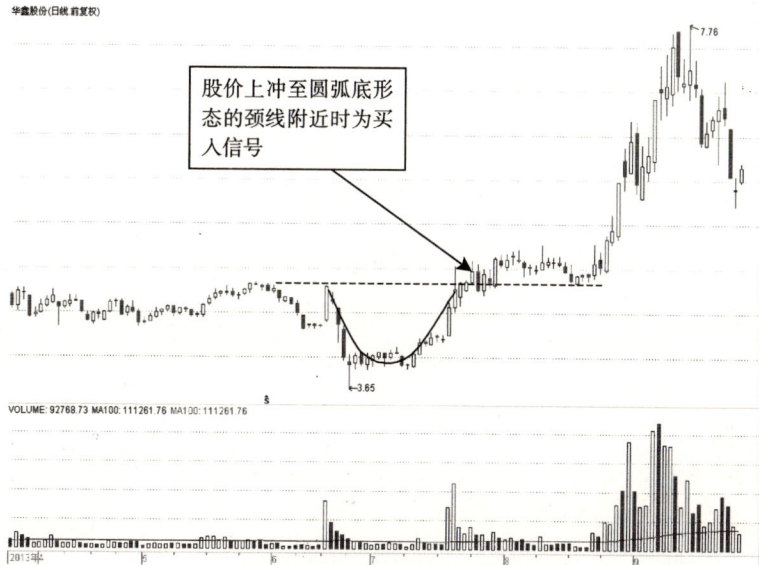

股价上冲至圆弧底形态的颈线附近时为买入信号

图 17-8　华鑫股份圆弧底形成后走势图

第十五招　刀枪剑戟，得心应手
——盘点技术指标下的短线买入机会

技术指标是短线操作中必不可少的工具，不同种类的技术指标反映了市场的不同特征，依据技术指标的设计初衷，我们可以把技术指标分为趋势类指标、能量类指标、成交量类指标、摆动类指标、大盘指标及其他的专业指标。有些指标适用于研判股市的整体走势，有些指标更适于我们的短线买卖操作，也有些指标兼具了这两种功能。一般来说，在进行短线买卖操作时，虽然技术指标多种多样，但其短线买入信号却具有共性，这种共性就是"金叉形态"与"底背离形态"。本招式中，我们将结合常见的指标来讲解如何运用技术指标展开短线买入操作。

一、利用指数异动平滑平均线 MACD 展开短线买入

指数异动平滑平均线 MACD 既适合用于分析价格的总体运行趋势，也适合用于展开短线操作。MACD 指标基于移动平均线的分离、聚合特性而产生，指标的创造者查拉尔德—阿佩尔（Gerald Appel）通过研究发现：周期较短的移动平均线与周期较长的移动平均线呈现出一种相互聚合、相互分离的特性，即在一波价格上涨或下跌的趋势中，较短期的移动平均线 MA 往往迅速脱离较长期的移动平均线 MA，随后在价格走势趋缓的时候，二者又会逐渐聚合。MACD 指标即是利用两条移动平均线的这一特性，通过计算得出两条移动平均线之间的差异——正负差 DIF，以此作为研判价格波动的根据。下面我们看看如何利用 MACD 展开短线买入操作。

图 18-1 为中源协和（600645）2012 年 3 月 21 日至 2013 年 1 月 24 日期间走势图，此股在深幅下跌后出现了止跌企稳走势，虽然股价在此期间又创出了新低（图中虚线标注的一段时间），但是我们可以看到股价的下跌速度

明显放缓，而且股价重心在此期间并没有出现明显下移，与股价走势创出新低不同，在此期间 MACD 指标线却是步步走高，这种形态称为底背离形态。当底背离形态出现在个股深幅下跌后且股价有止跌企稳迹象时，多意味着下跌趋势已经结束，是跌势转为升势的信号，此时我们可以进行中线或短线的布局。

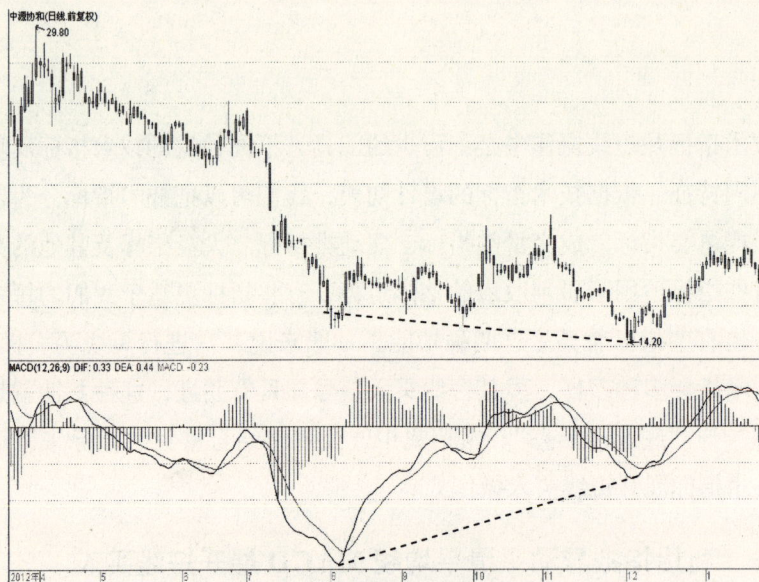

图 18-1　中源协和底背离形态示意图

图 18-2 为中源协和底背离形态后走势图，可以看到在底背离形态出现后，股价出现了一波很好的上涨走势。

图 18-3 为平煤股份（601666）2007 年 6 月 21 日至 2008 年 12 月 1 日期间走势图，此股在深幅下跌后出现了底背离形态，对于此股来说，底背离形态持续的时间较长，因此在实际买卖操作中，我们更应该掌握底背离形态下的买入时机。当此股刚一出现底背离形态时，由于此时股价仍处于明显的下跌走势中，并没有止跌迹象，因此这时并不是买入时机，随后，当此股在深幅下跌后出现长时间的盘整走势、股价重心难以再次下移时（这时的走势可称为深幅下跌后的止跌企稳走势），我们可以看到 MACD 指标线仍在节节走高，这种情况下的底背离形态才是可靠的买入的信号，图 18-4 为该股底背离形态后走势图。股价的止跌企稳说明空方抛压已在减弱，而 MACD 指标线

的节节走高则说明买盘正加速涌入，是个股走势随后即将上涨的信号，也是我们买入的信号。

图 18-2　中源协和底背离形态后走势图

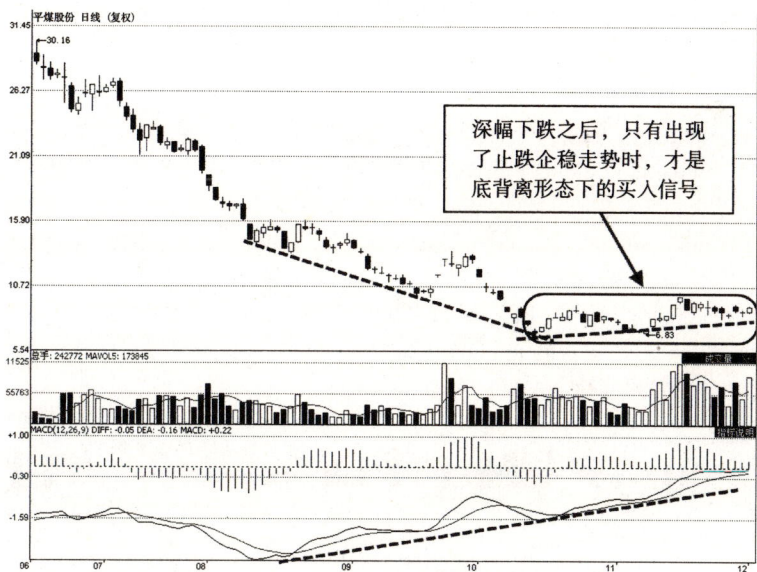

深幅下跌之后，只有出现了止跌企稳走势时，才是底背离形态下的买入信号

图 18-3　平煤股份底背离形态示意图

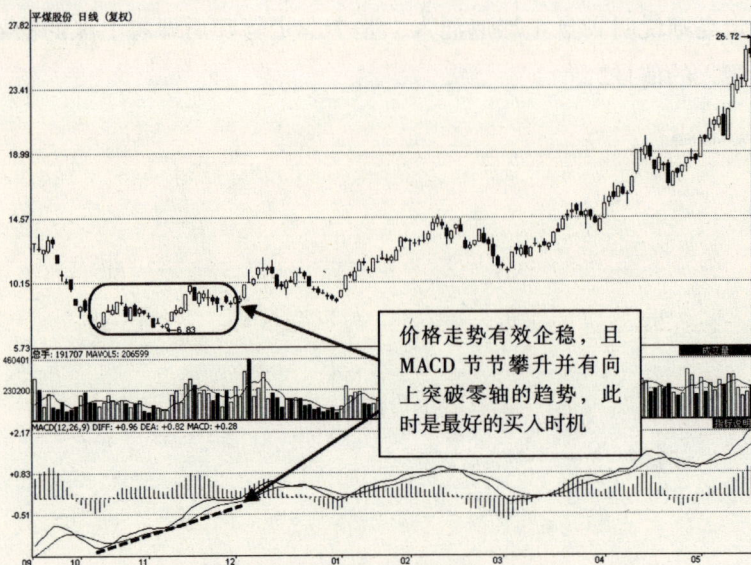

图 18-4　平煤股份底背离形态后走势图

图 18-5 为中金黄金（600489）2008 年 10 月 20 日至 2009 年 2 月 25 日期间走势图，当此股步入上升走势后，MACD 指标线也开始运行于零轴上方，这时我们的短线操作策略应以回调后加仓买入为主，而 MACD 此时出现的 DIFF 线向上交叉并穿越 DEA 线所形成的金叉形态就是最好的短线买入时

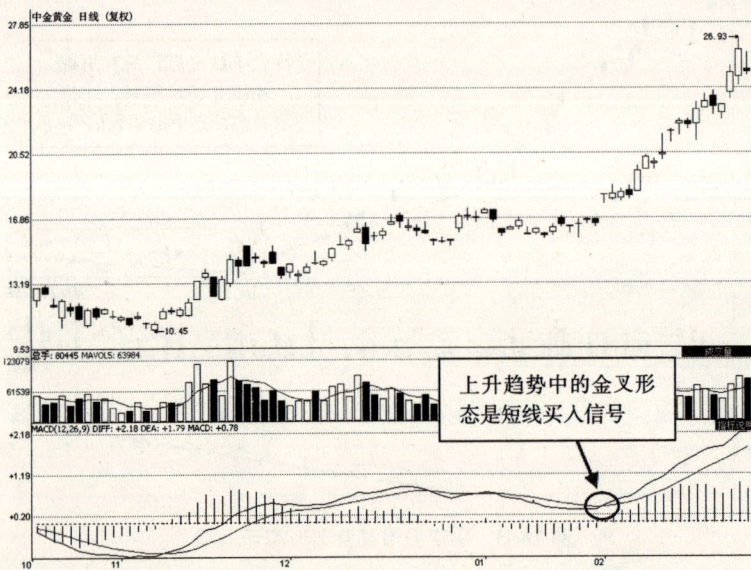

图 18-5　中金黄金上升趋势中 MACD 金叉形态示意图

机，因为上升趋势中的 MACD 金叉形态多预示着新一波上涨走势的出现。

图 18-6 为中科合臣（600490）2009 年 1 月 14 日至 6 月 19 日期间走势图，此股在此期间经底部反转后开始步入上升通道。当此股步入上升走势后，MACD 指标线也开始运行于零轴上方，这时我们的短线操作策略应以回调后加仓买入为主，而 MACD 此时出现的 DIFF 线向上交叉并穿越 DEA 线所形成的金叉形态就是最好的短线买入时机，因为上升趋势中的 MACD 金叉形态多预示着新一波上涨走势的出现。

图 18-6　中科合臣上升趋势中 MACD 金叉形态示意图

二、利用随机摆动指标 KDJ 展开短线买入

随机摆动指标 KDJ 是一个极为常用的短线指标，它适用于盘整行情，可以有效地帮助投资者完成盘整走势中的高抛低吸操作。KDJ 指标窗口的三条指标线（K 线、D 线、J 线）总是在一个相对平衡的位置两侧来回地波动，这个平衡位置就是零轴。当股价在短期内出现快速上涨或下跌走势后，就会使得 KDJ 指标线快速向上或向下运行，这时的市场在短期内会处于超买或超卖状态。随后，价格走势有回调或反弹的趋向，因此 KDJ 指标线进入超买或超卖区间时就是我们短线卖出或买入的时候；由于价格走势总是以波动的方式运行，因此当股价回到平衡位置后，仍有再次向上或向下运行的动力。此

时，KDJ 所形成的金叉形态就是买入信号，所形成的死叉形态则为卖出信号。下面我们结合实例来看看如何利用 KDJ 指标展开短线性买入操作。

图 18-7 为同达创业（600647）2012 年 11 月 26 日至 2013 年 1 月 9 日期间走势图，此股在经 2008 年 9 月前的深幅下跌之后，在低位区出现了明显的止跌企稳走势，且股价重心也在盘整走势中开始逐步上移。这时我们就可以积极地利用 KDJ 指标来开展短线操作（注：在快速的单边升势或跌势中，一般不利用摆动类指标进行短线操作，因为摆动类指标更适用于升势或跌势都相对缓慢的盘整走势）。如图标注所示，当个股在盘整走势中经一波回调之后出现 KDJ 金叉形态时，往往预示着盘整走势中的回调已经结束，随之而来的将是回调后的另一波上涨走势，因此可以积极地展开短线买入操作。若前期股价重心在整体形态上有上移倾向，则我们可以在金叉形态完全形成，且出现了一波阶段性的明显上涨后再短线获利出局。

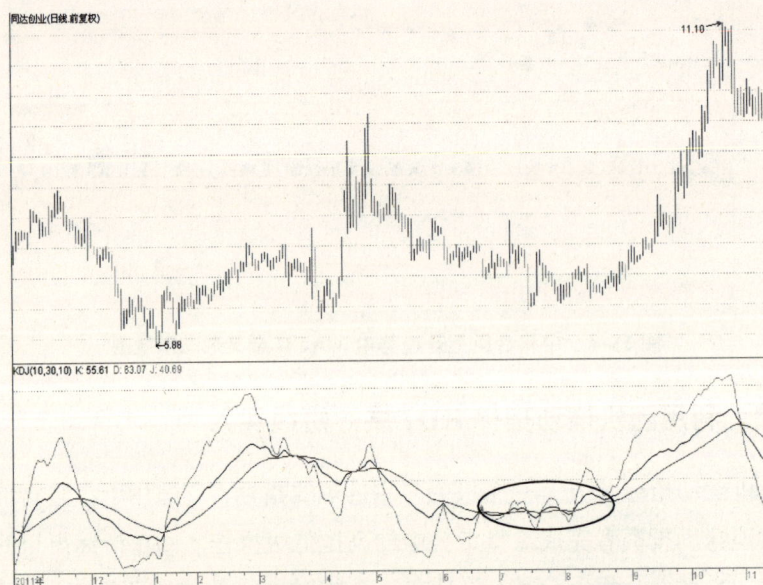

图 18-7　同达创业 KDJ 金叉形态买入示意图

图 18-8 为航天晨光（600501）2008 年 11 月 3 日至 2009 年 5 月 21 日期间走势图，此股在 2008 年 11 月之后开始了升势相对缓慢的盘升走势，在这种盘升走势中，我们可以利用 KDJ 指标的金叉形态积极地开展短线性买入操作，而一波快速回调后形成的 KDJ 金叉形态就是我们在上升途中短

线买入的信号。

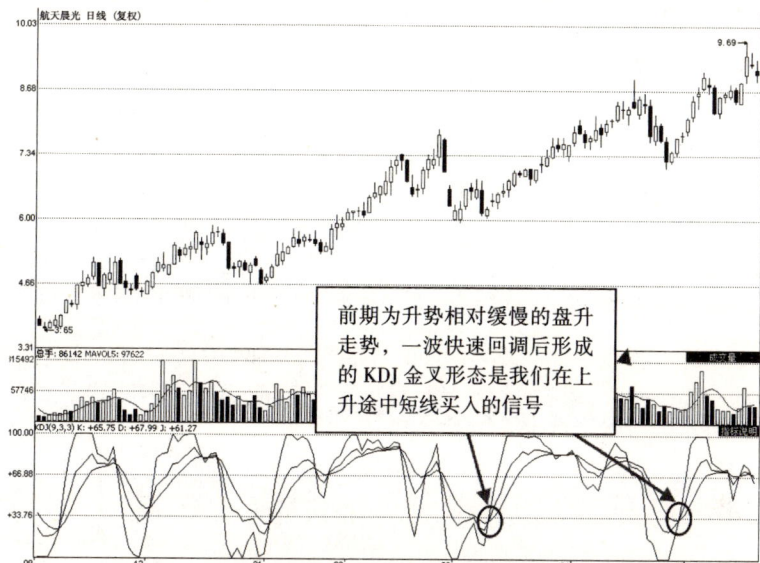

图 18-8　航天晨光盘升走势中 KDJ 金叉形态买入示意图

三、利用每笔均量 MBSS 展开短线买入

每笔均量＝（个股某段时间内的总成交量）÷（相应时间段的总成交笔数）。它通过将某只股票当日的总成交量除以当日的总成交笔数得出结果，反映了个股平均每笔交易的成交数量。每笔均量 MBSS 是一个专门用于捕捉主力动向的指标，它可以有效地发现主力控盘行为。一般来说，当个股处于相对低位区时，若主力有意大幅拉升股价，则往往会在拉升前先进行一番准备，这种准备既有可能是主力在盘中的拉升或打压的试盘行为，也有可能是主力在拉升前进行最后的大力度吸筹。总之，无论主力采用何种方式进行准备，由于主力资金量庞大，其股市买卖操作不可能像散户一般地进行小笔买卖，这时，每笔均量就可以明显地暴露主力行踪。此时，若个股处于长期的低位平台区或是上升途中的长期盘整顿走势之后，则多代表个股随后将有可观的短线上涨走势出现，是我们极好的短线买入机会。

图 18-9 为莲花味精（600186）2008 年 11 月 25 日至 2009 年 11 月 12 日期间走势图，此股在上升途中出现了长时间的横盘整理走势，如图标注所示，股价未见明显异动，但每笔均量大幅攀升，此时股价从中长线角度来

看，仍处于一个相对低位区，因而我们可以短线买入。

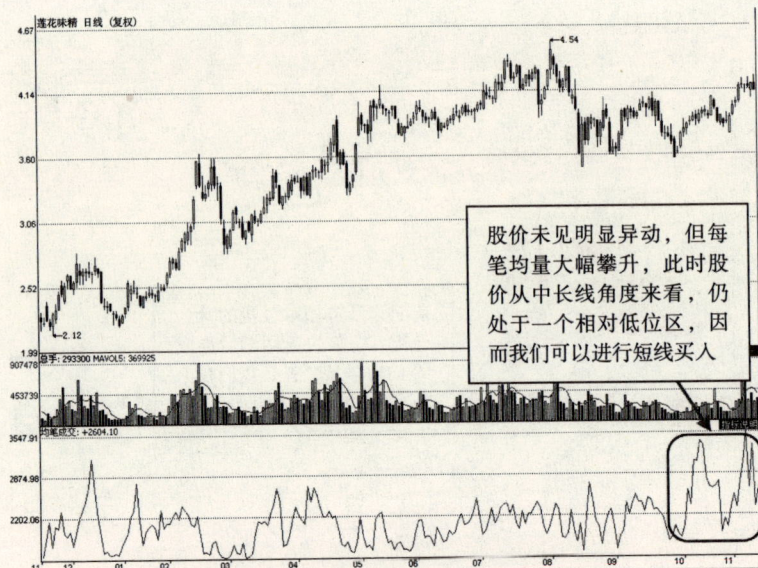

股价未见明显异动，但每笔均量大幅攀升，此时股价从中长线角度来看，仍处于一个相对低位区，因而我们可以进行短线买入

图18-9　莲花味精每笔均量大幅攀升示意图

参考文献

［1］［美］威廉斯（Williams, L.）著，穆瑞年等译. 短线交易秘诀. 北京：机械工业出版社，2007.

［2］［美］埃姆博格著，卜宁译. 把握股票的买点和卖点. 北京：中国青年出版社，2007.

［3］［美］罗伯特·雷亚，3www 译. 道氏理论. 2008. 地震出版社，2008.

［4］李文勇，吴行达. 股票交易进阶. 北京：经济管理出版社，2009.

［5］［美］墨菲，丁圣元译. 期货市场技术分析. 北京：地震出版社，1994.

［6］［美］史蒂夫·尼森，丁圣元译. 日本蜡烛图技术. 北京：地震出版社，2003.

［7］刘德红. 股票投资技术分析. 北京：经济管理出版社，2009.

［8］李凤雷. 从零开始学短线. 北京：经济管理出版社，2011.

［9］黄俊杰. 短线买卖的 66 种分时图. 北京：经济管理出版社，2013.

［10］杨茜. 短线为王：发掘短线机会的五个黄金点. 北京：经济管理出版社，2009.

［11］陈金生. 短线买入卖出的 66 个信号. 武汉：华中科技大学出版社，2013.

［12］［美］江恩著，译科，徐东升译. 江恩选股策略. 北京：法律出版社，2011.